SUPERTÚ

EMILY V. GORDON

Título original: *Super You. Release Your Inner Superhero*

Traducción: Berenice García Lozano
Diseño de portada: Alma Núñez y Miguel Ángel Chávez / Grupo Pictograma
Ilustradores
Ilustraciones de interiores: Hugo Miranda Ruiz
Diseño de interiores: Víctor Ortiz Pelayo - www.nigiro.com

© 2015, Emily V. Gordon
Publicado originalmente en Estados Unidos por Seal Press, miembro de Perseus
Books Group

© 2016, Editorial Planeta Mexicana, S.A. de C.V.
Bajo el sello editorial DIANA M.R.
Avenida Presidente Masarik núm. 111, Piso 2
Colonia Polanco V Sección
Deleg. Miguel Hidalgo
C.P. 11560, Ciudad de México
www.planetadelibros.com.mx

Primera edición: septiembre de 2016
ISBN: 978-607-07-3611-7

Impreso en los talleres de EDAMSA Impresiones, S.A. de C.V.
Av. Hidalgo núm. 111, Col. Fracc. San Nicolás Tolentino, Ciudad de México
Impreso y hecho en México – *Printed and made in Mexico*

Este libro se lo dedico
a todas esas personas que fuiste, eres y serás.

CONTENIDO

INTRODUCCIÓN: ENCONTRAR TU BATISEÑAL

Mi muy particular batiseñal apareció en el cielo cuando estaba en la universidad. En aquella época, padecía una crisis de identidad, tenía sobrepeso, me sentía insegura sobre cómo lidiar con mis emociones y, en general, bastante infeliz conmigo misma en una miríada de formas (y, además, utilizaba palabras como «miríada»). Pasaba mi tiempo asustando a la gente normal con mechones negros y rosas en el pelo y una actitud agresiva e intensa, que me daba una imagen de chica *cool* dispuesta a todo, a la que me aferraba con todas mis fuerzas, excluyendo cualquier otra cosa.

En una ocasión, un par de amigas me arrastraron a una famosa discoteca, y aún recuerdo cuánto odié cada segundo de esa noche (nadie logró que yo bailara como esa bola de idiotas que parecían operados del cerebro). No me malinterpretes, pues me encanta bailar. De niña, tomé clases de baile y algo que me fascinaba era la sensación de libertad que me provocaba, me hacía dar vueltas apasionadamente alrededor de mi cuarto, como si una nube de abejas me estuviera persiguiendo, y me ayudaba a ignorar mis defectos y concentrarme en el ritmo que salía de mi diminuto reproductor de CD. Simplemente, me rehusaba a mostrar ese grado de pasión en público, pues temía que eso podría echar por tierra la imagen ruda que solía proyectar y que, en realidad, escondía mi fragilidad interna. Además, me preocupaba perder mi identidad, cual producto genérico. Cuando llegamos a la discoteca, una de mis amigas dijo: «Mi

semana estuvo tan pesada, que realmente necesito bailar para relajarme». Ese comentario tan sencillo me pegó, pues yo también había tenido una semana pesada, y yo también me habría beneficiado de soltarme un poquito, sin importar la música que pusieran esa noche. Sin embargo, la imagen que había elegido para mí no me permitía bailar.

Así que comencé a pensar: «¿Realmente estoy viviendo la vida que quiero vivir, si ni siquiera puedo bailar? ¿Es así como imaginaba mi vida cuando era pequeña y anhelaba la grandiosidad de ser un adulto? Y, si no, ¿por qué no? ¿Tengo permiso de vivir la vida que quiero vivir? ¿A quién tendría que pedirle permiso? Y de todas maneras, ¿cuál es la implicación de ser "genérica", y cuál sería mi marca muy particular?».

Para sacarte de dudas…, no, no bailé aquella noche. Se trata de una vida real y no del típico momento de iluminación en algún programa gringo; un cambio radical como ese toma su tiempo. No bailé durante años, pero esa pregunta en aquella discoteca de mala muerte encendió una pequeña luz que, si bien distante, definitivamente me hacía entornar los ojos en un intento por distinguirla. En resumen, me dio la misión de convertirme en una chica que tuviera la confianza de bailar en público. Si yo fuera Bruce Wayne, esa chica sería Batman, y una versión más sana de mi ser. Ella sería una superheroína, pero sólo para mí. A partir de ese momento, comencé a reptar lentamente hacia esta pequeña misión, como si la luz fuera mi batiseñal.

La batiseñal, por cierto, es la manera en la que los residentes de Ciudad Gótica llaman a Batman cuando hay peligro, y su función es tanto informarle al superhéroe que su presencia es requerida como recordarle ser… Batman. La señal también les dice a los maleantes que mejor corran. Si ya sabías lo que era la batiseñal, bien por ti, y si no, ahora ya lo sabes. Con frecuencia, en mi escritura utilizo cómics, videojuegos y otras referencias

medio *nerds* de la cultura pop, porque esto me ayuda a comprender las partes más complicadas del mundo; culturalmente, ese es el océano en el que yo navego. Por ejemplo, ayer comparé el compromiso dentro de una relación romántica con la profecía de matar a Voldemort que hizo Harry Potter. Las analogías *nerds* y de la cultura pop cobran sentido para mí, pero incluso si la ciencia ficción, los magos adolescentes y los cómics no son lo tuyo, prometo que en este libro encontrarás muchas cosas con las que te identificarás, y con suerte su lectura te ayudará a cumplir tus deseos. Los conceptos y las cosas importantes son accesibles y explícitas; todo el asunto de los superhéroes es sólo la cereza en el pastel (ni siquiera tienes que saber que el nombre verdadero de la Viuda Negra es Natalia Alianovna Romanova).

En una ocasión, trabajé como terapeuta en una correccional para hombres jóvenes —en realidad, adolescentes—, que habían tenido que dejar sus casas por problemas de conducta. Hablamos muchísimo sobre objetivos y expectativas, pero siempre sentí que esos conceptos eran algo nebulosos y que pertenecían a la jerga terapéutica. Así que un día, sin dar ninguna instrucción adicional, les pedí que se dibujaran como superhéroes con trajes especiales. Ellos amaron la actividad, pues los adolescentes no pueden resistirse a dibujar armas capaces de fundir los rostros del enemigo. Cuando terminaron, introduje un elemento terapéutico, y les pedí que identificaran cada pieza de sus trajes y dijeran qué fortaleza personal representaba. De esta manera, las pistolas láser que llevaban al hombro ¡se convirtieron en la habilidad para entender que el comportamiento de los demás no tiene nada que ver con uno! ¡Y los cascos protectores se tradujeron en habilidades para controlar el enojo! Mientras hablábamos de los distintos tipos de equipamiento, me tocó escuchar que los jóvenes deseaban habilidades para sobrellevar situaciones difíciles, algo que jamás habrían admiti-

do de no ser por esta actividad. Ellos realmente pudieron contemplarse no como una lista de cualidades que deberían ser, y con respecto a las cuales nunca dan la talla, sino como héroes ligeramente mejorados y armados con equipo tangible capaz de ayudarlos en sus batallas emocionales.

Esto sucedió en aquella época en la que las películas de superhéroes eran pocas y no se estrenaban tan frecuentemente como ahora. Eran protagonizadas por actores como Christopher Reeve (Superman) y Michael Keaton (Batman). En aquel tiempo los superhéroes eran una novedad para la mayoría de la gente. Desde entonces, las películas de superhéroes han llenado una infinidad de cines, ofreciéndonos un montón de cuerpos esculpidos de manera espectacular, y sorprendentes creaciones digitales de villanos terribles. De manera universal, parece que tenemos una obsesión por los defensores con capa, de pasados tormentosos y nobles llamados. Por la misma época pasé de ser terapeuta a escribir de tiempo completo, incluyendo una columna regular de consejos para responder preguntas de hombres y mujeres por igual, quienes se identificaban conmigo, pues parecían tener la misma clase de sueños y temores, y quienes luchaban por acomodar el pasado en el presente, mientras lidiaban con debilidades y simplemente querían entenderse a sí mismos. Yo he pasado muchos años, tanto en consultorios como en Tumblr, hablando con todo tipo de gente acerca de cómo construyen sus identidades y de lo mucho que desean mejorar. Entre más conversaciones tengo, más me doy cuenta de que la lucha por conocernos, entendernos y gustarnos a nosotros mismos es verdaderamente universal. También he podido constatar que algunas personas creen que la autoestima y el bienestar emocional son aspectos con los que se nace o no, sin darse cuenta de que son asequibles y, por tanto, algo por lo cual se puede trabajar. Y lo que es todavía peor, algunos de noso-

tros creemos que el bienestar emocional es un lujo, en lugar de contemplarlo como un aspecto básico de la vida. Y si bien estas luchas son universales, cuando estamos en medio de ellas podemos sentirnos completamente solos, pues no nos da por hablar de estos asuntos. La buena noticia es que no hay necesidad de sentirnos solos, ya que todos estamos juntos en esto.

Como ejemplo, tomemos a la Mujer Maravilla. Las superheroínas, por lo general, no tienen las mismas historias gloriosas ni reciben los dramáticos pedidos de auxilio que los superhéroes, y ciertamente no son tan conocidas —hay un personaje de Marvel que se llama Squirrel Girl, parece una ardilla y aunque su extraño poder jamás se explica, tiene la habilidad para controlar a estos pequeños roedores—. Sin embargo, a la Mujer Maravilla todos la conocen. Nacida como la princesa Diana de Temiscira, una pequeña isla en medio de la nada, Diana vivía con una tribu de mujeres llamadas Amazonas. Un día, el avión de un hombre llamado Steve se estrella en la isla, Diana encuentra al sobreviviente y lo cuida hasta que se recupera por completo. Ella se enamora y termina escoltándolo de regreso a la civilización, con la finalidad de protegerlo y luchar contra el mal y la injusticia en ese nuevo mundo. (Es curioso que sea la civilización la que necesite ayuda, a diferencia del mundo primitivo de las Amazonas). Como amazona, ella tiene habilidades sorprendentes de combate; además, tiene un lazo de la verdad, una peligrosísima diadema que sirve como arma, dos brazaletes mágicos indestructibles y, en algunas versiones, un *jet* invisible. (Por cierto, las versiones más recientes de la Mujer Maravilla, con cambio de elenco, explican su origen de dos maneras. La primera dice que fue creada de barro y, la segunda, que es una huérfana neoyorquina. Mi versión favorita es la de la princesa Diana). Rápidamente, Steve pasó a segundo plano y la Mujer Maravilla se propuso, como objetivo en la vida, salvar al mun-

do. ¿Me encanta que se haya convertido en superheroína por un hombre? Pues no, no es mi parte favorita, pero sí me encanta la manera en la que ella partió del amor por un hombre para crecer, y adoptó una nueva profesión e identidad que la hicieron feliz. En última instancia, es ese nivel de intencionalidad y elección —y en este caso, esos brazaletes increíblemente específicos— lo que me atrae de los superhéroes.

Esto es lo que los superhéroes tienen: una serie específica de habilidades, una identidad específica, debilidades específicas con las que han tenido que aprender a lidiar, historias dramáticas que llevan a cuestas, y la elección de salir y combatir el crimen cada día de su existencia. Un somero vistazo a unos cuantos superhéroes populares muestra cómo se desglosan sus características principales.

Ahora bien, pese al hecho de que todos seamos singulares y, sí, complejos y especialitos, ¿podrías sumarte a la tabla de arriba?

BREVE DESGLOSE DE LAS CARACTERÍSTICAS DE LOS SUPERHÉROES					
SUPERHÉROE	¿QUÉ ES LO «SUYO»?	PODERES	HISTORIA	DEBILIDADES	¿HACE LO CORRECTO?
BATMAN	Murciélagos	Bueno para pelear, una gran cantidad de tecnología.	Atestigua la muerte de sus padres; crea un vínculo con los murciélagos.	Raro y ermitaño	Sí
SUPERMAN	Ser súper.	Prácticamente cualquier cosa.	Es un extraterrestre.	«kriptonita»	Sí
BUFFY SUMMERS, LA CAZAVAMPIROS	Ser «la cazadora».	Entrenamiento en combate, muchísimo carácter.	El destino la eligió; ¿elegirá ella cumplirlo?	Estar en la preparatoria	Sí
LA MUJER MARAVILLA	Es una amazona.	Lazo de la verdad, brazaletes indestructibles.	Viajó de su hogar a la civilización para proteger a un amigo y luchar por la justicia.	Pierde su poder si los brazaletes se unen	Por supuesto que sí

¿Podrías explicar qué cosa es lo «tuyo», y cuál fue la historia que te convirtió en lo que eres? ¿Estás honrando tu pasado con tus hechos presentes, o es esa memoria lo que te detiene? ¿Sabes cuáles son tus fortalezas? Y puesto que estamos planteando preguntas, ¿por qué no nos damos la oportunidad de ser nuestro propio símbolo de esperanza y justicia y verdad? ¿Por qué no nos convertimos en los héroes que mereceríamos tener cerca?

Puesto que el libro se llama *Supertú*, y te invita a *liberar a tu superheroína interna*, podemos detenernos un poco en lo que eso significa. ¿Qué es un Supertú y qué ganarías al crearlo?

Vamos a descubrir todo esto juntos. Un Supertú, en el más llano de los sentidos, es la mejor versión de ti misma, a la cual puedes aspirar en cualquier momento. El Supertú es quien quieras ser, y eso puede significar cualquier cosa. En mi caso particular, mi Supertú actual es un coctel mágico de seguridad en mí, la capacidad de saber qué llevar a una cena y el valor para hacer a un lado mi contexto para llegar a comprender, genuinamente, a los demás.

Mi Supertú trabaja duro, pero no hasta el agotamiento, y puede presentarse como una profesional sin minimizar sus habilidades. Además, va al gimnasio con el fin de ejercitarse y no de perder peso. Tu Supertú quizá no tenga miedo de enfrentar grandes proyectos ni de codearse con el rechazo; a lo mejor tiene días terribles y actúa como un niño malcriado. A lo mejor tu Supertú jura comer verduras todos los días, pero probablemente considere que las papas fritas pertenecen a este grupo alimenticio.

El objetivo de este libro es ayudarte a entender en dónde te encuentras ahora y a dónde quieres llegar; una vez aclarado este par de puntos, quiero acompañarte en el diseño de una serie de pasos concretos para materializar a tu Supertú. (Nota que, idealmente, nuestro Supertú debe de volvérsenos tan real

como para darnos cuenta de que, en ocasiones, esta versión de nosotros mismos no es la mejor).

¿Has imaginado cómo podría llegar a ser tu Supertú? Si no lo has hecho, no te preocupes, pues vamos a descubrirlo juntos.

Estamos aquí (tanto en este mundo como al escribir y leer este libro) para progresar. Y no es que necesites cambiar para ser lo suficientemente bueno, pues ya lo somos, sino para tomar la decisión de ser distinto, si eso es lo que quieres. Para aquellos de ustedes que piensen que leer un libro como este es el reconocimiento tácito del fracaso, aclaremos de una vez lo siguiente: sin importar en dónde te encuentres en este momento, y sin importar las razones por las cuales estés leyendo este libro, siempre hay espacio para crecer, entender y cambiar, y siempre hay una oportunidad para el análisis y el crecimiento personal. He de confesar que me encantará estar involucrada en tu proceso.

Aquí es donde podría comenzar a hablar sobre los distintos acercamientos al bienestar, algo de psicología positiva con sus cinco factores de la felicidad, el beneficio de escribir nuestras narrativas, la inteligencia emocional, las fuentes de la autoestima y demás. Sin embargo, opto por mantenerte alerta y despierto. Verás, antes de pasar seis años como terapeuta familiar y de pareja, invertí muchos estudiando una licenciatura y después una maestría en salud mental, así que sé algo sobre cómo trabaja el cerebro, el corazón y el espíritu. Sin embargo, he pasado todavía más años construyéndome como persona, razón por la cual sé lo molesta que la literatura de autoayuda puede ser. Durante mis largos periodos de insatisfacción e infelicidad, al intentar leer libros de autoestima y bienestar y todo eso, no podía pasar de las primeras páginas. A pesar de mi resistencia, en la carrera tuve que soplarme ese tipo de libros, pues era requisito de algunas materias. Sin demeritar su utilidad, es

necesario decir que pueden llegar a ser extremadamente áridos o excesivamente empalagosos (del tipo «¡tú puedes!»). Creo que la verdadera razón por la cual no podía pasar de las primeras páginas se reduce a que mis ojos no dejaban de voltear al techo con tanta exasperación que la lectura se veía interrumpida constantemente.

A lo largo de los años, fui cultivando la certeza de que era indispensable hablar de autoestima y desarrollo emocional, sin sacrificar el humor, la calidez o la sensación de que no estás solo en tus luchas. Esa esperanza y la actividad de dibujar al superhéroe —así como el hecho de ver por enésima vez las películas de Batman, mi entrenamiento en salud mental, mis propias experiencias de vida y la manera en la que concibo el bienestar emocional— finalmente se fundieron en lo que estás leyendo ahora.

Y si bien este libro está dirigido a todos, definitivamente se centra en un público femenino que, de manera más específica, va de la adolescencia hasta los cuarenta. Esto se debe a que, personalmente, me identifico con las millones de cosas que pasan gracias a la autoestima de una mujer (o su carencia), y porque las mujeres han sido generalmente las que constituyen mi público lector hasta el momento. Aunque he experimentado la vida únicamente como mujer caucásica y heterosexual, y en realidad sólo puedo hablar desde esta experiencia, este libro se centra más en las experiencias de tu vida, y en las emociones detrás de ella; por esta razón, tengo la esperanza de que el libro pueda hacer que se identifique una gran diversidad de gente. Mi intención con los consejos de pareja es que sean aplicables a todas las uniones románticas, aunque por momentos mi lenguaje parezca dirigirse a las relaciones heterosexuales. Había un eslogan de un desodorante hace unos años —está bien, hace *muchos* años— que decía:

«Suficientemente fuerte para un hombre, pero hecho para una mujer». Considero este libro lo suficientemente fuerte para una mujer, pero hecho para cualquiera.

PRÓXIMAMENTE, EN LA PSIQUE DE TU LOCALIDAD

Así es que hablemos de ti y de las razones por las que tienes este libro en las manos. Es evidente que lo has comprado con la esperanza de descifrar algunas cosas dentro de ti, y por ese esfuerzo te aplaudo. A lo mejor estás atrapada en la rutina y deseas hacer algunos cambios en cuanto a la opinión que tienes de ti misma. A lo mejor te gustas tal cual eres, pero también te gusta la idea de convertirte en una versión mejorada de tu ser. Posiblemente, te preguntarás qué demonios tienen que ver los superhéroes con la autoestima. De hecho, pienso que sería bueno aclarar esto desde ahora, así que te sugiero que tomes un cuaderno y lo mantengas a la mano, pues en el trayecto te pediré que escribas algunas cosas. Cuando tengas el cuaderno listo, por favor contesta la siguiente pregunta: «¿En este momento, qué espero de este libro?».

Sin importar cuál sea tu objetivo, trata de tenerlo en mente mientras sigues leyendo. Piensa en esa ganancia como tu propia batiseñal a lo largo de nuestro viaje juntas. Más adelante, ahondaremos en las metas generales de tu vida, pero por ahora vamos a concentrarnos en lo que deseas conseguir al leer esto. Y si más adelante eso cambia, también está bien, pero no te olvides de anotarlo.

Ese tipo de flexibilidad, la de reconocer el momento en el que la marea cambia y la capacidad de dejarte llevar, es una parte vital de la perspectiva de la Supertú.

No preguntaste, pero una de las cosas más importantes que yo quiero obtener con este libro es la de despertarte a la

idea de vivir tu vida con tanta intencionalidad como sea posible. Utilizo la palabra «intencionalidad» desde un contexto terapéutico, así que prepárate, pues ahí viene la explicación del terminajo:

Con respecto a nuestro comportamiento y nuestra vida, «intencionalidad» significa actuar de manera deliberada y con un propósito, y permanecer alerta a la miríada (¡otra vez la palabrita!) de factores que inciden en nuestra toma de decisiones, pensamientos, sentimientos y conductas. En todo momento, sufrimos transformaciones tanto pequeñas, prácticamente imperceptibles, como enormes y capaces de alterar nuestras vidas. Este flujo constante puede ofrecer grandes oportunidades para virar hacia la dirección elegida. La cosa es que muchas de nosotras rara vez sacamos provecho de estas oportunidades; y algunas ni siquiera sabemos que esas oportunidades existen. Para mí, la intencionalidad tiene que ver con aprender a entenderme lo suficiente como para tomar decisiones con un propósito, incluso si esas elecciones no siempre son las mejores. Si sólo floto en modo automático a través de mi vida, y únicamente acepto que la manera en la que pienso, siento y actúo es como es, sin intentar controlar cómo es, jamás llegaré a un destino mejor o simplemente distinto a lo que tengo ahora. En otras palabras, seguiré en piloto automático. Sin embargo, si empiezo a poner más atención a lo que está sucediendo dentro de mí durante los momentos buenos y los momentos malos, habrá mayor oportunidad de contemplar mis decisiones de manera más cuidadosa, con base en mis deseos y necesidades, y gestar a esa persona en la que quiero convertir-

Atención: Concepto terapéutico

me. En resumen, empiezo a conocerme. A lo largo de este libro, hablaremos mucho sobre la intencionalidad.

Si sirvo como conejillo de Indias, puedo decirte que he pasado los últimos años desarrollando los distintos aspectos de la transformación en una Supertú. Lentamente, el ejercicio del dibujo, y el descubrimiento de mi propia batiseñal, se transformaron en un paradigma en cuanto a la concepción de mi propia identidad, tanto la que tenía en ese momento, como la que quería desarrollar. Para mí, ambas son igual de importantes.

La identidad es algo contra lo cual luché tenazmente durante mi adolescencia: pasé de ser una chica enorme que sobresalía de los demás niños en la primaria y deseaba desesperadamente encajar (o sólo caber) a ser una adolescente enorme que siempre anunciaba —con su actitud y guardarropa alternativo, en aquella época de los noventa— su intención de no encajar. Con mis desgarradas medias de red y mi enojo hacia todo lo «normal», entendía la importancia de tener una identidad definida, pero evidentemente la que había elegido no era la más sana. Al tiempo que luchaba por proyectar una imagen agresiva al mundo exterior, en realidad estaba tocando fondo y tratando de descubrir quién era y qué era lo verdaderamente importante para mí. Pensaba que al llegar a la edad adulta, simplemente mi identidad se instalaría y todo estaría bien a partir de entonces. Ciertamente, ese no fue mi caso. Cada uno de los cambios importantes de mi vida —matrimonio, divorcio, mudanzas, viraje profesional— tuvo la capacidad de detonar el pánico familiar que quedaba plasmado en una crisis existencial: «¿Quién soy?», «¿quién soy ahora?», «¿cómo les muestro a los demás lo que soy?». Y puedo imaginar que no soy la única. Años después de haber dejado el consultorio, en las fiestas seguía presentándome ante algún desconocido con las siguientes frases: «Soy Emily, y solía ser terapeuta, pero ya

no veo pacientes…, aunque creo que siempre seguiré siendo una terapeuta de corazón. ¿Podemos definirnos a través de un trabajo que ya no hacemos? Por cierto, ¿probaste ya el dip de alcachofa?».

Oye, no vayas a creer que soy un plomo en las fiestas. Sin embargo, durante estos momentos de transición —inevitables en la vida—, concebirme en términos heroicos me ha ayudado a comprender quién soy y en quién me quiero convertir. En la vida, he tenido tantos momentos de transición y muchas identidades —una verdadera gama de prototipos de superhéroes—, pues ninguna Supertú es inamovible. La mejor versión de ti misma en la actualidad no equivale a la mejor versión de ti misma hace 10 años (ni siquiera hace dos). De manera muy parecida a la que cada nuevo actor de Batman tiene un estilo particular y un traje distinto (con pezones o sin ellos), tu Supertú continuará creciendo, transformándose y adaptándose a nuevas situaciones. Y te lo reitero, no es que *necesites* cambiar, sino que las transformaciones continuas son inevitables, nos gusten o no. Opino que todos podríamos beneficiarnos si tuviéramos un poquito más de control sobre aquello en lo que nos convertimos.

Después de tener cierta idea de lo que somos —es decir, nuestra IDENTIDAD de Supertú—, necesitaremos MISIONES que nos ayudarán a acoger la complejidad de nuestra nueva identidad. Todo superhéroe tiene una misión, y esa misión por lo general tiene que ver con salvaguardar la justicia, así que vamos a transformar eso en tu muy personal significado de la justicia. ¿Qué es lo que la mejor versión de ti misma hace de manera cotidiana? ¿Qué es lo primero que hace por la mañana y lo último que hace antes de acostarse? Ahora bien, ¿cómo podemos convertir esas acciones en objetivos concretos, para llegar a saber cómo salvaguardar nuestra propia justicia?

Una vez establecidas una identidad a consumar y una serie de objetivos a alcanzar, estaremos listas para hablar de los DERECHOS Y RESPONSABILIDADES de encarnar la mejor versión de nosotras mismas, pues no hay que olvidar lo que toda película de Spiderman nos ha enseñado; es decir, que «un gran poder conlleva una gran responsabilidad». ¿Cuáles son tus responsabilidades en relación con los demás y cuáles en relación contigo misma? Cuando los demás nos tratan mal, ¿qué opciones tenemos? ¿Debemos amarnos todos los días? ¿Un Supertú debe tolerar amigos que son destructivos en forma pasiva-agresiva? ¿Qué hay de esos amigos que siempre están en crisis, y necesitan tu intervención para reparar su mundo? Como cada superhéroe tiene un código personal de conducta —aplicable también a cada Supertú—, a lo largo de este trayecto podemos desarrollar el tuyo.

Finalmente, hablaremos de la relación con nuestras EMOCIONES, y cómo esta puede cambiar con el tiempo. Cuando toman el lugar del copiloto, y sólo nos aconsejan qué ruta tomar, nuestras emociones se convierten en aliadas. Sin embargo, es increíble la cantidad de gente, incluyéndome, que deja que las emociones conduzcan, o las amordazamos y encerramos en la cajuela (ambas situaciones son potencialmente fatales). Gran parte de convertirte en Supertú consiste en aprender a entender tus emociones y volverlas funcionales para ti, y no al revés.

Una vez que reencaminemos nuestras emociones, empezaremos a desarrollar una serie de HERRAMIENTAS básicas para abrirnos paso a través de los aprietos emocionales. Y por «herramientas» realmente quiero decir habilidades de cuidado personal, pero puesto que «habilidades de cuidado personal» suena clínico y cursi al mismo tiempo, las vamos a llamar «herramientas». También analizaremos por qué estas habilidades de cuidado personal (y yo que decía que sonaba cursi) son tan

importantes, cómo descubrir cuáles funcionan para ti y cómo garantizar que siempre tengas algunas en tu caja de herramientas (o cartera, o morral, o bolsa de diseñador) listas para usarse. Te sorprendería saber cuántas de nosotras caminamos por la vida sin una sola herramienta de cuidado personal, por no mencionar una bolsa linda para llevarlas.

A partir de ahí, comenzaremos a revelar tus propios SUPERPODERES y a lidiar con algunas de las DEBILIDADES comunes de la Supertú. Esto es importante, pues es muy fácil subestimar unas y enfatizar otras. En broma, yo solía descartar mis superpoderes y trataba mis debilidades como secretos oscuros que había que mantener ocultos a toda costa. Sin embargo, nuestros superpoderes son aquellos aspectos únicos con los cuales podemos vivir nuestras vidas de mejor manera, y no utilizarlos parece tan absurdo como el hecho de que Superman tome un taxi en lugar de volar. Además, Superman no ve su aversión a la «kriptonita» como un defecto personal que deba repararse, sino sólo como un obstáculo que le da la oportunidad de abrirse paso. Si Superman no lo hace, ¿por qué habría yo de esconder mi «kriptonita»?

Después de comprender cuáles eran los aspectos de mi personalidad que era necesario atender, comencé a evaluar los métodos utilizados para protegerme de la dura realidad de… la realidad. Esto, a su vez, me llevó a concluir si me ayudaban o solamente me hundían un poco más. ¿Qué propósito tenían esas ARMAS BARATAS de sospechoso origen, como el sarcasmo y la actitud de santurrona? ¿Me servían, o en realidad me impedían crecer? En nuestro recorrido, vamos a abarcar todo esto.

La pieza final de mi rompecabezas de la Supertú consistía en descubrir mi ORIGEN, pues aparentemente las historias del origen de los superhéroes son el último grito de la moda. En la actualidad, no es suficiente con ver a los superhéroes todos des-

lumbrantes y orgullosos e invencibles; ahora los amantes del cine quieren ver cómo llegaron a ser lo que son, porque la historia de su origen es una parte fundamental de lo que define al superhéroe. Y eso es lógico, pues no somos mutantes genéticos engendrados en un contenedor; todos tenemos un pasado y, de manera más importante, todos tenemos filtros a través de los cuales vemos nuestro pasado. En mi caso, durante mucho tiempo no me di cuenta de la manera en la que la historia que me contaba sobre mi humilde comienzo determinaba la imagen que tenía de mí misma y la serie de transformaciones que iba experimentando. Nuestros orígenes son una parte fundamental de lo que nos define, sólo que en ocasiones no de la manera más positiva. Así que repensar y reescribir la historia de mis orígenes también se convirtió en parte del plan. Cuando lleguemos a esa parte del libro, te retaré a que realmente ahondes en tu propia historia para entenderla desde ángulos distintos; porque cuando logramos ver nuestras historias desde cierta distancia, podemos cambiar la forma en que nos afectan.

Cuando todas las piezas estén en su lugar, hablaremos de la forma en la cual tu propia Supertú funcionará en el mundo real y cotidiano. Convertirte en la mejor versión de ti misma es inútil si sólo aparece cuando estás sola, si no eres capaz de conservar tu nueva identidad en el trabajo, con los amigos o cuando tienes una cita, especialmente porque estos momentos requieren la presencia de un héroe. Si bien algunos superhéroes trabajan solos, las versiones heroicas de nosotras mismas no pueden hacerlo, y, en este sentido, debemos ser capaces de lidiar con la singularidad de la vida cotidiana sin perder de vista lo que somos ni nuestra autoestima.

Cuando hayamos logrado todo lo anterior, será momento de que te lances al mundo como una superheroína atrevida y fenomenal, que pueda continuar trabajando en sí misma *al mismo tiempo que* sea genial.

EL PRINCIPIO DE REALIDAD OBLIGATORIO DE TODO SUPERHÉROE

Por supuesto que todo este trabajo podría hacerse sin recurrir a la idea de los superhéroes, pero utilizarlos como un marco de referencia ha sido importante para mí, así que espero que también lo sea para ti. Los superhéroes no odian a su *alter ego*, ellos aceptan quiénes son y, a su vez, hacen un esfuerzo por ser una mejor versión de sí mismos. Sin embargo, quiero aclarar unas cuantas cosas. No utilizo a los superhéroes ni su mitología, para restarle importancia a la identidad, la autoestima o el pasado de nadie. Para mí, estos son los aspectos que constituyen a las personas y, por tanto, algo invaluable. Mi intención no es convertir el bienestar emocional, y el trabajo que conlleva, en un juego ligero. En su lugar, quiero utilizar de manera relajada la mitología de los superhéroes para ofrecer un filtro a través del cual podamos trabajar objetiva y activamente en nosotras mismas, al mismo tiempo que nos divertimos un poco. Los superhéroes, con sus poderes, debilidades e historias, que todas conocemos, simplemente proporcionan un parámetro lúdico con el cual podemos identificarnos.

También estoy consciente de que los superhéroes no siempre son las criaturas mentalmente más saludables. Llevar una doble vida —en la que, por un lado, eres una hábil ladrona y, por otro, te ves obligada a combatir el crimen, vestida de gato— no es para nada el objetivo de este libro. Disfrazarte de forma extravagante y golpear a la gente, incluso si esa gente es mala, no es necesariamente la mejor manera de lidiar con el enojo. Y mi propuesta tampoco tiene que ver con que descuides tu vida personal para combatir el crimen (y siempre habrá crimen por combatir), pues eso no sería un propósito sano. En ningún momento, este libro recomienda que construyas una doble vida

para entregarte a ella, excluyendo todo lo demás. Igualmente, los superhéroes con frecuencia se ahogan bajo el peso de las expectativas que los demás —fans, policía y su propio sentido de la justicia— colocan en ellos, y muy probablemente esa sea la razón por la que parecen tan torturados. Cultivar a la Supertú no se trata de satisfacer las expectativas que fuerzas externas puedan colocar en ti; las expectativas son tuyas y de nadie más. De lo que se trata es de funcionar como tu propia superheroína, y todo lo que se espera de ti es que identifiques, acojas y brindes aliento a los mejores aspectos de ti misma, para que seas capaz de concebirte de manera más positiva. Cuando fracases, como todos lo hacemos, no estarás decepcionando a nadie, simplemente significará que estás dando el siguiente paso en tu viaje para convertirte en la superheroína que te propusiste ser.

HAGÁMOSLO

Yo he creado, con una dosis significativa de ensayo y error, una versión de mí misma con la que me siento feliz y cómoda, una versión que se permite bailar si quiere hacerlo. Ahora quisiera ayudarte a hacer lo mismo, y no hay mejor momento que el presente. Si estabas buscando algo de motivación para hacer algunos cambios en tu vida, deja que la lectura de este libro sea ese estímulo. Con frecuencia, pensamos en la motivación como una energía mágica, gloriosa, divina, que te arropa cuando más lo necesitas, pero yo he descubierto que eso es una sarta de patrañas. El proceso de la transformación no siempre tiene que ver con un profundo análisis de tu ser que, en consecuencia, te llevará a tomar la decisión de transformar tu comportamiento; en ocasiones, se trata de hacer los cambios, sea que los «sientas» o no, y permitir, entonces, que todo ese conocimiento de ti misma venga después.

Esto es muy importante, así que no olvides que *llegar a un profundo entendimiento de ti misma no te conduce de manera automática a un cambio en tu comportamiento*. A veces lo hace, pero otras veces es el cambio de conducta el que detona esa comprensión. Lo que haremos en este libro será apostar por una mejor calidad de vida a través de ambas maneras. Por un lado, planearemos cambios pequeños, concretos y manejables y, por otro, analizaremos nuestros pensamientos, sentimientos y comportamientos actuales. La combinación de las dos es la que, al menos para mí, conduce a un cambio duradero. Durante nuestro tiempo juntas, tendrás la oportunidad de desarrollar hábitos nuevos y entender con mayor claridad los viejos patrones.

Supongamos ahora que estás intentando leer este libro, pero lo haces a un lado constantemente, porque someterte a un proceso de transformación te parece abrumador en este momento, así que piensas: «Lo leeré una vez que [insertar pretexto] pase». A las que se sientan de esa manera, las invito a permanecer conmigo y comenzar hoy. El trabajo en torno a la autoestima no se lleva a cabo después de resolver las cosas ni cuando la dosis de estrés sea menor. El trabajo con la autoestima es tan importante como comer y dormir, aunque eso no significa que tengas que hacer una remodelación absoluta de tu vida. Yo no recomendaría ningún cambio radical, pues tengo la convicción de que las transformaciones reales se hacen en pequeños pasos que repites y acumulas todos los días. En ocasiones, los cambios enormes y drásticos pueden ser catárticos y valer la pena, pero también pueden ser abrumadores y, por tanto, condenarte al fracaso si son extremos. En lo personal, me siento totalmente apabullada cuando me enfrento a grandes cambios y, en consecuencia, entro en pánico y salgo corriendo (¡disculpa, Cross-Fit!). Para mí, las modificaciones pequeñas son el único camino a seguir. Además, entre menor sea el cambio, menor también

será la excusa para racionalizar por qué no podemos hacerlo hasta que «las cosas se calmen un poco».

Cuando hago cambios incómodos pero necesarios, siempre trato de recordar esta sencilla verdad: «De todas maneras, mi vida sigue transcurriendo». Ya sea que busque la realización y la mejora o simplemente me ponga en modalidad de supervivencia para no dejarme morir, los días transcurren de igual manera. La vida no es algo que deba vivirse sólo en las circunstancias perfectas, sino algo que tendría que alimentarnos en lo cotidiano. Algunos días son más serios y estresantes que otros, claro, pero no podemos guardar «lo bueno» para cuando nuestras vidas parezcan estar listas para ello, porque a lo mejor nunca nos parece que estemos listas.

Una última cosa. No tienes que ser una verdadera fan de los cómics —y tampoco una *nerd*— para beneficiarte de este libro. Todas tenemos un sentido de identidad, y todas podemos tolerar algo de salud emocional, y eso es lo único que necesitas para comenzar a crear tu Supertú. Convertirte en la versión heroica de ti misma consiste en aprender a reaccionar ante las pruebas y las tribulaciones de la vida de forma tal que surja un ser humano más fuerte, más sabio y más positivo. También tiene que ver con el aprendizaje a partir de las malas experiencias, en lugar de la posible amargura ante la pila de cosas nefastas que han ocurrido en tu vida. Como muchos de los grandes sanadores han dicho: «La vida transcurre de todas maneras». El cambio es imperativo, el crecimiento es opcional y la grandeza radica en todos nosotros.

Comencemos.

IDENTIDAD: ¿QUIÉN TE GUSTARÍA SER?

Durante mis 36 años, he representado muchos y variados papeles. De hecho, algo que me define, o al menos lo hacía hasta que comencé a hablar y a escribir sobre ello, era tener en mi haber muchas facetas. Sin embargo, resulta ser que todos vivimos nuestras vidas detrás de alguna máscara.

Te presento a las encarnaciones de mi Supertú

Fui una niña bastante sensible y de mente acelerada. Aunque lloraba a la menor provocación, por lo general me sentía feliz a pesar de no poder aquietar mi mente en ningún momento. Cuando tenía tres años, mi mamá me llevó a un neurólogo porque no dejaba de decir que tenía «remolinos en la cabeza». Él enchufó un montón de cables a mi cabeza y me habló, y

las medicinas que me dio para que me durmiera me pusieron como borracha, lo que debió ser hilarante para los empleados del restaurante de comida rápida en el que nos detuvimos de regreso a casa. ¿El diagnóstico? Niña precoz. De manera interesante, me aferré a esta etiqueta con ferocidad, pues quería que me vieran como «la inteligente», esperando que esa identidad me ayudara a sentirme anclada en medio de tanto movimiento en mi cerebro, y también explicara mis rarezas. Adoraba ser la pequeñita precoz de mi familia, y tener la capacidad de crear historias elaboradas para todos mis peluches. Fue entonces cuando me convertí en niña lista.

Pero, entonces, di un estirón —también precoz— y, desde los ocho, mi estatura se convirtió en una obsesión privada. Parecía jirafa en medio de los niños y niñas de mi salón, y me odiaba por sobresalir cuando lo más importante era ser como los demás. En las fotos escolares, trataba de encogerme, y desarrollé una pésima postura. Un día, en el camión escolar, una buena amiga que estaba sentada junto a mí, al ver cómo nuestras piernas tocaban el asiento de adelante, comentó de manera inocente y casual: «Mira, tus piernas son como el doble de largas que las mías». Me sentí mortificada y desconsolada, pues ella había pronunciado en voz alta mi secreto. Furiosa con mi cuerpo, dejé de tomar clases de danza, pues me sentía traicionada por mi físico al haberme hecho blanco de las burlas. Cada día el pánico y el odio hacia mí misma iban creciendo. Parecía que mi tamaño se había vuelto mi identidad, por lo que tanto mis amigos como los bravucones del parque me molestaban. Me preguntaba si la vida siempre sería así. Tenía buenos amigos y una hermosa familia, pero nada de eso parecía importar ya. Me sentía exiliada por mi apariencia, y me convertí en niña monstruo.

Cuando llegué a la adolescencia, la música *grunge*, también conocida como «sonido de Seattle», estaba en pleno auge y mi enojo encontró un nuevo hogar. Me di cuenta de que podía expresarme a través de la música que escuchaba y la manera en la que me vestía y adornaba. También celebré la existencia de una válvula de escape a todo el desprecio que sentía por mí misma. No todo el mundo se pinta el pelo y se hace *piercings* porque esté enojado consigo mismo, y ciertamente no era la única razón por la que lo hacía (también se veía fenomenal). Pero, para mí, vestirme como una muñeca muerta me ofrecía el control sobre mi apariencia y mi cuerpo, los cuales había sentido tan fuera de control durante tanto tiempo. Seguiría siendo fea, eso seguro, pero lo sería bajo mis propios términos, claro que sí. Me convertí, entonces, en chica excéntrica, y me regodeaba incomodando a otros y siendo única. Por supuesto, en mis momentos de mayor silencio e intimidad conmigo misma, me percataba de que, en realidad, no era tan anormal, pues me vestía igual que todas mis amigas raritas. Lo que necesitaba profundamente en ese momento era pertenecer, y esa sensación de comunidad, después de haberme sentido tan sola durante tanto tiempo, me permitía verme reflejada en mis amigas.

Después de unos cuantos años, algunas relaciones terriblemente enfermas y varias clases sobre estudios de género —bastante malentendidas, por cierto—, sentí la necesidad de proyectar que era independiente y muy alivianada. Yo pensaba que si mi apariencia era la de punk, eso me protegería y la gente no se daría cuenta de lo blanda y sensible que era por dentro. Muchos chicos me habían lastimado, pues habían sido bastante descuidados con mi corazón y, si soy honesta, yo también había sido bastante descuidada con mi corazón, así que decidí erigir una enorme pared alrededor de él y fingir que todo me era indiferente. Y me dije a mí misma que darme cuenta de la habilidad ajena para lastimarme era reconocer que la gente me importaba, por lo que me rehusé a ambas cosas. Por fuera, era

la chica reventada que estaba dispuesta a cargar los instrumentos de algún chico mientras él coqueteaba con otras mujeres, pues ser alivianada significaba adaptarme a todo. Por dentro, no obstante, me sentía como anestesiada. La verdad es que no me parecía en nada a las otras chicas, ¡pues me había convertido en la esposa punk sometida!

Guardé en un cajón mis emociones durante algunos años, rehusándome a sentir. Después de la esposa punk sometida vino un mundo de emociones, y una vez que comencé a sentir nuevamente, lo hice en serio. Y qué bien se sintió. Comencé una terapia y traté de cuidarme un poco más. Me casé con un hombre muy lindo, y me entregué a mi educación, y después a mi carrera como terapeuta, así que me convertí en chica terapeuta. Amaba mi trabajo, y amaba ser vista como una persona justa y en contacto con sus emociones, que sin embargo podía lucir botas militares. «Soy terapeuta», solía decir, «pero no *hippie*» (la distinción me parecía importante). Durante esa época, me mudé a una gran ciudad por primera vez, y mi esposo y yo nos divorciamos en buenos términos. Después de tantos años de ser parte de una unidad, esa recién estrenada soltería era emocionante y aterradora. Mi obsesión, por supuesto, giraba en torno a cómo presentarme ante la gente. Por poco tiempo, me convertí en chica divorciada.

Me enamoré nuevamente, esta vez desde una versión más genuina de mí misma, y entregué a mi carrera y a mi vida social cada milímetro de mi ser. Todo parecía marchar sobre ruedas durante un tiempo, hasta que me enfermé de gravedad al acercarme a los treinta. Estuve hospitalizada durante unas semanas, y los doctores no sabían si sobreviviría. Todo ese asunto me cayó como bomba, pues si me había esforzado por cuidarme mejor, evidentemente no lo había hecho tan bien. Además de todo, de repente, todos comenzaron a sobreprotegerme, y a mi cuerpo frágil le echaban miradas de «pobre de ti». Lo odiaba. Mi enfermedad trajo de regreso a la esposa punk sometida, pues no pude procesar a plenitud lo aterrador de ese calvario, como tampoco aceptar que la gente viera mi debilidad. Me exigí en exceso, pues estaba desesperada por pasar la prueba, y me tomó algo de tiempo empezar a escuchar a mi cuerpo y darle el espacio que necesitaba para recuperarse. Cuando recobré la salud, mi corazón ya no quería seguir viendo pacientes. Anhelaba escribir y dedicarme a ello, pero me sentía aterrada y a la deriva ante la idea de comenzar de nuevo. Ya no necesitaba a la esposa punk sometida, pero no estaba segura de cuál sería mi siguiente faceta. Me convertí, entonces, en chica confundida, acepté cualquier chamba que me ofrecían, algunas veces sin cobrar, y cuando conocía a alguien me gustaba proyectar esta imagen de confusión. Lentamente, y sobre todo cuando comenzó a llegar más trabajo, empecé a sentirme más cómoda ante la idea de ser una escritora. Y es aquí en donde me encuentro ahora: un lugar desde el cual puedo llamarme chica emprendedora.

¿CÓMO CONSTRUYES UNA IDENTIDAD?

¿Algo de esto te suena familiar? Sea que puedas o no identificar esas facetas al punto de nombrarlas, si volteas a ver tu vida, ¿logras ver la manera en la que los distintos valores y creencias que llegaste a albergar quedaron reflejados en la forma de proyectarte ante los demás y concebirte a ti misma? Durante mucho tiempo, creí que adoptaba distintas máscaras porque no estaba lista para ser yo misma y lidiar con la vulnerabilidad de sólo «ser yo». Y esto me condujo a una pequeña crisis existencial. Santo Dios, ¿pues qué diantres significa «ser yo»? ¿Soy la misma persona en soledad que cuando estoy con amigos o parientes o extraños?

Curiosamente, llegó un momento en el que dejé de creer que todas esas máscaras eran falsas. En realidad, todas eran mi verdadero yo, sólo que con rasgos de personalidad distintos, cuya aparición o desaparición dependían de lo que la vida convocaba en ese momento. Creo firmemente que nuestro ser está en constante flujo; es decir, que cada persona, en realidad, puede abarcar multitudes. Para que puedas darte cuenta de lo que quiero decir, trata de responder estas preguntas en el cuaderno que te acompañará en tu viaje hacia llegar a ser la Supertú:

¿Cómo te describirías si fueras una concursante en algún programa y quisieras que los televidentes te compadecieran y, en consecuencia, votaran por ti?

¿Cómo te describirías si fueras una concursante en algún programa de encuentros entre desconocidos y quisieras que el chico te prefiriera a ti antes que a las otras dos chicas?

¿Cómo te describirías en una reunión familiar en la que se te pide que te presentes ante un grupo de parientes que no conoces?

Tus respuestas a estas preguntas describen versiones genuinas de ti. Presentar, habitar o inhibir alguna de las versiones es algo que toda la gente hace a lo largo de su vida —simplemente, piensa en la versión que acude a una entrevista de trabajo y la que tiene una cita romántica en la noche—, pero de alguna manera esa técnica se ha ido perdiendo en nuestro interior. Si contenemos multitudes, ¿por qué no nos damos el beneficio de la duda al estar solas, en lugar de reivindicar ciertas versiones nada favorecedoras de nosotras mismas como las reales? La verdad es que esa persona con la que estás en soledad es y no es tu

1 niña
lista

¡Bien!

¡Buen trabajo!

¡La mejor!

2 niña
monstruo

yo

3 chica
excéntrica

4 punk
sometida

chica
terapeuta **5**

Te escucho.

chica
divorciada

6

7 chica
confundida

No entiendo

8 chica
emprendedora

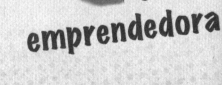

verdadero ser. Cada persona tiene cualidades positivas y halagadoras, así como aspectos menos halagadores, más privados y algo desagradables que, sin embargo, le sirven.

Digo esto porque, en lo que se refiere a la búsqueda de mi ser, yo me aventuré en lo desconocido y regresé con varios aprendizajes.

APRENDIZAJE 1 : QUIÉN SOY DEPENDE DE MUCHOS FACTORES, Y UNO DE ELLOS ES UN GRUPO DE VALORES Y CREENCIAS MEDULARES SOBRE MÍ MISMA.

La manera en la que me defino se parece muchísimo a los pasos que se siguen para una receta de cocina. Los *valores y creencias medulares* son la carne, el pollo o el tofu, es decir, la proteína inicial; tu *identidad* es todo lo demás que añades para hacer de esa proteína un guisado. Puedes elegir una dirección y terminar haciendo tacos, u otra, y sacar del horno una lasaña. En línea hay un excelente test en www.viacharacter.org que puede identificar las fortalezas de tu personalidad después de que contestes 120 preguntas. Es como uno de esos juegos para ver qué tipo de personalidad tienes, pero bastante más útil.

Si sientes que 120 preguntas son demasiadas, yo he formulado unas cuantas que pueden ayudarte a entender tus valores y creencias medulares. Conforme las vayas contestando, reflexiona sobre tu vida entera y no sólo en cómo te sientes en este momento. Si alguna pregunta te parece muy difícil, contéstala desde la visión de alguien cercano a ti, y después pondera si te identificas con esa respuesta. Nadie verá estas respuestas, así que trata de irte a lo profundo y pregúntate continuamente si estás contestando como «deberías» o si lo estás haciendo desde un lugar más genuino. (Si ya conoces tus valores medulares, siéntete en libertad de saltarte estas preguntas).

▲ ¿Quién es importante para ti en tu vida, y por qué?

▲ ¿Qué noticias te atraen?

▲ ¿Qué hacías cuando te sentiste feliz por última vez?, ¿con quién estabas?

▲ Piensa en la última vez en la que te sentiste plena, útil y competente, ¿qué estabas haciendo?

▲ ¿Cuál es tu tiempo libre ideal?

▲ ¿Cuándo te gustas más?

▲ ¿Cuándo te gustas menos?

▲ ¿De qué estás orgullosa?

▲ ¿De qué tienes miedo?

▲ En tu interior, ¿qué es aquello que intentas proteger?

Con respecto a mis propias respuestas, y cuando medito acerca de la totalidad de mi vida, puedo identificar algunos temas recurrentes. Sé que tengo lealtad hacia mi familia y mis amigos cercanos. Soy afecta a los animales (quizás en demasía). Creo que hay un verdadero poder cuando la gente se reúne, y es por ello que pienso en la iglesia, los programas cómicos de televisión y las salas de cine como lugares espirituales. Me apasiona la justicia social, y me da una enorme satisfacción palomear mi lista de pendientes (casi al punto de sacrificar la calidad). En ocasiones, creo que no merezco cosas buenas. Confío en mis capacidades en áreas clave y tiendo a evitar aquello en lo que no me siento segura. Mi gran miedo es que, en cualquier momento, la gente descubra que soy incompetente (pues yo también creo ser incompetente en muchas cosas). Soy extremadamente sensible y, al mismo tiempo, me avergüenzo de ello.

Ahora bien, puesto que estos son mis valores y creencias medulares, es fácil suponer que surgieron de mí y olvidar la probabilidad de que los haya heredado y adoptado sin cuestionamiento alguno. Así que vamos a sondear un poco para ver si podemos

descifrar de dónde parten tus creencias, qué tan profundas son y cuánta salud emocional te proporcionan. Para darte una idea, te explico con ejemplos personales.

Creencia: Creo que soy bastante competente como escritora.

¿En dónde se originó esa creencia? **De las opiniones positivas de editores y gente que lee mi trabajo en línea.**

¿Estoy de acuerdo intelectualmente con esta creencia? **Casi siempre.**

¿Mi acuerdo/desacuerdo es emocionalmente sano para mí? **Preferiría estar de acuerdo con esta creencia siempre.**

Creencia: Creo que tendría que ser una buena chica y no dejar que nadie me preste mucha atención, porque no me lo merezco.

¿En dónde se originó esta creencia? **De las mujeres de mi familia, quienes anteponían las necesidades de todos los demás a las suyas, aunque hacerlo les provocara algún daño.**

¿Estoy de acuerdo intelectualmente con esta creencia? **No, pero los viejos hábitos son muy difíciles de cambiar.**

¿Mi acuerdo/desacuerdo es emocionalmente sano para mí? **Sería más sano no estar de acuerdo.**

Los ejemplos anteriores son míos, pero me gustaría invitarte a realizar este ejercicio. El hecho de creer algo profundamente no siempre significa que sea tu creencia. Una Supertú tiene la capacidad de desafiar las creencias que ya no son funcionales. Vamos a ver si tú puedes hacer lo mismo.

Una vez que hayas contactado con tus creencias medulares, ¿hacia dónde debes dirigirte?

APRENDIZAJE 2: LA IDENTIDAD ES UNA CONSTRUCCIÓN QUE EVOLUCIONA CON EL TIEMPO.

Pues bien, ya contamos con la proteína de nuestra comida, ¿pero qué receta estamos siguiendo?, ¿qué factores influyen en el producto final? Increíblemente, millones de cosas —cuán competente te sientes, las relaciones cercanas, el estatus socioeconómico, la imagen corporal y los cambios en la vida— pueden influir tanto en la opinión que tenemos de nosotras mismas como en la manera de definirnos.

Lo importante es saber que tu identidad no es un halo místico de energía que alguien te dio, como si fuera un regalo traído de la montaña. Tu identidad es algo que tú construyes y sigues construyendo todo el tiempo, ya sea que estés consciente de ello o no. Así que como nuestro objetivo consiste en vivir con mayor intención, pongamos un poco más de propósito en la manera de construirnos. Para mí, fue increíblemente útil contemplar todas las versiones de mí misma y darme cuenta de que, me gustara o no, yo las había diseñado. Y lo mismo es aplicable para ti: tú tienes el control de tu barco. Algunas de nosotras tratamos de abandonar cuando las cosas se ponen complicadas, elevando nuestras manos y diciendo que estamos haciendo lo mejor para permanecer a flote, pero incluso si nuestra elección es abandonar el control, *sigue siendo una elección*. Algunas de nosotras quizá permitamos que nuestros padres, novios, novias u otros construyan nuestras identidades, pero incluso si este

es el caso, nosotros les cedimos esa responsabilidad, así que es nuestra responsabilidad recuperarla. Siempre hemos estado a cargo, aun cuando no nos hayamos dado cuenta de ello.

Crear una Supertú es el camino para sentirnos cómodas con la idea de que siempre nos hemos estado creando. Hacer cambios internos es la manera de aceptar nuestro poder sobre nosotras mismas. Puesto que los cambios nos suceden de todas maneras, ¿no querrías tener una participación activa en ellos?

Como mencioné antes, mis grandes cambios externos han detonado crisis menores de identidad. Esto no significa que cuestione mi esencia, simplemente se trata de reacomodar todas las partes de mí que *se construyen* sobre esa esencia, para que pueda ajustarme a mi nueva realidad. En resumen, tengo que modificar la receta, y eso es estresante. Los cambios de vida que pueden alterar la forma en que concibes y construyes tu identidad incluyen los siguientes:

★ Iniciar una terapia.

★ Un diagnóstico de enfermedad.

★ Cambiar de empleo.

★ Modificar tu apariencia.

★ Salir del clóset.

★ Casarte.

★ Tener un bebé.

★ Adquirir nueva información.

★ Dejar una relación.

★ Perder un trabajo.

★ Perder a un ser querido.

★ Mudarte.

★ Tener un nuevo pasatiempo.

★ Comenzar una relación (de cualquier tipo).

El entorno en el que nos movemos determina la construcción de nosotras mismas. Los cambios, incluso cuando son positivos, nos pueden lanzar al caos y a la incertidumbre y, por consiguiente, también afectar la forma en que nos percibimos. Cuando te sientes incómoda y a la deriva, con frecuencia se debe a que tu identidad actual no satisface tus necesidades, y debe reestructurarse. Las crisis de identidad no son señales de que hay algo mal en ti, sino de que las cosas están cambiando, y ha llegado el momento de que tú cambies con ellas.

Te pongo un ejemplo de cómo los cambios aparentemente menores de la vida pueden alterar tu identidad. En mi adolescencia, prefería estar con los chicos, pues nos gustaba lo mismo —películas de terror y monólogos cómicos—, y si he de ser completamente honesta, juntarme con chicas inevitablemente me recordaba lo poco atractiva y «rara» que era (o me sentía). Así que opté por estar con los chicos, y terminé rechazando muchos aspectos femeninos de mí misma, concluyendo que cualquier cosa «de chicas» era sinónimo de estupidez. Me rehusé a usar faldas, y odiaba a casi todas las mujeres sólo de verlas. Esta construcción de mí misma se basaba en la inseguridad en torno a mis aspectos femeninos. Después, durante la universidad, me reencontré con un viejo amigo quien, durante el tiempo en que dejamos de vernos, salió del clóset y eligió ser travesti [nueva relación]. Esa amistad, combinada con una clase sobre estudios de género [nueva información], hizo que me diera cuenta de la importancia de lo femenino y de mi propia feminidad. Pasé del rechazo absoluto por las faldas al amor desmedido por ellas. (En serio, durante dos años sólo utilicé faldas, si incluimos unos *pants* que tenían cosida una falda y que utilicé por algún tiempo. Recuerden que era la época de los noventa). Mi identidad como una mujer que se despreciaba a sí misma y quería pasar su tiempo sólo con chicos comenzaba a cambiar, y mi vieja

identidad, que había sido funcional cuando no había podido creer en mí misma, ya no me era útil.

Tras lo dicho, podemos concluir lo siguiente:

Identidad = valores y creencias medulares + entorno + respuesta a ese entorno.

APRENDIZAJE 3: TODA IDENTIDAD CONSTRUIDA (CON INTENCIÓN O NO) ES ÚTIL.

En mi vida, he sido la niña monstruo, la esposa punk sometida y la chica confundida, y si bien habría sido bueno no tener que padecer tanto desprecio por mí misma, en realidad le tengo cariño a todas esas chicas. Ellas fueron mis superheroínas en construcción, las versiones experimentales de mi Supertú. Algunos aspectos de ellas han permanecido conmigo, y otros se han esfumado, pero, nuevamente, las valoro a todas ellas como parte del proceso. A lo largo de la vida, he hablado con muchas mujeres que se consideran «inservibles» o «estúpidas», porque han tomado decisiones que parecían autodestructivas, pero yo pienso que esto no es cierto, pues cada elección refleja lo mejor que puede hacerse con la información que tenemos a la mano.

Quiero repetir esto, pues me parece importante: cada decisión que tomas es un reflejo de ti, mientras haces lo mejor que puedes con lo que tienes en frente.

Por ejemplo, mi esposa punk sometida era un tipo de chica dura y amurallada, pero en ese momento de mi vida simplemente no podía mostrarme vulnerable ante los demás. Esa máscara me protegió hasta que estuve lista para existir sin esas barreras.

Supongamos, ahora, que te involucras con hombres que te tratan espantosamente, y esa puede ser la clave para ver que te sientes indigna de una pareja de calidad. O quizá tengas todo lo que creías necesitar para ser feliz y aun así no serlo, probable signo de que no te sientes merecedora de la felicidad, o de que tus ideas de una «vida de ensueño» no son completamente tuyas. Ahora tómate unos minutos para reconocer que, sin importar quién hayas sido en el pasado ni quién seas en el presente, esas identidades te han escoltado en tus distintas travesías por el mundo. Además, podemos aprender muchas cosas sobre cómo esas identidades nos protegen y habilitan, y todo ese aprendizaje se convierte en parte de nosotros. Hablaremos de eso más adelante, pero por ahora sólo contempla esas partes de ti como algo invaluable.

APRENDIZAJE 4: LA AUTOESTIMA SÓLO PROVIENE PARCIALMENTE DEL SER.

Se supone que la autoestima es la estima que te tienes a ti misma, ¿cierto? Y por supuesto que las creencias sobre lo que mereces en la vida y los valores que te rigen son un factor determinante para tu propia concepción de ti misma. Sin embargo, sería una verdadera omisión fingir que hay otros factores que no juegan un papel en todo esto, porque absolutamente lo hacen. La investigación ha demostrado que durante el desarrollo de los niños la manera en la cual se conciben a sí mismos, en un inicio, es un reflejo de la mirada de sus padres. Conforme van creciendo, la mirada de personas adicionales —maestros, otros adultos y, finalmente, sus propios amigos— se añade a la mezcla de cómo se sienten con respecto a sí mismos. Así que, ¿ese proceso simplemente se detiene cuando nos convertimos en adultos? No lo creo. Yo tengo mis valores y creencias medulares, y tengo mis pensamientos y mis reacciones, pero no estoy encerrada en una burbuja. Inevitablemente, tiene un efecto en mí si alguien me halaga en Twitter, cometo errores garrafales en el trabajo, escucho a mis padres decir que están orgullosos de mí o siento la mirada de mi esposo cuando me desea.

Hubo un tiempo en el que quería, a toda costa, impedir que las opiniones de los demás definieran mi autoestima, por lo que me embarqué en una batalla ardua para tratar de neutralizar el sentir de los demás con respecto a mi persona. Al final, me di cuenta de que era imposible, sin mencionar que me sentí fatal por no poder ser independiente. Poco a poco, comencé a ver mi autoestima como lo que es para mí; es decir, el equilibrio entre la visión propia y la visión ajena de mí misma. Ahora presta mucha atención, porque lo que sigue es vital: así como tu autoestima no puede provenir sólo de ti, tampoco puede provenir sólo de los demás. Con frecuencia, he tomado como propias las opiniones ajenas, dándoles un lugar protagónico, y esto lo he hecho por muchas razones: flojera, miedo al autoanálisis, comodidad. Si bien todas estas razones son completamente válidas, adoptar la opinión ajena como propia no es autoestima, y sí permitir que alguien más determine mi identidad. La otra cara de la moneda ha sido vivir como si mi opinión sobre mí misma no fuera influida por el mundo a mi alrededor, lo cual es imposible e incongruente con el hecho de que valoro mis relaciones sobre todo lo demás. Así que en lugar de pregonar que soy inmune a la influencia del mundo, mejor le doy la bienvenida y planeo cómo incorporar esa influencia a mi identidad, de tal manera que pueda ser un beneficio para mi autoestima.

SI NUESTRAS IDENTIDADES SE ENCUENTRAN EN CONSTANTE FLUJO Y PUEDEN CREARSE COMO UNA RECETA, ¿ENTONCES QUIÉN QUIERO SER?

Pues bien, espero que para este momento tengas una idea de la identidad actual que has construido, y más o menos sepas lo que esa identidad cree, qué función cumple, de dónde vienen las creencias de sí misma, así como los valores fundamentales sobre los cuales está construida. ¿Eres un par de tacos? ¿Eres espagueti a la boloñesa? Quizá quieras, incluso, nombrarla. (Probablemente no inspirada en un platillo, a menos que los tacos te definan). Tú sabes quién eres y puedes entender que, con verrugas y toda la cosa, tu(s) identidad(es) es (son) una construcción. El siguiente paso consiste en echar luz sobre el tipo de cambios que quieres hacer en tu vida.

Antes de hacerlo, vale la pena enfatizar que, para la mayoría de ustedes, su identidad actual funciona en el día a día (gracias, Tim Gunn).* Por lo tanto, no necesitas pasar por este proceso, pues eres capaz de sobrevivir sin crear una versión de ti misma a la cual aspirar. De manera sencilla, sana y feliz tienes la posibilidad de navegar por la vida sin convertirte en una Supertú, y eso es excelente. De la misma manera, tampoco te perjudicaría saber cómo puede desenvolverse la versión heroica de ti misma. A lo largo del libro, enfatizaré continuamente que todos cambiamos constantemente para adaptarnos al mundo que nos rodea, y tengo la esperanza de que podamos empapar de intención esas transformaciones.

Para aquellas que queramos continuar, el hecho de descifrar qué modificaciones necesitamos hacer es significativamente más difícil que simplemente decir: «Creo que me vendría bien un cambio». Cualquiera puede decir eso, pero el verdadero proceso de la transformación requiere el planteamiento de algunas preguntas generales. Así que si en este momento eres tú, y te gustaría convertirte en Supertú, hablemos de cuán diferentes serían las cosas para esta versión heroica de ti misma que estamos construyendo intencionalmente.

---

* Tim Gunn es un experto en moda estadounidense que, en sus comentarios, rescata lo que cada persona es para, a partir de ahí, poder construir una imagen personal mejorada. (*N. de la T*).

Reflexiona sobre cada una de estas preguntas un par de veces. La primera vez plantéate cómo contestarías cada pregunta; la segunda vez, imagina cómo respondería la Supertú. Las respuestas no tienen por qué ser distintas, pero incluso las diferencias sutiles puedes ayudarnos a establecer nuestros objetivos.

EL ALTER EGO MÁS RIDÍCULO DE LOS SUPERHÉROES

He-Man es el príncipe Adam durante el día, pero la única diferencia entre los dos es que He-Man está más bronceado y usa menos ropa.

Robin, el compañero de Batman, es un acróbata llamado Dick Grayson, quien viaja junto con su familia, Los Graysons Voladores.

- ⊙ **¿Cuál es tu estado de ánimo general?**
- ⊙ **¿Cómo reaccionas ante la presión?**
- ⊙ **¿Cómo reaccionas cuando te sientes herido?**
- ⊙ **¿Cómo te relajas?**
- ⊙ **¿Qué obtienes de las relaciones románticas?**
- ⊙ **¿Qué es lo primero que haces en la mañana?**
- ⊙ **¿En qué consiste tu día perfecto?**
- ⊙ **¿Qué obtienes de la interacción con tu familia?**
- ⊙ **¿En qué trabajas?**

Pues vamos a revisar las respuestas de la Supertú que se diferencian de las respuestas de la persona que eres actualmente. Quizá la Supertú, en su tiempo libre saldría más frecuentemente con amigos o pasaría tiempo de calidad consigo misma. Quizás, en lugar de salir con cualquier persona, la Supertú elija chicos que son realmente interesantes y tienen mucho que ofrecer. A lo mejor, la Supertú quiera retomar sus estudios o buscar un mejor trabajo. En general, al revisar tus respuestas, es probable que descubras áreas que no quieres cambiar para nada, y algunas a las que sería bueno darles un giro de 180 grados.

Algo importante es plantearte qué tan difícil fue imaginar esas transformaciones en tu vida. En ocasiones, puede ser complicado visualizar un futuro anhelado, especialmente si, hasta el momento, nos hemos dejado llevar por la corriente. A veces, todo lo que sabes es que te gustaría que las cosas fueran distintas, pero no tienes idea de lo que significa esa diferencia. Afortunadamente, hay dos técnicas básicas para resolver esos atorones, las aprendí como terapeuta, y las sigo utilizando personal y profesionalmente (junto con las largas pláticas entre amigas). Estas dos técnicas, aunque sencillas, pueden hacerte sentir como superhéroe una vez que las dominas.

PRIMERA HERRAMIENTA DE EVALUACIÓN HEROICA: ¿QUÉ NO ESTARÍAS DISPUESTA A HACER?

Si tuvieras que preguntarle a la gente cómo ser un ciudadano respetuoso de la ley, las respuestas serían diversas. Puesto que un millón de cosas distintas pueden considerarse dentro del marco de la legalidad, hacer una receta con base en lo que un ciudadano respetuoso de la ley hace es difícil de aterrizar. En ocasiones, uno debe empezar por lo que no estaría dispuesto a hacer. Un ciudadano respetuoso de las leyes no comete crímenes como el narcotráfico, el robo o el asesinato. Bastante simple, ¿no es cierto?

Si bien esta estrategia puede ser mucho más difícil cuando se trata de uno mismo, también puede ser un fantástico punto de partida. Supongamos que quieres hacer algunos cambios en tu vida; por ejemplo, con respecto a tu alimentación. A la vaguedad de: «¡Voy a comer más sano!», quizá sea bueno oponerle la precisión de: «No comeré nada después de la una de la maña-

na». De igual manera, en lugar de decir: «Haré que los hombres me respeten», quizá sería bueno no acostarte con alguien sólo porque te lo pide. (Y eso no excluye que, si lo deseas, tú le propongas a alguien acostarse contigo). El «ya no voy a estar tan ansiosa» a lo mejor puedes sustituirlo por «dejaré de morderme las uñas». Tómate un poco de tiempo para pensar lo siguiente: cuando haya alcanzado mi estatus de superhéroe, ¿qué es lo que, para bien o para mal, dejaré de hacer? Escribir una lista de lo que dejarás de hacer también te ayudará a contrarrestar la ambigüedad: conductas concretas y observables, que son esenciales para la transformación intencional y, sin embargo, muy difíciles de concebir por uno mismo. Y esto, entonces, nos lleva a la siguiente herramienta…

SEGUNDA HERRAMIENTA DE EVALUACIÓN HEROICA: EL *REALITY SHOW*

Repite después de mí: «conductas concretas y observables». Repítelo nuevamente. Un hecho interesante que aprendí como terapeuta es que aunque la enfermedad mental se experimenta en su mayor parte internamente, puede diagnosticarse a partir de las conductas concretas que los profesionales observan en el paciente. Esto se debe a que los seres humanos somos bastante malos para dar información sobre nosotros mismos. Cuando tenemos un conflicto, estamos tan «metidos» en él que puede ser difícil describir lo que estamos sintiendo y, en consecuencia, tendemos a distorsionar lo que nos sucede, ya sea minimizándolo o exagerándolo. También puede deberse a que, para que pueda registrarse el progreso, el terapeuta necesita ver modificaciones en la conducta del paciente (o quizás a los profesionales de la salud mental les gusta sentir que sus evaluaciones son importantes). No lo podemos saber de cierto, pero así funcionan las cosas.

Cuando llevamos a cabo un trabajo interno, es extremadamente importante tomar cierta distancia emocional de uno mismo, pues sólo así se puede ser objetivo. Y con esto no quiero decir que no te responsabilices de tu comportamiento, y tampoco que no disfrutes «el ahora». Lo que quiero decir es que, cada día, cargamos el equipaje cultural y emocional que hemos ido acumulando a lo largo de los años por el simple hecho de ser humanos. Todos nadamos en nuestro propio océano de entendimiento en relación con la manera en que la cultura, la gente y, especialmente, nosotros funcionamos. Pero el asunto es que, en ocasiones, nos encontramos demasiado inmersos en este océano como para poder observar, con cierta objetividad, lo que nos sucede. Nuestro propio contexto puede nublar la visión sobre la experiencia de la vida.

Así que, ¿cómo evaluarnos de manera objetiva? Quizá podamos poner en práctica un truco que yo utilizaba para evaluar pacientes, con base en sus (y repítelo conmigo) conductas concretas y observables. Te mostraré lo que quiero decir mediante la descripción de una pequeña escena.

INTERIOR: UN DÍA CAÓTICO EN LA OFICINA

Amanda, una mujer joven de apariencia profesional, se encuentra en medio de una reunión de negocios. **Daniel**, su joven jefe que viste a la moda, también está presente en la reunión, así como **Rayanne**, una clienta potencial. La escena comienza a media reunión.

Amanda: … y estas son sólo algunas de las razones por las que creo que trabajar con nuestra compañía le ofrecerá 30% de aumento en ganancias durante los próximos seis meses.

Rayanne: Todo esto suena impresionante. Daniel, cuentas con una excelente empleada.

Daniel: ¡Gracias, Rayanne! Sí, Amanda es de lo mejor que tenemos. Aunque no tanto a la hora de hacer café. Ayer tiró toda la bolsa en el piso de la cocina. ¡Y no tomé café! ¡Creí que no sobreviviría!

Daniel y **Rayanne** ríen de buena gana y continúan hablando de negocios. **Amanda** se sonroja, voltea hacia abajo y se queda en silencio durante el resto de la reunión.

Final de la escena

¿Qué pasó aquí? Si se tratara de un *reality show* (por cierto, bastante aburrido), verías a Daniel haciendo un chiste durante una reunión de negocios, lo que provocó que Amanda se cerrara por completo. Como televidente, intentarías entender qué demonios pasó. Dependiendo de tu propia historia, quizá concluyas que Amanda mostró una excesiva sensibilidad, o que Daniel fue un patán. Lo que descubrirías en las confesiones de cada uno de los participantes es que Daniel creció en medio de una familia que rechazaba y minimizaba inmediatamente los halagos, en un esfuerzo por neutralizar cualquier rasgo de soberbia. Así que cuando Rayanne alabó a Amanda, Daniel sintió la necesidad de hacerle saber que apreciaba el cumplido, pero también su humildad con respecto a sus empleados. En la entrevista a Amanda, descubrirías que ella creció dentro de una familia que tenía cero tolerancia a los errores. Incluso las pequeñas equivocaciones que cometía de niña servían para señalarla e insultarla. Cuando Daniel bromeó con Rayanne sobre los granos de café regados en el piso, Amanda se sintió avergonzada de manera inmediata e hizo lo que hacía de niña; es decir, refugiarse en el silencio.

Observar la escena desde lejos, como acabamos de hacer, nos permite permanecer separados de todo ese equipaje bagaje emocional y analizar la situación con base en lo que podemos ver. De esta manera, contemplamos la situación como un terapeuta lo haría. ¿No sería este un mejor mundo si todos pudiéramos entender la carga emocional de los demás y aproximarnos a ellos con sensibilidad y empatía? Por supuesto que sí, pero también me gustaría que Amanda pudiera progresar a tal punto en el que entendiera que no todas las personas son su padre, y me gustaría que Daniel aprendiera a actuar profesionalmente, y dejar en casa lo que no pertenece al trabajo. Si yo fuera la terapeuta de Amanda, le aconsejaría trabajar en unas cuantas cosas de manera simultánea. En primer lugar, sería importante entender que su pasado contaminó su respuesta a una broma que si bien fue estúpida, también era inocente. En segundo lugar, Amanda podría aprender a evaluar sus interacciones con la gente basándose únicamente en esas interacciones, y, en tercer lugar, reconocer la influencia de su pasado y decidir cómo quiere que la afecte, en lugar de permitir esa distorsión de la realidad de manera automática.

Esta habilidad para tomar distancia de nuestras tormentas interiores para poder contemplar la vida cotidiana de la manera más objetiva posible es increíblemente útil. Es una que comencé de manera un tanto enferma cuando tenía veintitantos años (hablaremos de eso pronto), y quizás es el aspecto más importante que obtuve de mi entrenamiento como terapeuta. Como práctica, me encantaría que eligieras unas cuantas interacciones que hayas tenido en el pasado reciente —quizás una emocionalmente compleja, otra con un extraño y una conversación con la persona a la que amas—, y trata de recrear esas

interacciones como si las estuvieras viendo en un *reality show*. Conforme vuelvas a cada una de estas interacciones, trata de ignorar tus emociones en torno a ellas, y date cuenta de que esa fue la manera en la que la otra persona experimentó su encuentro. Tus emociones y el contexto en el que vives son increíblemente útiles para tu bienestar, pero jamás debemos olvidar que nuestras emociones y contextos son solamente nuestros, y no evidentes para todos los demás. En lugar de permitir que esas emociones y esa historia emocional tan rica nos arruinen la interacción con los demás, necesitamos promover su utilidad, y tomar algo de distancia emocional es un primer y gran paso para lograrlo. Aplica la técnica del *reality show* en un par de interacciones pasadas. Posteriormente, puedes comenzar a practicar esta técnica cuando te encuentres en medio de una nueva interacción.

Ahora que comenzamos a conocer un poquito mejor esa identidad que hemos construido tanto en el pasado como en el presente, y que contamos con unas cuantas técnicas para evaluar nuestra conducta y nuestro entorno con mayor solidez científica, comencemos a hablar sobre los objetivos de la Supertú para el futuro.

Capítula

MISIONES:
¿DEBES ACEPTARLAS?

Hablemos, entonces, de metas. La palabra «metas» conjura en mí un millón de imágenes distintas, y ninguna de ellas positiva. Imagino entrenadores enardecidos con los jugadores, pacientes que hacen lo mínimo necesario para cumplir oficialmente con los objetivos que, como terapeuta, establezco y personas a dieta que desean un poco más de puré de papa después de cubrir su cantidad de calorías diarias. Las metas, si bien maravillosas, han logrado una reputación de ser pretenciosas, propensas al «esto no es para mí», inalcanzables, poco realistas. Así que comencemos este capítulo dedicado a las metas, pero no les digamos así.

Todos los superhéroes tienen algo importante por lo cual luchar. Quizá quieren combatir el terrorismo y proteger al país, o luchar contra el crimen en Ciudad Gótica. Sin embargo, esos objetivos nunca parecen lograrse en su totalidad, por lo que los superhéroes le dan el nombre de «misiones» a todo aquello que

tratan de llevar a cabo. Cuando tú eres tu propio superhéroe —tu Supertú—, si bien lo más probable es que tus misiones no tengan el alcance para detener el terrorismo, sí tienen la enorme importancia de ser tuyas. Hasta el momento, ya estableciste una misión; es decir, lo que quieres obtener de este libro, pero ahora es tiempo de ponernos un poquito más específicas sobre lo que tu Supertú hará en el futuro. Así que pensemos en algo. Para ti, ¿qué significa el bienestar? ¿Cómo sabrías que lo estás experimentando? ¿Quieres sentirte menos cansada? ¿Quizá no dejarte ningunear en el trabajo? ¿Poder concentrarte más todos los días? ¿Expresarte plenamente? ¿No tener miedo a decir «no»? ¿Pasar tiempo con personas que te quieren? A lo mejor este escenario no parezca tan emocionante como combatir el crimen, pero el trabajo de la Supertú es combatir el crimen interno y estar del lado de la justicia y el bienestar.

Puesto que las cosas en las que necesitamos trabajar no son tan evidentes como el crimen o el terrorismo, ¿cómo identificar aquello que necesita transformarse y, de esta manera, llevar a cabo el cambio?

Junto con sus pacientes, los terapeutas crean algo llamado «planes de tratamiento», y aunque suena algo sofisticado, en realidad no lo es. Un plan de tratamiento consolida el trabajo que el terapeuta y el paciente harán juntos, y también justifica ante las compañías aseguradoras un trabajo conjunto y consensuado. Con el fin de explicar lo que es un plan de tratamiento, necesito utilizar la palabra «meta» nuevamente, por lo que pido una disculpa por ello. Un plan de tratamiento explica detalladamente lo que está provocando el malestar del paciente

Atención: Concepto terapéutico

(problema), enumera las manifestaciones físicas de ese problema (síntomas) y establece las metas con base en esos síntomas de manera desglosada para que pueda identificarse con facilidad el logro de cada hito (meta). Un concepto divertido y algo extraño que se utiliza frecuentemente en el lenguaje de los planes de tratamiento es «AEB», cuyas siglas en inglés quieren decir «según se demuestra por». Este concepto tiene la capacidad de justificar ya sea un problema o una meta, como te lo mostraré a continuación:

Problema: **El paciente se encuentra en un estado de letargo a consecuencia de una depresión.**

Síntoma: **El paciente no asiste a la escuela y no come regularmente.**

Meta: **El paciente recuperará parte de la energía, AEB (según se demuestra por) su disposición a asistir a la escuela cuatro días a la semana y comer, por lo menos, dos veces al día. El paciente será capaz de expresar las razones por las cuales asistir a la escuela es saludable.**

¿Ves? Aquí es donde entran las conductas concretas y observables. El paciente está deprimido, pero si establecemos la meta de «ser más feliz» o si planteamos el problema sólo como «depresión», le estaríamos fallando como terapeutas. Esto se debe a que la meta y el problema son demasiado vagos, y no hay mucho que observar. Además, parece imposible pasar de «estar deprimido» a «ser feliz». En lugar de ello, lo que hacemos es fragmentar la depresión en pequeños segmentos, y atender cada uno de ellos tanto con trabajo emocional como con cambios de conducta. Por ejemplo, la misión de la Mujer Maravilla consiste en «llevar paz al mundo exterior», según lo evidenciado por «impedir que Maxwell Lord controle la mente de Superman y desate el caos» o por «enfrentarse a su hermana, Nubia, quien quería robarle su identidad».

Para aplicar la magia del AEB en tu propia vida con respecto a, digamos, expresarte más plenamente, ¿qué meta concreta y observable podríamos establecer y, así, darnos cuenta de que la has alcanzado, cuando llegue el momento? Quizá «expresarte más plenamente» signifique que puedas verbalizar tu preferencia por ir a un restaurante determinado, incluso si realmente no te importa a dónde vas. O si tu madre comienza a burlarse de tu hermana, tu posibilidad de expresarte más plenamente quizá consista en decirle que por favor no insulte a una niña frente a otra. ¿Puedes ver la diferencia entre estos dos ejemplos específicos y la ambigüedad de «expresarte plenamente»?

Si piensas en cuán problemático es basar el tratamiento psicológico en la expresión externa de los disturbios mentales (lo que esperamos que sea), no estás equivocada. No se trata de un sistema perfecto. Una vez tuve un paciente que se propuso, como meta del tratamiento, no orinar su ropa más de dos veces a la semana. ¿Esa meta atendía directamente lo que orillaba a mi paciente a orinar su ropa? No, pero la esperanza es que un cambio importante y profundo pueda resultar de la combinación de atender conductas particulares y analizar la problemática que las origina. En este caso, el paciente sentía que orinarse en la ropa era el único acto que lo obligaría a lavarla, y él tenía ciertas obsesiones con la higiene. Como he mencionado a lo largo del libro, para que el cambio sea real es necesario atender tanto los comportamientos como los patrones de pensamiento detrás de ellos.

Antes de convertirme en terapeuta, creía que el cambio provenía de alguna especie de epifanía sobre mí misma, seguida de una decisión valiente y firme, y un monólogo en algún teatro de mala muerte. «Y fue ahí cuando aprendí», diría bajo el reflector, «que la única persona de la que necesitaba enamorarme era de mí». En ocasiones, los cambios se presentan de esa manera, pero lo normal es que se den cuando uno comienza a hacer cosas más sanas, al tiempo que asimilamos nuestra propia enfermedad. ¿La sensación cálida y afelpada, la motivación divina? Llega, pero tienes que ganártela. En Alcohólicos Anónimos con frecuencia se utiliza la expresión «fíngelo hasta lograrlo», hasta que consigues convertirte en un sobrio funcional, y yo soy una verdadera admiradora de esa expresión, aunque creo que no es tan pertinente para nuestro trabajo. Realmente es difícil fingir ser feliz, pero si tú concibes que la gente feliz sale a comer con amigos y a caminar por el parque, entonces quizá podamos empezar con una invitación a comer, y ver si se despierta algún sentimiento. Y si hablamos de química cerebral, es un hecho que si sonríes para *intentar* ser feliz, se disparan las mismas sinapsis asociadas a una sonrisa franca de felicidad. Como ves, incluso la ciencia apoya el arte de la simulación. Así que, cuando estés comiendo con tus amigos, quizá no te sientas lo suficientemente feliz como para justificar esa frivolidad, pero ahí estás, luchando por sentirte mejor. Tal vez una mejor expresión para todo esto sería «empezar la casa (de las emociones) por el tejado (de las acciones)». ¿O sería empezar la casa (de las acciones) y dejar para el final el tejado (de las emociones)? En cualquier caso, es fácil ver por qué AA eligió una expresión más sencilla.

Pero volvamos a hablar de las misiones de la Supertú que te gustaría establecer y, para ello, es importante tener en mente algunas cuestiones básicas para la creación de tus misiones. Estas cuestiones se clasifican de la siguiente manera: identificación del área de tu vida a transformar, estado en el que te encuentras actualmente, el deseo particular de transformación y la apariencia que adoptaría ese cambio. El proceso de creación de las misiones puede comenzar a partir de cualquiera de estas cuatro cuestiones básicas. Por ejemplo, a lo mejor encuentras inspiración imaginando una mejor versión de tu vida, y a partir de esa imagen, comienzas a trabajar. Podría empezar, también, con lo que no harías (punto que

cubrimos en el capítulo anterior). Tu punto de partida también podría ser el área de tu vida que menos te guste. Como puedes ver, no hay un camino incorrecto a seguir. Y si bien no vamos a establecer un plan de tratamiento, puesto que no estamos en una institución mental ni en un consultorio psicoterapéutico, vamos a crear una versión modificada de uno, comenzando con la parte que te haga sentir más cómoda. A continuación, te mostraré cómo.

Imaginemos una persona que no se parece en nada a mí, y comencemos con aquella cosa que sí sabe de sí misma: le desagrada su cuerpo.

EJEMPLO DE TABLA PARA LA CREACIÓN DE MISIONES DE LA SUPERTÚ: PASO 1.			
ÁREA EN LA QUE TE GUSTARÍA HACER CAMBIOS	¿CÓMO TE ENCUENTRAS AHORA?	¿EN QUÉ TE GUSTARÍA CAMBIAR?	INDICACIONES CONCRETAS Y OBSERVABLES DE LA TRANS-FORMACIÓN
¿?	Odio mi cuerpo. Me avergüenza.	¿?	¿?

Yo le diría a esta persona, que *definitivamente* no soy yo, lo siguiente: «Está bien, odias tu cuerpo y te avergüenzas de él. ¿Cómo te gustaría sentirte?».

EJEMPLO DE TABLA PARA LA CREACIÓN DE MISIONES DE LA SUPERTÚ: PASO 2.			
ÁREA EN LA QUE TE GUSTARÍA HACER CAMBIOS	¿CÓMO TE ENCUENTRAS AHORA?	¿EN QUÉ TE GUSTARÍA CAMBIAR?	INDICACIONES CONCRETAS Y OBSERVABLES DE LA TRANS-FORMACIÓN
¿?	Odio mi cuerpo. Me avergüenza.	Me gustaría sentirme sana y también orgullosa de mi cuerpo, tal y como es.	¿?

Entonces *mi* —quiero decir *su*— deseo es cambiar de apariencia, y esto es algo que pasa en las mejores familias y también en las peores (en realidad, en todas). Podemos agregar «imagen corporal» a la tabla, y es importante observar que estamos planteando cambio de imagen corporal, y no cambio de cuerpo. Y, además, la salud siempre es algo increíble a lo que uno le debe apostar. Así que ahora descifremos el AEB. Si estuviéramos frente a la tele, viendo un *reality show*, completamente distanciados de la agitación emocional en su interior, ¿cómo podríamos identificar el momento en el que ella logre sentirse saludable y orgullosa de su cuerpo?

Ejemplo de tabla para la creación de misiones de la Supertú: Paso 3 y 4.			
ÁREA EN LA QUE TE GUSTARÍA HACER CAMBIOS	¿CÓMO TE ENCUENTRAS AHORA?	¿EN QUÉ TE GUSTARÍA CAMBIAR?	INDICACIONES CONCRETAS Y OBSERVABLES DE LA TRANSFORMACIÓN
IMAGEN CORPORAL	Odio mi cuerpo. Me avergüenza.	Me gustaría sentirme sana y también orgullosa de mi cuerpo, tal y como es.	Me ejercitaría tres veces a la semana, mínimo, durante al menos 20 minutos. Me atrevería a usar traje de baño en presencia de conocidos y desconocidos. Usaría faldas en público. Tomaría esa clase de danza que, hasta el momento, he rechazado por vergüenza.

¿Te das cuenta de la interrelación de los distintos aspectos y de cómo uno se cimienta en el otro? En tu cuaderno, completa

unas cuantas tablas para la creación de tus propias misiones. Piensa en todo lo que has leído hasta ahora, y comienza por el aspecto que te haga sentir más cómoda. Para convertir, mágicamente, todas esas conductas observables en misiones, cambia el condicional por el futuro (de esta manera, «usaría faldas en público» pasa a ser «usaré faldas en público») y haz una lista. estas, amiga mía, son las misiones de la Supertú. Identifica alguna que puedas hacer hoy o mañana y, entonces, hoy o mañana da el paso y acepta esa misión. Es importante que conserves esta lista a la mano, pues vamos a hablar de ella a lo largo del libro.

Y puesto que lo pediste (y, quizá, respondas «¡pero si no lo hice!»), pensé que yo también podría establecer algunas misiones, unas que tengo para ustedes que leen este libro. Mi intención no es modificar ninguno de los cambios que quieras llevar a cabo en tu vida, pero sí cuento con algunos principios básicos que, si hice mi trabajo correctamente, espero que puedan acompañarte por el resto de tu vida como un pequeño regalo de mi parte. Ten en mente que yo misma estoy rompiendo mis propias reglas y planteo con bastante vaguedad estas misiones que, además, no están asociadas a comportamientos específicos, y la razón de ello es que van dirigidas a todas ustedes, y no a una sola persona.

Deseo que cuando termines este libro, tengas una mayor conciencia de ti misma, y esto incluye tu estado de ánimo, molestias y sentimientos cotidianos. Realmente quiero que dejes de vivir tu vida en piloto automático, y aunque esto no siempre es malo —pues permite que tu cuerpo y tu mente trabajen juntos y establezcan defensas para que puedas atravesar tiempos difíciles y, a la vez, hace que te concentres en una sola cosa y excluyas las demás—, es increíble la cantidad de personas que *vivimos* en piloto automático. El piloto automático no repara el estrés, la confusión ni la miseria, sólo los ahuyenta mediante sistemas de defensa que nos protegen. Mi deseo es que puedas tener a tu disposición más habilidades de contención que sólo el piloto automático.

De igual manera, *deseo que, para cuando termines este libro, puedas albergar el compromiso de vivir tu vida con intención.* Vivir con intención es la consecuencia natural de estar más consciente de uno mismo, porque significa una fusión entre esta mayor conciencia y la toma de decisiones. La intencionalidad radica en estar consciente de lo que es mejor para ti y, por tanto, tomar decisiones para tu bienestar. Ahora bien, observa que ese par de cosas no necesita estar relacionada, pues en ocasiones será inevitable cometer errores. A veces sabrás exactamente qué es lo mejor para ti y, de todas maneras, tomarás el camino contrario; también puede suceder que simplemente te topes con el camino correcto. Lo que quiero decirte con estas palabras es que la apuesta es estar, en la medida de lo posible, a cargo de la dirección de nuestra vida, y enorgullecernos de esa autoridad.

Deseo que, cuando termines de leer este libro, sepas que eres valiosa, si es que no lo sabías. Eres valiosa, tus pensamientos y sentimientos son importantes, y mereces ser tratada con respeto y amor y humor. Quiero que te vayas de aquí con la capacidad de tratarte a ti misma como a una nueva pareja romántica o a tu mejor amiga de toda la vida.

La misión para ti misma —además de mis propias misiones para ti— es todo lo que necesitamos para comenzar. Y, sí, sé que algunas pueden estar pensando: «Espera, ¿a poco esto es todo?». Pues sí, es así de simple y algo que merece repetirse: «Rara vez los cambios radicales son tan efectivos como los pequeños». Tu lista de misiones de la Supertú, de quien esperaría cambios y ajustes conforme vayas avanzando, es un gran paso (aunque no se sienta como tal). Y puesto que todos estamos

cambiando todo el tiempo, la mejor manera de comenzar a tomar el control de esas transformaciones es la lentitud. Algunos de esos cambios se darán fácilmente, y después se conver-
tirán en hábitos. Algunos necesitarán algo de tiempo para que
te sientas cómoda con ellos. Y lo que es más, algunos cambios
sucederán en tu interior, en un lugar en donde nadie puede observarlos sino tú.

ASPECTOS FUNDAMENTALES: DERECHOS, RESPONSABILIDADES, ELECCIÓN Y CONTROL EN EL MUNDO DE LOS SUPERHÉROES

Hemos comenzado a conocernos un poco y a identificar lo que queremos cambiar en nuestras vidas, y esas son grandes noticias. Ahora demos un pequeño paso hacia atrás para hablar de algunos aspectos fundamentales de una buena salud emocional o, en otras palabras, de los aspectos fundamentales de ser una Supertú. Déjame que te cuente una historia.

En una ocasión, conocí a una chica a quien una completa desconocida le gritó en un restaurante por algo que no hizo. Ella escuchó a la desconocida en silencio, casi amablemente, y después se disculpó por haberla molestado. La chica pasó el resto del día sintiéndose culpable por molestar a alguien. ¡Culpable! Cuando una persona le preguntó, tiempo después, por qué no le había dicho a la desconocida que los adultos no se gritan entre sí, pues es un acto irrespetuoso y medio siniestro, ella contestó: «La verdad es que no tenía idea de que esa fuera una opción».

Por supuesto que esta chica soy yo, y por supuesto que no me di cuenta, en ese entonces, de que tenía la opción de no aceptar que una desconocida me gritara por algo que yo no había hecho. La desconocida en cuestión era una mujer en un restaurante que pensó que me había metido a la fila del *buffet* frente a su hijo, y quería dejar muy claro cómo se había sentido por ello. (Nota: Creo importante aclarar que no acostumbro meterme a la fila). Debido a que era joven, a que la mujer era mayor que yo y a que no tenía idea ni de mi propio bienestar ni de cómo establecer límites, no sólo permití que ocurriera, sino que también me sentí culpable por una infracción que no cometí. Esta no era la primera vez que no entendía cuáles eran mis derechos en una situación, y ciertamente no fue la última. Cuando pienso en cuántos episodios nada agradables de mi vida pueden atribuírsele a mi falta de entendimiento de las diferencias entre cuatro conceptos interrelacionados y, sin embargo, completamente dispares —derechos, responsabilidades, elección y control—, pues, bueno, lo único que me queda decir es: «¡Uf!». He permitido que la gente me haga víctima de su enojo, he permitido algunos excesos sexuales por no querer ser «mojigata», he permanecido en situaciones miserables porque eso era más fácil y cómodo que hacer un cambio, me he sentido responsable por la felicidad ajena y culpable y terrible cuando he fallado, me han endilgado responsabilidades a las que no me pude negar. Pues bien, he estado en todos estos barcos, e imagino que algunos de ellos son familiares también para ti. Ahora nos toca revisar estos conceptos y definirlos con respecto a la relación que tienen con la Supertú.

CONTROL

El control es uno de esos extraños conceptos que pueden ser positivos o negativos, dependiendo de la connotación, la persona que lo dice y de si te estás refiriendo o no a esas medias que aprietan el abdomen (y lo «controlan»). Las medias con faja son una maldición para la humanidad. Además, vuelve confuso lo que podemos controlar en este vida y lo que no. Mucho del conflicto interno resulta de ceder todo el control y después preguntarse por qué se siente uno tan mal, o de tratar de controlar todo a nuestro alrededor y después preguntarse exactamente lo mismo. Lo que la Supertú comprende, incluso cuando lo olvide de vez en cuando, es que tú no puedes controlar a nadie más que a ti misma. Punto. Puedes llegar a influir en el comportamiento de otras personas, por supuesto, o puedes forzar a la gente a hacer lo que quieres por un rato, pero, en realidad, el único control que tienes en esta vida recae sobre ti.

Tú no puedes controlar lo siguiente:

▲ Cómo te perciben los demás.
▲ Si un auto te atropella de regreso a casa tras un día de trabajo.
▲ Si un platillo volador te secuestra.
▲ Si alguien más celebra un día festivo como lo haces tú.
▲ Si tu novio se porta como un patán frente a tus amigos del trabajo.
▲ Si tus hijos tienen vocación por las artes.
▲ Si tus amigos quieren salir contigo.
▲ Si tu pareja romántica te engaña.
▲ Los sentimientos de otras personas hacia ti.
▲ Cuál será la moda en un año.
▲ Literalmente, cualquier cosa además de tu propia conducta.

Creo que la idea del control es amenazante para todos nosotros. No tener el control nos hace sentir débiles y vulnerables ante

millones de cosas que pueden salir mal en el universo. Además, entender que sólo podemos controlarnos a nosotros mismos significa que cuando se trata de cómo nos desenvolvemos en el mundo, los únicos responsables somos nosotros. Podemos hacer cambios, influir en la gente, ser un eslabón de la cadena, pero sólo podemos hacer lo que nos permite el control de nuestras acciones. Bill Gates, el gerente de la cadena de comida rápida que te quede más cerca, Malala Yousafzai y el chico de tu preparatoria que sigue viviendo en casa de sus padres —y evidentemente se encuentra deprimido, pero lo evade emborrachándose— son personas que sólo pueden controlarse a sí mismas. Sin embargo, la manera en que eligen conducirse para influir en otros varía ampliamente. Para mí, la diferencia entre la gente que es exitosa y se siente realizada y la que siente frustración y angustia siempre ha tenido que ver con la aceptación de lo

que podemos, y no, controlar, y después hacer nuestro mejor esfuerzo para llevar a cabo cambios dentro de ese marco de referencia.

He de confesar que soy algo controladora, pero (quiero pensar) en su aspecto más encantador, pues soy del tipo de persona que organiza una salida al cine, reserva los vuelos para un viaje o maneja si hay un coche lleno de gente que necesita llegar a algún lugar. No es que crea que mi forma de hacer las cosas es la mejor, pero odio ese limbo de la indecisión. Me

SUPERHÉROES CON HABILIDADES PARA CONTROLAR LA MENTE (LO QUE ME CONTRADICE)

* El Profesor X de los Hombres X (para el bien)

* Emma Frost de los Hombres X (para el mal)

* Jean Grey de los Hombres X (casi siempre para el bien)

* Psylocke de los Hombres X (para el bien)

* Mandarin en el Universo de los Avengers (definitivamente para el mal)

gusta hacer las cosas para no tener que pensar en hacerlas, por lo que, como puedes ver, esa obsesión por el control tiene que ver con eliminar mi ansiedad, más que con cualquier otra cosa. Cuando mi esposo y yo hablamos de asuntos como las vacaciones o lo que necesita repararse en casa o el cambio de alimento para el gato (sí, soy todo un caso), suelo decirle: «Pues bien, ¿qué esperamos para tomar la decisión?».

Esa ansiedad en torno a los proyectos escolares o las cenas con amigos o las fiestas en casa solía abarcarme por completo, y el resultado era que jamás podía disfrutar, porque siempre corría de un lugar a otro, garantizando que todos los demás estuvieran atendidos y no pasar por alto ningún detalle. Era un verdadero martirio, pues debía ver por los demás a costa de mi propia diversión, sin darme cuenta de que ellos habrían estado bien de todas maneras. Tras observar durante años que a pesar de que los planes se venían abajo, la psique de la gente no se destruía, finalmente pude darme cuenta de que no sólo no es mi trabajo asegurar que cada plan sea ejecutado con eficiencia, sino que tampoco hay problema si los planes no resultan como se esperaba. La única cosa que sí puedo controlar es cuánto me estoy divirtiendo, independientemente de la cantidad de botana que haya en la fiesta.

En mi vida romántica también tuve que llegar a esta conclusión, pues solía pensar que cada relación requería cierta cantidad de amor. Si yo no obtenía lo equivalente al amor que yo estaba dando, mi necesidad de control me llevaba a pensar que la solución consistía en amar al chico con un excedente que alcanzara para ambos. En lugar de la famosa frase: «Tú me completas», en mi interior yo formulaba: «Yo subsanaré las deficiencias de tu amor duplicando el mío». Esto jamás se vería en una comedia romántica, y mi actitud no sólo mantenía la venda sobre mis ojos sobre el tipo de hombres con los que salía, sino

que también evitaba que me sintiera herida o triste o rechazada al pensar que tenía todo bajo control.

Lo más gracioso de mi tendencia a controlar todo es que siempre parece funcionar durante periodos breves, lo cual refuerza la idea de que estás en lo correcto y tu manera de hacer las cosas es eficaz. Pero somos humanos, y jamás actuaremos exactamente como alguien más quiera que actuemos. En última instancia, querer controlar todo salvo lo que tú haces te hace sentir más herida y triste y rechazada, porque cuando las cosas resultan de manera distinta a tus expectativas, como suele ocurrir, junto con la desilusión llega la culpa por haber fracasado. Tantas de nosotras, ambiciosas y ansiosas, caemos en la trampa de querer ejercer un control excesivo sobre todas las situaciones y las vidas que nos rodean. ¿Y por qué? Porque el control nos brinda comodidad, desdicha y ocupación mental.

Si tienes hijos, esta noción de control varía un poco, pues se trata de seres humanos que realmente dependen de ti para su seguridad, sustento y lecciones de vida. La paternidad sí convierte a la gente en obsesiva del control, pero sólo debería ser para evitar que los niños se lancen de la mesa y caigan de cabeza en el piso. A fin de cuentas los padres no pueden controlar a sus hijos, pues esos seres humanos que has creado no adoptarán todas las cualidades y lecciones que hayas querido impartirles. A lo mejor adoptan algunas de ellas, si tienes suerte, y ciertamente no llevarán a cabo actos perfectos con aquello que hayan aprendido de ti. Esos pequeños seres son seres humanos, justo como tú. Ellos cometerán errores que jamás imaginaste, y te sorprenderán y saldrán heridos y lastimarán a otros, y en ocasiones pasarás semanas o meses preguntándote qué demonios hiciste mal. Recuerda que las recetas empiezan con una proteína y, a partir de de esa base se desarrolla todo el platillo. Tu trabajo como padre o madre consiste en darle a tus hijos esa proteína y después sentarte a esperar mientras ellos hacen cualquier cosa inconcebible con ella, por ejemplo, suflé de gelatina y carne de res. Tratar de impedir que preparen suflé de gelatina con carne o algo semejante, es inútil, y si bien tus hijos no son perfectos, sí son perfectamente tuyos.

Si eres una obsesiva del control de cualquier tipo, haz que hoy sea el día en que puedas respirar profundamente y aceptar esta cruda verdad: *sólo puedes controlarte a ti misma*. Personalmente, yo necesito estas palabras o bien tatuadas en mi frente o bordadas en punto de cruz y enmarcadas en mi pared. Deja que esta información se vaya asentando en tu cabeza y permite que sea el alivio que debería ser. Puedes dejar de preocuparte por lo que tus compañeras de dormitorio, amigos o novios están haciendo. Puedes, finalmente, renunciar a toda esa carga. Es extenuante tratar de controlar las acciones y emociones de los otros y, además, ¿no estás cansada de ello? Y, sí, casi puedo escucharte decir: «¡Si los demás hicieran lo que les corresponde, yo no tendría que controlar todo!». Y créeme que te entiendo, pues yo lo he gritado a los cuatro vientos, pero sin efecto alguno. Tratar de *convencer* a la gente de que te quiera, levante sus cosas, comprenda y adopte tus visiones sobre el feminismo o tenga la capacidad de disfrutar su soledad no va a suceder, por la simple y sencilla razón de que no cuentas con poderes mágicos. Quizás estés en el camino para convertirte en una Supertú, pero jamás serás todopoderosa.

Si nos deshacemos de la obsesión por el control, quizás podamos descifrar algunos de los misterios de nuestros mecanismos internos, como la existencia de una vida emocional que, al sentirse fuera de control, tiene la necesidad de ejercer poder sobre una serie de factores externos y, de esa manera, lidiar con la incapacidad de controlar el mundo emocional interno. También podemos llegar a identificar un miedo a ser vulnerable ante

SÓLO PUEDES CONTROLARTE A TI MISMA

los demás, lo que puede llevar a creer que si podemos controlar todos los factores de nuestras vidas, nadie verá nuestra debilidad, tristeza o rareza. Es probable que detectemos el intento de controlar a otros como una forma de evitar hacernos cargo de nosotros mismos. Sin importar las razones detrás de tu obsesión, entender los límites del control constituye la primera lección del credo básico de la Supertú. Todas somos capitanas de nuestro propio barco, y contamos con suficiente preocupación para mantenernos a flote. En el momento en el que adoptas —como tu obligación— la alegría, la carrera o el bienestar de los demás, estableces una alianza enferma con esa persona. He trabajado con muchos padres que quieren forzar a sus hijos a ser «normales», y también he trabajado con muchas personas con el corazón roto y desesperadas por volver a conquistar a su ex. En ambos casos, al suponer que puedes controlar las decisiones de otras personas, lo que haces es abrir la puerta a un cúmulo de frustración y decepción. Una de las cosas más aterradoras en la vida es darte cuenta de cuán poco control tienes en este mundo. Lo único que podemos controlar es lo que hacemos, por lo que tu trabajo consiste en concentrarte en ti, pues en realidad eres lo único en lo que puedes concentrarte.

Locus de control. Aunque suena como algún tipo de insecto venenoso, en realidad es algo increíblemente relevante para convertirte en Supertú. La idea detrás del *locus* de control es sencilla: ¿cuánto control crees tener sobre tu propia vida? La gente con un *locus* de control externo cree que sus vidas están controladas por factores externos que no los involucran (como otras personas, el entorno o el destino);

como consecuencia, creen que no pueden influir o cambiar esos factores. Por el contrario, la gente con un *locus* de control interno cree que su vida está en sus propias manos, y en sus capacidades y reacciones ante las cosas. Todos debemos aspirar a tener mayor *locus* de control interno porque, en primer lugar, eso va de la mano con la idea de que tú sólo puedes controlarte a ti misma. En segundo lugar, mental y emocionalmente es más benéfico creer que tu vida está en tus manos y no determinada por maestros o colegas o las personas que te odian. Este beneficio, no obstante, implica una mayor responsabilidad, pues si tu vida está en tus manos, entonces no puedes hacerte la desentendida cuando las cosas salen mal, y culpar a los demás. Si las cosas salen mal aunque sea debido a factores externos, de todas maneras es tu trabajo componerlas. Honestamente, puede ser agotador tener un *locus* de control interno, pero también es algo que empodera y resulta muy necesario para una Supertú.

DERECHOS

Tal vez conozcas la Carta de Derechos del Hombre y el Ciudadano de los Estados Unidos. El primer "derecho" de esta carta se conoce como Primera Enmienda y es lo que suele invocarse cuando se habla de libertad de expresión.

> El Congreso no aprobará leyes que establezcan una religión oficial o muestren preferencia por una religión sobre otra o prohíban la libertad de practicarlas. También protegerá la libertad de expresión, el derecho del pueblo para reunirse pacíficamente y para pedir al gobierno la reparación de agravios.

¿Qué tienen que ver estas palabras áridas y rimbombantes con nosotros? Cuando estaba estudiando el posgrado, encontré una Carta Personal de Derechos en un libro llamado *The Anxiety and Phobia Workbook* del doctor Edmund J. Bourne, y me identifiqué tanto con ella que la fotocopié y la conservé en mi bolsa durante años. Establecí una conexión profunda con algunos derechos porque estaba completamente de acuerdo con ellos; una mejor versión de mí misma (con mayor autoestima) se identificó con otros derechos. Una de mis misiones consistió en creer profundamente en estos derechos, y de vez en cuando solía revisar si estaba honrando cada uno de ellos.

Ahora me gustaría que tú hicieras lo mismo. Observa que esta lista no es exhaustiva, pero es un buen punto de partida. Ahora te pido que califiques cada uno de estos derechos en una escala del uno al cinco, siendo uno el número que indique un total escepticismo y cinco, una creencia absoluta.

DATO CURIOSO SOBRE LOS CÓMICS

En 1954, la Autoridad del Código de Cómics (CCA, por sus siglas en inglés) fue creada para permitir que el mundo de los cómics regulara su propio contenido. Entre los estatutos, incluía las siguientes gemas:

* Los crímenes jamás deben presentarse de tal manera que generen compasión por el criminal.

* Las mujeres deben dibujarse de manera realista, sin exageración de ninguno de sus atributos físicos.

* En todos los casos, el bien debe triunfar sobre el mal.

Excelente código, aunque dio como resultado algunos cómics bastante aburridos.

ESCALA	1 NO CREO NADA DE ESTO.	2 PUEDE SER CIERTO.	3 EN OCASIONES LO CREO.	4 LA MAYORÍA DE LAS VECES LO CREO.	5 LO CREO AL 100 POR CIENTO.
1. Tengo el derecho a pedir lo que quiero.					
2. Tengo el derecho a negarme ante peticiones o demandas que no puedo satisfacer.					
3. Tengo el derecho a expresar todos mis sentimientos, ya sean positivos o negativos.					
4. Tengo el derecho a cambiar de opinión.					
5. Tengo el derecho a cometer errores y no ser perfecta.					
6. Tengo el derecho a regirme por mis propios valores y parámetros.					
7. Tengo el derecho a decir que no ante cualquier cosa para la que no esté lista, suponga un peligro para mí o transgreda mis valores.					
8. Tengo el derecho a determinar mis prioridades.					
9. Tengo el derecho a no responsabilizarme por el comportamiento, las acciones, los sentimientos o los problemas de los demás.					
10. Tengo el derecho a esperar honestidad de los demás.					
11. Tengo el derecho a enojarme con alguien a quien quiero.					

Título de la tabla: CARTA PERSONAL DE DERECHOS*

*Reimpreso con permiso de *The Anxiety and Phobia Workbook.*

12.	Tengo el derecho a ser singular.
13.	Tengo el derecho a sentirme asustada y decir: «Tengo miedo».
14.	Tengo el derecho a decir: «No lo sé».
15.	Tengo el derecho a no justificar mi comportamiento.
16.	Tengo el derecho a tomar decisiones con base en mis sentimientos.
17.	Tengo el derecho a un espacio y un tiempo personales.
18.	Tengo el derecho a ser juguetona y frívola.
19.	Tengo el derecho a ser más sana que la gente que me rodea.
20.	Tengo el derecho a estar en un entorno digno.
21.	Tengo el derecho a tener amigos y sentirme cómoda con la gente.
22.	Tengo el derecho a cambiar y crecer.
23.	Tengo el derecho a que los demás respeten mis necesidades y deseos.
24.	Tengo el derecho a ser tratada con dignidad y respeto.
25.	Tengo el derecho a ser feliz.

¿Qué te pareció el ejercicio? ¿Cuántos cincos obtuviste? ¿Cuántos derechos rondaban por el uno y el dos? ¿Te identificaste con algunos de estos puntos en particular? Cuando leí por primera vez esta carta, el derecho a ser más sana que los que me rodean, fue como un gancho al hígado, tanto así que creo que pude escuchar mi respiración entrecortada. Me resultaba completamente ajeno eso de tener el lujo, ya no digamos el derecho, de ser más sana que los demás. Realmente espero que puedas apropiarte de estos derechos y periódicamente revises cómo vas con ellos, como yo lo hice.

Ahora viene una pregunta mayor. ¿Cuentas con derechos personales que te gustaría agregar a la lista? Siempre es posible personalizar una Carta Personal de Derechos (¿acaso no está en el título?). Yo he agregado un par de derechos a lo largo de los años. Uno de ellos es: «*No* es una oración completa», pues todavía lucho con la culpa cuando digo que no, y creo que para poder pronunciar mi negativa debo tener una letanía de excusas comprensibles. Otro anexo importante es: «Tengo el derecho de no querer conservar una relación», que para mí aplicaba tanto a relaciones románticas como de amistad. Estar en una relación intensa y absorbente (o buscar desesperadamente una) constituía mi modo automático de operar, así es que podrás imaginar cuánto me sorprendió darme cuenta de que podía vivir sin todo ese drama. Otro derecho que he añadido recientemente es: «Tengo el derecho de albergar mis propias creencias sin tener que explicarlas ni justificarlas», lo que me parece muy importante si eres activo en las redes sociales.

Esta Carta Personal de Derechos es una parte esencial del credo de la Supertú, pues te ayuda a crear límites personales (la mejor herramienta para mantenerte sana y salva mientras navegas por el mundo). Bellamente, la Carta Personal de Derechos también funciona como un conjunto fenomenal de afirmaciones diarias. Para las no iniciadas, las afirmaciones diarias son declaraciones personales específicamente construidas y diseñadas para estimular el pensamiento positivo y una dosis saludable de autoestima. A mí, en lo particular, siempre me habían parecido algo cursis, pero eso fue antes de convertirme en una Supertú y darme cuenta de lo valioso detrás de lo cursi. Ahora, simplemente imagino que son parte de los créditos iniciales del programa de televisión *Las aventuras de mi Supertú*. Actualmente, suelo atarme una camisa de manga larga en el cuello, cual si fuera capa, me pongo una diadema en la cabeza y coloco mis manos en la cadera para decirme frente al espejo: «Tengo el derecho a pedir lo que quiero». «Tengo el derecho a negarme ante peticiones o demandas que no puedo satisfacer». Inténtalo y vas a ver que, además de ser divertido, puede levantarte el ánimo en días particularmente sombríos.

RESPONSABILIDADES VS. ELECCIONES

Probablemente, la mayoría de ustedes han visto por lo menos una película de Spiderman, ¿cierto? En mi etapa adulta, se han estrenado 15, y en casi todas, Peter Parker (es decir, Spiderman) tiene una conversación con su tío Ben en la que el viejo le dice a Peter, sin tener idea de su otra identidad, que «un gran poder conlleva una gran responsabilidad». Esta línea del guion es un homenaje al cómic de 1962 llamado *Amazing Fantasy* (número 15), que se conoce como la primera historia de Spiderman. La cita es un fragmento de un discurso parlamentario del Reino Unido, y una versión que suena parecida también se encuentra en la Biblia. Mi punto es que es una intervención genial por parte del tío Ben, pero sus orígenes no están claros.

Sin importar quién la dijo primero, esas palabras se han vuelto parte de Spiderman. Cuando eres un superhéroe, y te

comprometes a lidiar con malhechores, lo haces a sabiendas de que tu trabajo *jamás* termina. Sin importar lo emocionante y peligroso que haya sido el golpe maestro que acabas de realizar con todo éxito, alguien siempre necesitará auxilio en alguna parte. Así que, en realidad, las palabras deberían ser: «Un gran poder conlleva una gran responsabilidad, pero todos entendemos que no puedes atender todo lo que sucede, y nadie espera que lo hagas». Afortunadamente, no nos estamos comprometiendo con algo tan enorme, pero como Supertú la preocupación prevalece, y si bien sabemos que sólo podemos controlarnos a nosotras mismas, ¿cómo decidimos lo que sí debemos atender y lo que no? Cuando estaba en la preparatoria, Buffy Summers descubrió que ella era la Elegida para ser la cazadora del Mal. Ella pudo haber ignorado todo el asunto y seguir siendo una estudiante de preparatoria, pero eligió convertir este llamado en su responsabilidad. Aunque ninguna de nosotras experimentará jamás el vigor de Buffy, la pregunta sigue siendo la misma: ¿cómo establecer la diferencia entre las cosas por las cuales nos sentimos responsables y las cosas cosas de las que elegimos hacernos cargo en la vida?

Para propósitos de la Supertú, la *responsabilidad* es la conducta obligada de las personas funcionales y sanas, pero, al analizar profundamente esas conductas, nos damos cuenta de que el número de responsabilidades, al menos en nuestras interacciones sociales, es alarmantemente pequeño. Una elección, por otro lado, es algo de lo que te haces cargo de manera independiente, ya sea por voluntad propia o de mala gana, una decisión que tomas con base en la información disponible en un momento dado. Decir algo como: «No tenía elección, tuve que invitar a Jonathan, ell Pedos, a la fiesta, ¡pues insistió tanto que verdaderamente me incomodó!» si bien puede ser gracioso, realmente no le está haciendo justicia a la palabra «elección».

Tú no tenías la responsabilidad de invitar al asqueroso de Jonathan a una fiesta, simplemente querías evitar la incomodidad. Una *elección* es una elección. La elección de no hacer nada, como la de no terminar una relación que es poco sana para ti, y lo sabes, sigue siendo una elección.

Nosotras somos responsables de nuestra propia felicidad, y esto tiene que ver con un trabajo 100% personal, y de nadie más. Por lo mismo, no somos en absoluto responsables de la felicidad de nadie más. Tú puedes elegir, si así lo deseas, llevar alegría y felicidad a la vida de alguien, pero en ningún momento tiene que ser una carga. Durante años, invertí tanto tiempo y energía pensando que mi trabajo era entretener y hacer reír a la gente cercana, lo cual demostraba que yo valía la pena. Si ellos dejaban de reír, entonces temía que se dieran cuenta de que era sosa y, por tanto, dejarían de salir conmigo. Yo confundí mi *elección* de hacer reír a la gente con una *responsabilidad*, y, en consecuencia, odiaba hacerlo. Actualmente, cuando elijo hacer reír a la gente, lo que siento es que puedo expresar mi parte divertida y no que estoy condenada a una obligación patética.

Para mí, entender la diferencia entre responsabilidades y elecciones fue particularmente importante cuando comencé a escribir de tiempo completo, y también se volvió esencial al hacer un *podcast* sobre videojuegos hace unos años. El público se involucra muchísimo, pues pasa al menos una hora a la semana escuchando tu voz y, por lo mismo, se siente con derecho a opinar con respecto al contenido. Al otro presentador y a mí nos llegaban miles de correos que decían: «¡Eso estuvo mal!» o «No me gusta cómo dijiste eso, ¡debes retractarte!» o «¿Cómo te atreves a no mencionar…?».

Todos estos cuestionamientos produjeron la estresante necesidad de satisfacer a toda la gente y hacer cambios con

respecto a la estructura de los *podcasts* y el tipo de cosas de las que hablábamos, hasta que decidimos recordar algo esencial. En primer lugar, elegimos hacer un *podcast* porque nos gusta; en segundo, es nuestra responsabilidad hacer el mejor *podcast* que podamos, y, en tercero, no es nuestra responsabilidad hacer un *podcast* que le guste a todo el mundo (puesto que el público puede elegir si lo escucha o no).

El alivio que sentimos al darnos cuenta de esto fue inmenso. Habíamos estado asumiendo la responsabilidad por las elecciones de *otras personas* (imagínate nada más el tamaño de esa responsabilidad). No es de sorprender, entonces, el estrés que sentíamos, porque como mencionamos antes no tenemos el control sobre nadie salvo sobre nosotros mismos. Al asumir la responsabilidad por otros, establecimos conflictos internos que no podían resolverse. Además, dejamos de concentrarnos en la parte creativa, para atender las necesidades de los escuchas insatisfechos. Por lo que me ha tocado atestiguar en mi propia vida, creo que las mujeres tienen que luchar de manera muy específica con el hecho de darse cuenta de que no es su responsabilidad cada cosa que pasa en la vida.

Sé que quizá no tengas un *podcast* —aunque probablemente sí, dado que hoy en día casi todo mundo tiene uno—, pero sin importar cuánto te identifiques con el ejemplo, la idea de que el estrés se desprenda de la confusión entre elecciones y responsabilidades tiene implicaciones de gran alcance en muchas áreas de la vida. Repasemos los distintos papeles que podemos desempeñar para intentar delimitar las diferencias entre elecciones y responsabilidades en cada una de esas áreas. Observa que algunas de las elecciones que enumero abajo son más sanas y otras menos, y lo he hecho porque, en ocasiones, nos da por inclinarnos hacia el lado oscuro. Y no se trata de tomar decisiones positivas todo el tiempo, y sí de entender que incluso cuando nos inclinamos por lo que no nos hace tanto bien, lo hacemos desde nuestra propia voluntad, por razones que sólo necesitan ser lógicas para nosotros. Si eliges invitar a Jonathan, el Pedos, a una fiesta porque prefieres su gaseosa compañía a la incomodidad de su insistencia, pues es tu elección y una comprensible. Esa es la campana de «vivir con intencionalidad» que sigo tocando. Se trata de la capacidad de acción que tengas en tu propia vida, capacidad para tomar decisiones increíbles y también para regarla en serio. Analicemos un poquito más este punto.

Amiga

★ Tienes la *elección* de ser amiga de alguien. No es tu *responsabilidad* ser amiga de alguien porque esa persona «necesite una amiga» o porque seas buena gente.

★ Si decides ser amiga de alguien, tienes la *responsabilidad* de invertir en la relación tanto como quieras recibir.

★ Si siempre das el 100% a los amigos que rara vez tienen tiempo para ti, entonces es tu *elección* modificar esa situación, en lugar de esperar a que la otra persona perfeccione sus habilidades amistosas.

★ No eres *responsable* del bienestar de tu amigo. Es tu *elección* intentar animarlo o ayudarlo cuando tenga problemas.

★ Tienes la *elección* de terminar una amistad si la sientes enferma.

Pareja romántica

★ Personalmente, no estoy de acuerdo cuando alguien dice: «Me enamoré, no pude evitarlo». Tú sí tienes la *elección* de enfocar, o no, tus impulsos románticos hacia alguien. Somos humanos y todos podemos llegar a tener sentimientos en momentos inapropiados y hacia personas inapropiadas,

pero siempre es nuestra *elección* manifestarlos, y no una «*responsabilidad* biológica». (Esa excusa la dio un novio cuando lo caché besando a una chica de mi clase de español).

★ Cuando se trata de una cita, tienes una *elección*, no una *responsabilidad*. El hecho de gustarle a alguien que parece buena persona no tiene por qué convertirse en un compromiso para ti. De hecho, no tienes ninguna obligación de tener una vida romántica, si ese es tu deseo.

★ Si tienes una relación romántica, tienes la *responsabilidad* de comunicar tus necesidades y deseos. De otra manera, esa persona no tendrá idea de cómo ser una mejor pareja para ti (hablaremos de esto más adelante).

★ Tienes la *responsabilidad* de expresarle directamente a tu pareja si te sientes lastimada. Puedes *elegir* gritarle, sin importar si es buena idea o no hacerlo.

★ No eres *responsable* del bienestar de tu pareja romántica, pero sí tienes la *elección* de ofrecerle apoyo durante momentos difíciles (aunque no debes ser su único respaldo).

★ Tienes la *elección* de terminar una relación si no satisface tus necesidades. Me encantaría decir que esto es una *responsabilidad*, pero la verdad es que algunas situaciones son demasiado complicadas como para ser tan tajante. Si eres infeliz en una relación, tienes elecciones: puedes terminarla , o puedes permanecer y adaptarte.

★ No tienes la *responsabilidad* de transformarte para satisfacer las necesidades de tu pareja. Puedes *elegir* hacerlo si es algo factible e inspirador para ti. Además, es importante no perder de vista que esto también puede aplicarse al otro. La persona con la que sales no es la versión pulida que contemplas en tu cabeza, sino el ser humano que está frente a ti.

Empleada

★ Tienes la *responsabilidad* de dar lo mejor de ti por lo que te están pagando. (También tienes la *elección* de hacer el mínimo esfuerzo, pero eso es una cuestión aparte).

★ Tienes la *elección* de aceptar más trabajo o de luchar por un ascenso. No es tu *responsabilidad* convertirte en una adicta al trabajo.

★ Tienes la *responsabilidad* de abogar por ti en el trabajo, pues nadie lo hará en tu lugar.

★ Tienes la *elección* de buscar otro empleo, si te sientes desdichada en el actual. Preferiría que esto fuera una *responsabilidad*, pero lo cierto es que es complicado conseguir trabajo, así es que en ocasiones tenemos que apechugar y adaptarnos para tener un ingreso.

Hija

★ Hacia tus padres, tienes la *responsabilidad* de vivir tan sanamente como te sea posible (y no se trata de su versión de salud, sino de la tuya).

★ Tienes la posibilidad de elegir cómo relacionarte con tus padres. Si todavía vives en su casa, puede ser un poco más difícil. Si todavía dependes de ellos y no te gusta la relación, entonces puedes elegir mudarte cuando tengas la edad para hacerlo y adaptarte hasta entonces.

★ Tienes la *responsabilidad* de comunicarles a tus padres cómo te gustaría relacionarte con ellos; si lo aceptan o no, ya no depende de ti, pero al menos habrás cumplido tu *responsabilidad*.

★ Tienes la *elección* de decidir si el grado de disfunción/discordia en tu familia es algo que puedes tolerar por

respeto a tus relaciones familiares. Cierta dosis de disfunción —como las críticas a tu cabello, por ejemplo— es algo de esperar en la convivencia con los padres. Otro tipo de disfunción, como rehusarse a aceptar aspectos de tu vida o vejarte emocionalmente, puede atentar contra tu salud emocional.

★ Tienes la *elección* de vivir una vida que complazca a tus padres, pero esa es tu decisión. Definitivamente, no eres responsable de satisfacer las expectativas que tus padres han depositado en ti.

★ Tienes la *responsabilidad* de volverte económicamente independiente en relación con tus padres. Y esto es algo esencial para poder tomar decisiones. Si bien no eres su esclava sólo porque ellos pagan tu cuenta de teléfono, mientras dependas financieramente de ellos tus elecciones en cuanto a tu independencia emocional estarán limitadas.

Madre

★ Tienes la *responsabilidad* de garantizar que las necesidades de tu hijo sean satisfechas.

★ Tienes la *responsabilidad* de adquirir habilidades como madre, tanto práctica como teóricamente.

★ Tienes la *elección* de decidir qué papel quieres que tu hijo desempeñe en tu vida. ¿Tu hijo se convertirá en lo que te define y, en consecuencia, todo tu mundo girará en torno a él? ¿Tu hijo se convertirá en parte de tu familia, de tal forma que te permita tomar clases de baile y leer un libro en ocasiones? Ambas elecciones son válidas, sólo debes saber que son eso: elecciones.

★ No es tu *responsabilidad* ser todo para tu hijo.

★ No eres responsable de ser una «madre perfecta». Es tu *elección* intentar semejante hazaña, pero es importante tener presente que nadie la ha logrado jamás.

★ Es tu *elección*, no tu *responsabilidad*, renunciar a tus necesidades para favorecer las de tu hijo. En ocasiones, esta *elección* es la mejor, pero tomarla no es tu *responsabilidad*.

Mujer

★ Tienes la *responsabilidad* de ser la versión de mujer que te resulte más cómoda, y tienes la posibilidad de elegir si ser esa versión te parece importante.

★ Tienes la *elección* de vestirte como quieras.

★ Tienes la *elección* de procrear, y no la *responsabilidad* de hacerlo.

★ Tienes la *responsabilidad* de proteger tu integridad física en la medida de lo posible, en un mundo que puede ser inseguro para las mujeres. Desafortunadamente, no podemos pedirle al mundo que nos mantenga a salvo, así que tienes la *elección* de determinar cuál es el grado de seguridad dentro de una situación dada.

★ Tienes la posibilidad de elegir cómo expresar tu sexualidad (si eliges expresarla), y si la expresas con una pareja. Tienes la *responsabilidad* de hacer —por y para ti— las elecciones pertinentes con respecto a tu sexualidad.

Persona creativa

★ Tienes la *responsabilidad* de encontrarle salidas a tu creatividad.

★ Tienes la *responsabilidad* de hacer la mejor versión de lo que sea que elijas crear.

★ Tienes la *elección* de entregar tus esfuerzos creativos al mundo.

★ Tienes la *elección* de definir tu esfuerzo creativo. Algunas personas piensan que debemos tener un pasatiempo, una verdadera pasión en la vida que, idealmente, también fuera nuestra profesión. Sin embargo, esto puede ser cierto o no. Sin importar lo insignificante que pueda parecer un trabajo, en él yace una manifestación creativa y, por tanto, todo trabajo puede ser satisfactorio.

Consumidora

★ Tienes la *elección* de consumir lo que desees: comida, películas, programas de televisión, libros, cómics.

★ Tienes la *elección* de dejar de consumir aquello que no te complace.

★ Tienes la *responsabilidad* de estar consciente de las cosas que consumes. Eso no significa que siempre debas consumir productos de calidad, sino que idealmente consumirás con intencionalidad y no a ciegas.

Tú misma

★ Tienes la *responsabilidad* de conservar tu cuerpo tan sano como sea posible.

★ Tienes la *responsabilidad* de ser económicamente independiente para que puedas vivir tu vida tan cómodamente como te sea posible.

★ Tienes la *elección* de ponerte tan flaca, tan musculosa o tan caderona como quieras.

★ Tienes la *responsabilidad* de conservar tu salud emocional, en la medida de lo posible.

★ Es inevitable que haya transformaciones en tu personalidad y en tu vida, así que tienes la *elección* de abrirte o no a esos cambios.

★ Con cada nuevo día, tienes la *elección* de estancarte o aspirar a ser mejor. Ambas opciones son necesarias y ambas opciones son válidas.

Esto, de ninguna manera, es un muestrario exhaustivo de los distintos papeles que puedes adoptar en la vida, y hay muchísimos más que podrían agregarse. Esta lista simplemente nos sirve para comenzar a distinguir entre la *responsabilidad* y la *elección*. Esto es especialmente importante porque, en ocasiones, nuestro comportamiento se encuentra tan arraigado que, de manera automática, abordamos ciertas elecciones como si fueran responsabilidades. Durante los siguientes días, mientras hagas tus cosas y con la libreta de la Supertú en mano, comienza a analizar acciones específicas que realizas durante el día. Para cada acción, plantéate si es una responsabilidad o una elección, y si es algo que la Supertú haría. Volvernos conscientes de ciertos procesos internos que, actualmente, llevamos a cabo de manera automática es increíblemente importante, tanto como posibilidad de autoconocimiento como para llevar a cabo transformaciones necesarias.

¡El credo de la Supertú está completo! Se trata de un cuarteto de control, derechos, elecciones y responsabilidades. Y estos cuatro aspectos son el cimiento de una persona sana y funcional. Aunque no lo creas en este momento, no lo eches en saco roto, pues mi esperanza es que algún día lo veas con claridad.

CABEZA VS. CORAZÓN: DOMINA TUS EMOCIONES

Así que, para este momento, sabemos que todo lo que podemos controlar es a nosotras mismas, ¿pero cómo demonios hacemos eso? Específicamente, ¿cómo logramos semejante hazaña con nuestras emociones? Las emociones constituyen el sistema más ambiguo y, al mismo tiempo, más determinante de nuestros cuerpos. No pueden cuantificarse de manera objetiva, no existe un «centro emocional» en el cuerpo y, sin embargo, tantas de nosotras pasamos nuestras vidas siendo esclavas de nuestras emociones, o huyendo de ellas tan desesperadamente que nos quedamos sin energía para hacer otra cosa. Si fueras un cíborg que lucha contra el crimen, entonces tus emociones serían el *software* que utilizas para funcionar. (Aquí es donde los ejemplos de los superhéroes son tan pertinentes y suenan mucho más divertidos que decirte: «Vamos a entrar en contacto con nuestras emociones»). Así que, ¿cuál es tu relación con ese *software*? ¿Funciona

sin interrupciones, anticipando y comprendiendo cada una de tus peticiones o te mantiene viendo de manera impaciente la pantalla, esperando a que la página se actualice? ¿Eres capaz de pasar, en milésimas de segundo, de ese fastidio antiguo e infantil hacia tus padres al cariño y la aceptación que sientes por ellos como adulto? Este capítulo tiene como objetivo analizar qué tan bien funciona tu *software* emocional, y si bien existen infinitas maneras en las que te relacionas con tus emociones, con el fin de conservar este libro por debajo del millón de palabras voy a hablar sólo de dos tipos de descomposturas que puede sufrir tu *software* emocional. Por un lado, está la sobrecarga para aquellas de nosotras cuyos sentimientos nos ahogan y nos confunden y nos sorprenden. Por otro lado, se encuentra la fragmentación para aquellas de nosotras cuyos sentimientos están tan amortiguados y tan racionalizados que casi ni sentimos nada. Evidentemente, ambos casos son los extremos de un continuo, por lo que la mayoría de las personas se encuentra en algún lugar intermedio. De hecho, se supone que ese lugar intermedio es el óptimo, pues te permite experimentar los altibajos emocionales y saborear su dulce extrañeza de manera equilibrada y a partir de un entendimiento del origen de tus emociones. Sin importar en dónde te encuentres dentro del continuo, espero poder ayudarte en tu traslado hacia ese centro.

Para las que todavía no hayan llegado a ese lugar, quiero decirles que confíen en mí, pues recientemente encontré un punto estable en ese centro emocional, tras haber desarrollado una relación consistente, llevadera y mutuamente benéfica con mis emociones. Durante la mayor parte de mi vida, he oscilado de un extremo del continuo al otro, sintiéndome totalmente fuera de control. Si bien he llegado a aceptar que ambos extremos —el sentimiento desbordado y su fría racionalización— fueron necesarios para transformarme y desarrollar mi propia personalidad, creo que de todas maneras el viaje pudo haber tenido una menor dosis de vergüenza y dolor. Por esta razón, quiero compartir contigo lo que he aprendido, con la esperanza de que tu viaje pueda ser un poco más tranquilo que el mío.

Una evocación algo vergonzosa del viaje emocional de Emily

Parte 1: Los primeros años

Durante la primera mitad de mi vida, las emociones fueron como unas tiranas para mí. Recuerdo que cuando tenía ocho o nueve años, al regresar a casa después de un paseo en la playa, lloré incontrolablemente durante tres horas cuando mi madre atropelló accidentalmente a un mapache. Aún puedo ver el pequeño cuerpo sin vida del mapache tirado en medio de la carretera y, si soy honesta, me sigue entristeciendo. Si alguien me hablaba feo en la escuela o en mis clases de piano, sentía que el mundo colapsaba a mi alrededor. En una fiesta de piyamas en la primaria, la tía viejita de la amiga que nos había invitado a dormir entró a la sala para despedirse antes de que la llevaran de vuelta al asilo, y contemplarla tan frágil y enferma y dulce fue algo tan perturbador para mí que comencé a llorar. Y, entonces, todas comenzamos a llorar, de pronto confrontadas por nuestra propia mortalidad. (Hay que recordar que las fiestas son para divertirse).

Parte 2: Etapa previa a la adolescencia

Como podrás suponer, la situación no mejoró cuando estaba por entrar a la adolescencia, y cualquier pelea con mis amigas o mis novios hacía que me lamentara y moqueara ruidosamente

en clase, como un personaje de tragedia shakespeariana. Tras la primera docena de veces que esto sucedió, en lugar de darme una palmadita en la espalda y decirme que todo iba a estar bien, mis amigas aprendieron a ignorarme cuando lloraba. Y no las culpo, pues no había consuelo posible para mí. Me sentía a la deriva en el mar de mis propias emociones que, durante estos años, fueron la decepción, la tristeza, el dolor de no pertenecer y la desesperanza extrema de no ser lo suficientemente buena. El «no ser lo suficientemente buena» me consumía, y el llanto intenso era la única manera que conocía para exorcizar el sentimiento. Fuera de clases, las maestras me preguntaban cómo estaba, pero, a pesar de su amabilidad, sentía que luchaban por no entornar los ojos como signo de desesperación ante mis historias de corazones rotos y traición y tías enfermas. Esa es la cuestión: sabía que estaba garantizando que la gente entornara los ojos, sabía que mi manera de sentir era exagerada. Si alguien me hubiera preguntado en medio de mi escena histérica si deseaba controlarme, habría dicho que sí, pero no sabía cómo hacerlo.

Y, por favor, no me malinterpretes. Realmente creo que ser emotiva y darte el permiso de mostrarte vulnerable y dejar caer algunas lágrimas es maravilloso y valiente, y por cierto algo que nuestro mundo subestima, pero no se trataba de eso. Yo me sentía constantemente a flor de piel, y eso interfería con mi vida.

PARTE 3: LA ADOLESCENCIA

Ese mar de miseria y vergüenza y añoranza siguió arremolinándose hasta que en mis años de adolescencia se convirtió en una furia sobrecogedora. Ahora bien, no es inusual que los adolescentes estén enojados, y realmente pienso que eso puede ser parte del proceso de desarrollo para convertirte en un adulto, pero mi enojo no me era útil ni motivador ni estimulante.

Simplemente estaba ahí, y era incontrolable. Abarcador y extenuante, se convirtió en mi razón para rechazar a los demás. Me sentía aislada, me enojaba y después alejaba a la gente con mi enojo, lo que me hacía sentir todavía más aislada. Todas las emociones que llevaba a cuestas me agobiaban; me sentía como invadida por ellas. De la misma manera en la que el llanto me funcionaba de niña, esa enorme furia histérica era la única manera que conocía de sacar mis sentimientos. Cuando descubrí la música enojada, oscura y pesada en la preparatoria, mi corazón se aligeró. En lugar de mi huracán de lágrimas y furia, ahora tenía otra forma de liberación. Podía enfurecerme a través de la música y, lo que es más, lo podía hacer en público, junto a otras personas, ¡y considerarlo una forma de entretenimiento! ¡Podía entablar amistades a las que les interesaran los grupos alemanes oscuros! Podía ir a los conciertos y maravillarme ante la sensación de comunidad experimentada ahí. Podía utilizar medias de red, enormes camisetas con la imagen de la banda y botas militares, y —aunado a esto— validar mi furia. Seguí sin rumbo y centrada en mí misma, pero también agradecí tener una válvula de escape emocional que no implicara hacer el ridículo en clase.

Parte 4: Edad adulta, primer intento

Después de muchos años agotadores de sentirme consumida por mis emociones, y con un poco de instrucción universitaria, unas cuantas decepciones amorosas y algo de desarrollo mental en mi haber, se me ocurrió un plan infalible para arreglar mi problema. Exponerme ante los demás, ya fuera enojándome, llorando o eligiendo algún otro modo de llamar la atención, les daba demasiado poder sobre mí a los otros. Quería recuperar mi poder y no sentirme tan vulnerable. En ese momento, veía

mi emotividad sólo como un rasgo de debilidad, y lo más sabio, entonces, era encerrar bajo llave todos esos sentimientos. Esto parece más fácil de lo que en realidad es, y me tomó algo de tiempo perfeccionar la técnica en la que visualizaba una caja dentro de mi cerebro en donde podía encerrar bajo llave mis sentimientos. Cuando me sucedían cosas desagradables, inhalaba profundamente, abría la caja e imaginaba que las caricaturas del comienzo de *El show de Carol Burnett* —me doy cuenta de que esta es una referencia arcaica para la mayoría de ustedes, pero sólo busquen en Google— guardaban mis emociones. Yo simplemente apretaba los dientes y reprimía todo, y extrañamente parecía sentirme bien.

Ya no me sentía poseída por la furia y podía experimentar cierto bienestar. De manera sorprendente, esta fue mi primera probadita en cuanto a tomar cierta distancia emocional y objetiva de mí misma, una técnica que sigo utilizando constantemente, sólo que ahora de manera más sana. Ya hablamos de la noción de la distancia emocional con la técnica del *reality show*, y hablaremos más de ella en capítulos posteriores. Como decía, en aquella época, mi distancia emocional tenía que ver con reprimir mis sentimientos; ahora, intento observarlos desde cierta distancia para poder cobrar conciencia de ellos (y de mí). Si mi pareja me era infiel, a quién le importaba si la vida era una larguísima procesión de decepciones. Si me daba cuenta de que ya no entraba en mis *jeans* porque estaba subiendo de peso rápidamente, ¿qué importaba? A quién le importa, todos váyanse al infierno. En ese momento, yo no identificaba la relación entre esa fase de represión de sentimientos y la de atiborrarme de comida para llenar el vacío. Quizá creía que comer rollitos de jamón —una deliciosa creación mía hecha con masa de pizza, jamón y queso filadelfia— de alguna manera ayudaría a sofocar todos los sentimientos que me abrumaban. Disfrutaba enor-

memente mi recién descubierta libertad. Después de todos esos años en los que mis emociones me controlaban, ahora yo era capaz de dominarlas. Pensaba que tenía el control de mí misma, pero en realidad me asustaban tanto mis emociones que la única elección, en ese momento, era confinarlas. Yo no sentía nada, y eso parecía un verdadero lujo después de tantos años de sentir con tanta intensidad.

PARTE 5: EDAD ADULTA, SEGUNDO INTENTO

Desde una distancia segura, pasé de no sentir mis emociones en lo absoluto a la capacidad de racionalizar las vicisitudes de mi vida, analizándolas de manera tan aguda que instantáneamente dejaba atrás la opción de sentir. Me saltaba totalmente el paso del sentimiento, y si bien es una gran habilidad para escritores y creadores —es decir, procesar las cosas tan rápidamente y tener algo que decir sobre ellas tan pronto como han ocurrido—, ciertamente no es el mejor atributo para una psique saludable. En lugar de que mi actitud dominante fuera «me importa un carajo», pasé a «ciertamente, es terrible que alguien te sea infiel, pero el hombre en cuestión pensaba que África es un país y, además, todas las relaciones son temporales, así que estoy bien». Estoy bien, estoy bien, estoy más que bien, soy inteligente. La máscara de la chica lista que amaba de pequeña había regresado, y era capaz de entretener a grupos enteros de amigas con mis historias hilarantes sobre los novios chafas y las razones por las que el amor es una farsa. Me maravillaba ante mi estado de evolución, el control que tenía y cuán maravilloso se sentía que la tormenta amainara dentro de mí. Estaba tan ocupada admirándome que no me daba cuenta de cuán apagado y sin vida se sentía todo. Cuánto vacío, cuánta esterilidad, cuánto cinismo.

Contaba con esa distancia tan valorada, pero el precio era muy alto, pues no era capaz de establecer conexiones con la gente que importaba en mi vida, y tampoco cultivaba ninguna nueva relación que fuera más allá del ingenio con el que entretenía a mis amigas. Burlarme de las citas espantosas era mi patética manera de establecer vínculos con la gente, y me habría sentido triste, de poder sentir tristeza. Lo que realmente sentía era miedo, un miedo terrible a que mis emociones volvieran a dominarme. Lo que no entendía en ese momento es que los humanos debemos sentir una variedad de emociones. Tú debes experimentar las alegrías, las tristezas, el vacío. También está bien que, en ocasiones, te sientas caótica o como un robot desprovisto de emociones humanas. Cuando no estás experimentando una variedad de emociones, o bien te evades de la magia y la complejidad que nuestros cerebros y corazones crean para nosotros, o desgastas a morir el mismo par de sentimientos que albergas una y otra vez. Yo he ido de un extremo al otro, pero ambos carecen de diversidad, y lo que una Supertú necesita es variedad.

Yo le tengo gratitud a mi «fase de robot», pues perfeccionó mi habilidad de cobrar distancia de mí misma. Y, actualmente, sigo utilizando esta distancia emocional con regularidad, pero la verdad es que nuestras emociones *no están* separadas de nosotros, pues nos constituyen. Nuestros cerebros, ideas preconcebidas, estados de ánimo y pensamientos crean nuestras emociones; por tanto, tendrían que ser un motivo de orgullo, una maravillosa y compleja pieza de esa maquinaria que, ocasionalmente, tiene la capacidad de sorprendernos, pero que la mayor parte de las veces está bajo nuestro control. La compasión de la Mujer Maravilla es considerada por algunos *nerds* tanto su mayor fortaleza como su mayor debilidad. En lugar de ser una máquina

fría y dura que combate el crimen, ella ama a un hombre, se preocupa por la humanidad y busca justicia. Esa preocupación es una herramienta que los maleantes pueden usar en contra suya, pero también es el aspecto que la mantiene luchando tan fieramente. A nosotras nos sucede lo mismo con nuestras emociones, pues nos orillan a decidir, nos alertan respecto a las cosas de las que quizá no estemos conscientes y nos mantienen conectadas a la gente. Sin embargo, para muchas de nosotras, nuestras emociones no cumplen esta función; para muchas de nosotras, nuestras emociones son un misterio y somos esclavas de ellas. Sea cual sea la relación que mantengas con tus emociones, está muy bien, ¿pero en dónde quiere estar una Supertú con respecto a sus emociones?

UNA SUPERTÚ DOMINA SUS EMOCIONES

«Dominar tus emociones como si fueran tu perra» es una frase vulgar que principalmente utilizo porque me hace reír, pero la intención aquí tiene que ver con desplazar tus emociones de donde sea que se encuentren —el sitio del conductor, el silencio de la cajuela o el alboroto de la parte trasera— hacia el asiento del copiloto, cual compañero fiel y alerta que ve por ti y tus pensamientos. Tus emociones están ahí para darte placer y ofrecerte orientación, pero necesitan saber que su lugar está al lado de tus pensamientos. Descifrar cómo establecer una alianza con tus emociones, en lugar de que que te martiricen cual bravucones de la escuela o te hagan salir disparada para tratar de evadirlos a toda costa requiere tiempo y práctica, muchos errores y la capacidad de escucharse a una misma. Se requiere lógica, instinto, inteligencia y corazón. Ahora bien, es importante que sepas que fue necesario pasar por estos extremos para poder aterrizar en donde me encuentro actualmente. Con algo de ayuda quizás habría podido hacerlo más rápido y librarme de algunas cicatrices de batalla. En donde sea que estés, querida lectora, sea quien seas, al escribir este libro para ti estoy tratando de ayudarte a que tu viaje sea un poco menos doloroso y menos largo que el mío. Así que comencemos poco a poquito; es decir, desde que éramos bebés.

Cuando nacemos, nuestras emociones reales son confort/satisfacción («buenas») e incomodidad/insatisfacción («malas»). El hecho de recibir alimento, tener un pañal seco y ver a la persona que te da de comer es algo bueno. Si utilizo el lenguaje clínico y algo pedante, estas cosas son estímulos, y el «gugutata» es nuestra reacción a los estímulos positivos. Muchos otros estímulos —como tener hambre, un pañal sucio y no ver a la persona grande que nos cuida— provocan reacciones negativas. ¿Comprendes?

Ahora bien, ese par de emociones se expande un poco más con el paso del tiempo, lo que da resultado cuatro emociones básicas: feliz, triste, asustado o enojado. Al ir creciendo, agregamos aspectos complejos a esos cuatro sentimientos básicos, para crear emociones como «asustado de perder a mi pareja porque apareció una chica guapísima», lo que se traduce en celos; o «feliz de ver a la persona a la que quieres viva, pero enojada con ella porque decidió saltar de un balcón en una fiesta», que se traduce en alivio; o «feliz porque me sucedió algo increíble, pero no lo grito a los cuatro vientos porque no quiero parecer presuntuosa», lo que comúnmente llamamos falsa modestia. Yo tenía un póster que mostraba versiones ilustradas de 96 emociones, y parte de mis sesiones con niños consistía en aventar un dardo adherente al póster; de esta manera, la emoción que había sido el blanco del ataque nos servía para trabajar. Hablábamos, entonces, de lo que significaba esa emoción, cuáles eran sus raíces y los momentos en los que el niño la

había sentido. Realmente era un ejercicio útil para ambas partes (además de la diversión de convertirte en blanco de muchos dardos adherentes), porque en aquella época descubrí que jamás había pensado realmente en las emociones más profundas y esenciales detrás de los sentimientos complejos como el desaliento o la compasión. También pude darme cuenta de que los celos son distintos para mí que para un niño de ocho años, o que para mi supervisor. Algo importante fue cobrar conciencia de que las cosas que constituyen tus emociones complejas no siempre tienen que ser las mismas que las de otras personas. Ten en mente esto, especialmente la próxima vez que discutas con tu pareja.

Ahora bien, la manera de dominar tus emociones se detalla en los pasos que siguen, aunque es importante recordar que el proceso nunca se completa y necesitará revaluarse conforme vayas creciendo y madurando. No todo lo que voy a exponer será aplicable a ti, puesto que es imposible atender las necesidades de toda la gente en un libro, pero espero que sí sea un buen punto de partida. Para cada uno de los pasos que nos llevan a dominar nuestra vida emocional, estableceré los dos extremos que he experimentado y visto en otras personas: están los superhéroes irascibles, aquellos que rápidamente pueden ser consumidos y asfixiados por sus emociones (sólo piensa en

DATO CURIOSO SOBRE LOS BEBÉS Y LA GENTE CREATIVA

Los bebés ponen una atención general a todo lo que los rodea, pues todavía no aprenden a diferenciar lo que es importante. Los adultos se concentran en una o dos cosas en una habitación y aprenden a bajarle el volumen a esa «música de fondo» de otros estímulos. La gente creativa, se piensa, conserva algo de la habilidad para concentrarse un poco en todo.

Hulk y su tono verde chillón cuando se enoja), y también están los superhéroes autómatas, aquellos de nosotros que no sentimos ninguna conexión con nuestras emociones o las procesamos tan rápidamente que podemos escupir opiniones sobre éstas sin realmente sentirlas. Para este caso, piensa en el superhéroe menos popular, Vision, un androide creado por Ultrón en *Los Avengers*.

Paso 1: Excavar en el terreno de tus emociones

El primer paso para dominar tus emociones es, simplemente, pensar en esos sentimientos complejos que te habitan y comenzar a rascarle para ver de qué están hechos cuando los experimentas. Podría agregar una lista de palabras que tienen que ver con las emociones, pero en la actualidad todas contamos con internet, así que te invito a que busques en Google una «lista de emociones» y, después, en tu siempre útil libreta, escribas cada emoción mientras te preguntas lo siguiente:

- ¿Cómo sientes esta emoción?
- ¿Crees que la sientes de manera distinta o de manera similar a las otras personas?
- ¿Cuáles son las emociones primarias (feliz, triste, asustada, enojada) que la constituyen?
- ¿Tienes miedo de sentir esta emoción o te da gusto sentirla?
- ¿Cómo sentías esta emoción cuando eras niña?
- ¿Cómo la experimentas ahora?
- ¿Cuándo fue la última vez que sentiste esta emoción?, ¿qué estaba sucediendo?
- ¿Te gusta cómo manejas esta emoción?

Para todas las Hulks emocionales, quizás esta no sea una misión terriblemente difícil. Al no ser una hazaña, concéntrate sólo en una situación y en el coctel de emociones que la acompañó; no trates de abarcar hasta el más mínimo detalle. esta también es una oportunidad para pensar en las situaciones que tienden a activarte; es decir, el tipo de estímulos que evocan ciertas emociones en ti.

Para las Visions racionales, si bien deben echarles un vistazo a los sentimientos más complejos, estoy más interesada en sus sentimientos de felicidad, tristeza, miedo y enojo. ¿Cómo los sentían cuando eran niñas? ¿Qué detonaba estas emociones en aquella época? ¿Recuerdas alguna situación en la que lo lógico era sentir una de estas emociones complejas, pero no lo hiciste? ¿Por qué creíste que esa era la emoción que debías sentir? ¿Qué te detuvo? Cuando te proteges de tus propias emociones, en realidad hay una emoción en funcionamiento: el miedo. ¿Qué tienes miedo de sentir si te sientas junto a tus emociones?

PASO 2: ESTAR EN EL AHORA

En distintos momentos, he mencionado esto de sentarse junto a las emociones, así que asegurémonos de estar hablando de lo mismo. Pensar acerca de tus emociones en situaciones pasadas puede ser algo factible, ¿pero qué representa sentarte realmente contigo misma y experimentar tus emociones conforme suceden? Significa detener todo lo demás y concentrarte en ti. Esto es algo realmente difícil, pues es mucho más sencillo concentrarnos en los demás o, si es en nosotras, en algo trivial como nuestro fleco. Estar con una misma puede ser duro, y algunas personas pasan todas sus vidas tratando de evitarlo, pero es algo que una Supertú necesita hacer. Nuestras emociones no son sencillas, y no siempre es divertido sentirlas. Además, no son fácilmente reparables. Las Hulks emocionales simplemente permiten que sus emociones las dominen sin darle un lugar a su razón, mientras que las Visions racionales sólo se concentran en otras cosas que en lo que sucede en sus corazones y sus cuerpos. Sea cual sea tu estado, la manera de comenzar a tener más control sobre las emociones consiste en profundizar nuestra autoconciencia.

Instrucciones para una megaconciencia

A continuación, te presento una innovadora propuesta con respecto a una técnica establecida para incrementar la «atención plena». (Puedes buscar en Google el concepto si deseas seguir tu propio camino, y olvidarte de la capa). Esta es una técnica que yo utilizo específicamente para retornar a mí y abrirme a sentir sin quedar sepultada bajo el peso de mis emociones. Si fueras una superheroína, esto sería como una combinación de un rayo congelador y el sexto sentido de Spiderman, esa habilidad psíquica increíblemente vaga que lo alerta cuando alguien está a punto de atacarlo. Puesto que somos Supertú, vamos a llamarle a esta técnica megaconciencia.

Gran parte del tiempo hacemos las cosas de manera automática, como manejar al trabajo, desayunar o simplemente sentarnos ante nuestras computadoras actualizando una y otra vez las redes sociales. Dos de las misiones universales de la Supertú que mencioné antes son actuar con intención e incrementar la autoconciencia, ambas son exactamente lo opuesto a ese piloto automático en el que operamos la mayor parte del tiempo. La megaconciencia nos ayuda a liberarnos de esa automatización y comenzar a concentrarnos nuevamente en nosotras.

Comienzo sentándome y, si es posible, cerrando los ojos. Cerrar los ojos te ayuda a evitar la distracción que nace de la

vista. Empiezo con mis pies y considero lo siguiente: ¿Qué siento al usar estos zapatos? ¿Son cómodos? ¿Cómo se apoyan mis pies en el piso? ¿Están quietos o golpetean? Experimento lo que significa sentarme en donde estoy sentada, como yo lo hago. Nadie tiene esta experiencia exactamente como yo.

A continuación, sigo con las piernas: ¿Cómo se sienten en estos pantalones? ¿Tengo calor o frío? ¿Siento brisa? ¿Hay algún olor raro? ¿Mis manos están tensas? ¿Tengo los puños cerrados? ¿Están relajadas sobre mi regazo? ¿Tengo padrastros en las uñas? ¿Hay sudor en mi frente? ¿Mi corazón late apresurada, lenta o normalmente? Ahora te toca a ti. Concéntrate en tu latido por un ratito, escuchando su ritmo, detectando su velocidad. Después pasa a tu respiración: ¿Es rápida, entrecortada, lenta, flemosa? Haz un inventario de todas las maneras en las que existes en ese momento particular, sin juzgar ni expresarte. Si estás sudorosa, que así sea, simplemente observa esa información y después déjala ir. Se trata de observarte a ti misma. Coloca la mano en tu estómago e inhala profundamente, concentrándote en hacer que tu vientre se infle cuando inhalas, pues este es el signo de que respiras desde el diafragma. Siente cómo se mueve tu cuerpo cuando haces estas inhalaciones profundas. Inhala y cuenta hasta siete, mantén el aire durante siete segundos y exhala también a la cuenta de siete.

Cuando hayas hecho esto algunas veces, y te sientas razonablemente cómoda con tu cuerpo en ese momento, comienza a concentrarte en tus emociones. Digamos que tu latido o tu respiración estaban agitados, pues esas son claves de tu cuerpo sobre un posible desasosiego. ¿Qué sientes? ¿Hay muchas emociones? Si requieres consultar una lista de palabras vinculadas a las emociones, siéntete en libertad de hacerlo. ¿Lo que estás sintiendo puede reducirse a esas cuatro emociones primarias de felicidad, tristeza, miedo y enojo? ¿Qué sientes al tener estas emociones? ¿Te has sentido así antes? ¿Cuándo? ¿Cuál era la situación? ¿Estás cómoda con estas emociones o es una experiencia que te hace sufrir?

Después de abrirte a estas emociones durante unos cuantos minutos, comienza a preguntarte lo que piensas con respecto a ellas. ¿Por qué crees que las estás experimentando en este momento? ¿Qué las detonó? Tómate de cinco a diez minutos para reflexionar realmente sobre ellas. Si te sientes medio tonta o ridícula haciendo esto, estás en el camino correcto. Es increíble lo que el ego puede hacer para protegerse a sí mismo, incluyendo convencerte de que lo que estás haciendo es estúpido.

Si bien la megaconciencia puede utilizarse para evocar situaciones pasadas, con la práctica también puede utilizarse para el presente. Cuando algo estresante te sucede, esta práctica puede ayudarte a salir de ese circuito de reacciones que, por su exceso o escasez, resultan desproporcionadas, y concentrarte en ti misma y en lo que tienes que hacer a continuación. Hablaremos más de esto en el siguiente paso.

Para ustedes, Hulks emocionales, su desafío aquí consiste en inhalar profundamente y dirigir toda su atención a su ser, para que puedan experimentar cómo está reaccionando su cuerpo. Tómense todo el tiempo que necesiten en este paso, pues, debido a su capacidad para sentir profundamente, quizá piensen que es pan comido, pero existe una diferencia entre experimentar emociones y ser aplastado por ellas. Dejen que sus emociones se comuniquen con ustedes, en lugar de permitir que les griten. Siéntate contigo misma hasta que ese caudal de emociones se serene un poco, lo suficiente como para entenderlo. Nuevamente me referiré al experto en moda Tim Gunn en este momento para decir que tú debes utilizar el vestido en lugar de permitir que el vestido te utilice a ti.

Para ustedes, Visions racionales, si se atoran en esta parte pídanle a una amiga que les avise cuando las vea contentas, tristes, asustadas o enojadas. Pregúntale sobre tu talante, tus expresiones faciales y la manera en la que te comunicas. Nuestros amigos en ocasiones pueden leernos mejor que nosotras mismas.

Para concluir: practica, practica y practica sentarte contigo misma y sentir tu cuerpo en el momento. Después, permite que esta posibilidad de sentir tu cuerpo se convierta en la posibilidad de abrirte a tus sentimientos.

PASO 3: ¡LLENAR TABLAS!

Y, ahora, una lección rápida e increíblemente simplificada sobre desarrollo cerebral. Y no la simplifico porque piense que, de otra manera, no la entenderías, sino porque no soy una experta en el tema. Pensar en las emociones de esta manera ha sido útil para mí, pero no es la más científica, así que si quieres descartarla, no te voy a detener. Te diré que es algo que me serviría al trabajar con adolescentes berrinchudos, porque habría sido útil para mí ver un diagrama como este cuando era adolescente. Piensa nuevamente en lo que hablamos sobre las reacciones de los bebés ante los estímulos y en cómo las cosas se sienten bien o mal. Experimentamos estímulos, como estar despiertos mucho tiempo o tener un pañal sucio, nos sentimos mal y reaccionamos llorando. Simple, ¿no?

TABLA 1. DEL ESTÍMULO A LA REACCIÓN FÍSICA EN BEBÉS		
ESTÍMULO	**SENSACIÓN/EMOCIÓN**	**REACCIÓN FÍSICA**
PAÑAL SUCIO	Incomodidad (en otras palabras, «malo»)	Llanto

Cuando crecemos un poquito, desarrollamos la habilidad de reflexionar sobre las emociones que sentimos, por lo que nuestras reacciones a los estímulos cambian. En este momento de nuestro desarrollo, somos capaces de hacer una pausa antes de reaccionar emocionalmente a un estímulo, lo que nos da tiempo de *elegir* una acción. En lugar de ser una sucesión estímulo-emoción-reacción, ahora adopta la siguiente forma:

TABLA 2. DEL ESTÍMULO A LA REACCIÓN FÍSICA EN NIÑOS			
ESTÍMULO	SENSACIÓN/ EMOCIÓN	PENSAMIENTOS RESPECTO A ESA EMOCIÓN	REACCIÓN FÍSICA
UN NIÑO TE PEGA EN EL RECREO.	Te sientes herida físicamente, avergonzada, un poco asustada.	No quiero que nadie me vea llorar.	Le regresas el golpe al niño y corres a llorar al baño.

Como puedes ver en la tabla de arriba, en lugar de reaccionar únicamente con base en el dolor y la vergüenza, nuestros seres infantiles también tienen pensamientos sobre esos sentimientos, y en lugar de reaccionar sólo a los sentimientos, reaccionamos con base en los sentimientos y en los pensamientos. Este es un paso enorme en el desarrollo cognitivo. También observa que experimentar este momento crucial de formar pensamientos sobre nuestras emociones no siempre nos lleva a tomar las mejores decisiones en nuestra forma de reaccionar; pero lo «correcto» o lo «equivocado» de las reacciones no es lo importante en este momento. Lo importante es darnos cuenta de este nuevo paso en el que reaccionamos ante nuestros pensamientos. En lugar de reaccionar de manera primitiva a las emociones que despiertan los estímulos, *antes* de reaccionar tomamos en cuenta el entorno, quiénes somos y nuestra relación con la gente a nuestro alrededor. Se trata del desarrollo cognitivo en funcionamiento.

Durante muchos años, cuando me ahogaba en mis emociones, ignoré el paso de los «pensamientos con respecto a esa emoción», y tuve una regresión al estatus de bebé. Si un chico me ignoraba, me sentía rechazada y avergonzada y, cual bebé, me ponía a llorar a mares (y déjame decirte que era una verdadera lástima dejar que todo ese desarrollo cerebral se desperdiciara).

El siguiente paso para dominar tus emociones consiste en explorar y entender el proceso cognitivo que se dispara dentro de tu cerebro por cada estímulo que experimentas. Incluso si ignoras alguno de los pasos, o entiendes todos ellos y, aun así, tomas decisiones extrañas sobre tus reacciones, este proceso sigue activo y necesitamos aprender a ponerle atención y hacerlo menos automático. Me gustaría que pensaras en un par de sucesos, inocuos o portentosos, que hayas tenido recientemente: interacciones con jefes, una pareja o tus padres (cualquier cosa que haya suscitado una reacción de tu parte). Después haz una tabla (es en serio) con el estímulo, las emociones resultantes, los pensamientos sobre esas emociones y tu reacción física, como se mostró en la tabla anterior. Empieza con cualquiera de los cuatro que te parezca el más evidente para ti y ve llenando las otras partes conforme a ese primer punto que te resultó tan claro. Intenta no suavizar tus respuestas ni juzgarte por ellas, pues sólo intentas sondear cómo funciona tu proceso. Llenar tablas de manera regular es una práctica cuyos beneficios te serán evidentes en tiempos de estrés y agitación emocional.

Para ustedes, Hulks emocionales, su trabajo al hacer este ejercicio consiste en ser muy honestas y profundas consigo mismas. Pueden descubrir, a través de la tabla, que algunas de sus reacciones no resultan del estímulo inmediato, o que algunos de sus pensamientos son irracionales y no se relacionan con sus emociones. Cuando yo comencé a hacer esto, tenía que empezar por mi reacción, porque con frecuencia no sabía de dónde surgía. Recuerdo que alguna vez me desesperé horriblemente con la persona que me estaba cortando el jamón en el súper, sólo para darme cuenta, días después, de que me sentía muy mal por una llamada telefónica de mi madre en la cual estaba evitando pensar. Si bien el empleado no merecía mi estallido, él fue quien lo recibió, porque yo no estaba lista para explotar frente a mi madre. En realidad, se trata de una danza hermosa cuando te das cuenta de ella.

Y, para ustedes, Visions racionales, esto debe de ser bastante sencillo. Al hacer este ejercicio, quizá descubras que los pensamientos llegan a ti de manera mucho más sencilla que las emociones. Cuando yo me encontraba en esta fase de mí misma, descubrí que mi columna de «pensamientos con respecto a esa emoción» estaba mucho más llena que la columna de las emociones. «No es bueno que alguien te sea infiel porque crea desconfianza en relaciones futuras», solía escribir con soltura, sin dejarme sentir la traición o la herida en toda su dimensión. Si descubres que escribes palabras del campo semántico de las emociones sin sentirlas, te reto a que trates de seguir profundizando y evoques la última vez que albergaste esa emoción particular, sea cual sea, y recuerdes cómo sentiste eso en tus entrañas, no sólo en tu cabeza.

Te comparto algunos ejemplos míos de la semana pasada.

TABLA 3. DEL ESTÍMULO A LA REACCIÓN FÍSICA EN EMILY			
ESTÍMULO	SENSACIÓN/ EMOCIÓN	PENSAMIENTOS RESPECTO A ESA EMOCIÓN	REACCIÓN FÍSICA
MULTITUD ALBOROTADA EN MI MONÓLOGO HUMORÍSTICO LA SEMANA PASADA. LA GENTE FUE GROSERA CON EL PERSONAL.	Enojo, furia bullente.	Estos empleados trabajan gratuitamente y no se merecen esto.	Le regalé unos videojuegos al personal.

ESTÍMULO	SENSACIÓN/ EMOCIÓN	PENSAMIENTOS RESPECTO A ESA EMOCIÓN	REACCIÓN FÍSICA
(MI ESPOSO NO HA NOTADO QUE ME CORTÉ EL FLECO). LE ENVIÉ UNA PROPUESTA A UN EDITOR Y NO HA RESPONDIDO MI CORREO.	Ansiosa, nerviosa, sensación de ser un fraude.	Bueno, pues supongo que soy invisible y que esa idea era estúpida. ¿En qué estaba pensando?	Me enfurecí con mi esposo.

Tabla 4. Del estímulo a la reacción física en Emily Recargada

Observa cómo corregí el estímulo en la segunda tabla, y eso se debe a que entendernos no siempre es sencillo y también a que hay dos cosas que pueden hacernos tropezar, no importa si somos Hulks o Visions, mientras trabajamos en esta tabla: el enojo y la mala interpretación del estímulo.

DE CÓMO EL ENOJO PUEDE HACERTE TROPEZAR CUANDO ESTÁS ANALIZANDO TUS EMOCIONES

El enojo es una emoción fascinante para mí, pues puede ser inspiradora y debilitante, puede ser justificada, enceguecedora e increíblemente protectora. Y es de esta última versión del enojo de la que menos se habla. ¿Qué quiero decir con «protectora»? Pues bien, ¿con qué frecuencia has estado increíblemente enojada con una amiga o una pareja romántica, sólo para serenarte más tarde y darte cuenta de que lo que en realidad estabas sintiendo era dolor? El enojo es una emoción que con frecuencia colocamos encima de otra más dolorosa —como sentirte lastimada, asustada o avergonzada— porque lidiar con esas emociones es particularmente difícil, pues desbaratan el ego. Si bien el enojo puede consumirte y ser destructivo, no tiene el poder de aplastarte el ego. El enojo te lleva a creer que tienes la razón, lo que me hace pensar en esta emoción como una pastilla con una cubierta dulce. La pastilla en sí misma está hecha de dolor, pero como eso es demasiado irritante para el estómago del ego, se le añade una confitura de color rojo brillante para proteger tu estómago. «¡Aquí todo está bien, jefe!», nos dice nuestra adorable psique, «¡sigue enojado, pues estás en lo correcto!». Para protegernos, nuestra psique hace muchas cosas torpemente, pues en ocasiones ese afán de protección termina lastimándonos más. Sólo recuerda siempre que te sientas enojada —que en ocasiones puede ser absolutamente la mejor manera y la más apropiada de sentirte— tratar de averiguar si no hay otro sentimiento más difícil de sentir que está dulcemente escudado por tu enojo.

De cómo la mala interpretación del estímulo puede hacerte tropezar cuando analizas tus emociones

Ahora llegamos al otro obstáculo común a la hora de explorar nuestros pensamientos, sentimientos y reacciones: una mala interpretación del estímulo. Gran parte de ser un adulto y funcional en la vida, en mi opinión, es poder establecer la diferencia entre la mierda que te pertenece a ti y la mierda que le pertenece a la otra gente. Y esa «mierda» se refiere a las agitaciones emocionales que ocurren cuando entre dos o más personas las cosas se ponen acaloradas o angustiantes o discrepantes o que, de algún otro modo, no marchan sobre ruedas. Algunas veces cuando las personas tienen algún conflicto, sí tiene que ver solamente con el conflicto, pero como aprendimos con la

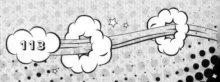

técnica del *reality show* en el primer capítulo, tú no sólo estás interactuando con otra persona, sino también con todo el bagaje emocional que esta persona lleva a la situación y con todo el bagaje emocional que tú llevas a la situación. Eso es muchísima carga, y lo suficientemente complicada como para tratar de desentrañar las cosas antes de reaccionar, y desafortunadamente es muy fácil gritarle a tu pareja por el mismo motivo por el que tu jefe te gritó a ti. Y así como todo esto es complicado para ti, recuerda que también es complicado para los demás. Si alguien explota ante ti y te parece que reaccionó fuera de proporción, no te consideres responsable por lo que no te toca y deja que su mierda le pertenezca a esa persona. De manera similar, no está bien que tú estalles con la gente que ni la debe ni la teme; además, gritar no es tan efectivo. El enojo y cualquiera de las emociones subyacentes no se desvanecen cuando te desquitas con la gente, sólo menguan durante un rato. Lidiar con el estímulo en su origen es lo que nos ayuda a mantenernos emocionalmente equilibrados.

Yo cuento con tantos ejemplos de una mala interpretación de los estímulos que podría escribir un libro sólo de eso. Probablemente, les enviaría copias a todos mis ex y a viejos amigos y a mis padres. Los ejemplos pueden ser triviales —como tener un mal día en el trabajo y después explotar cuando tu compañera de dormitorio no cierra con llave la puerta— o enormes, como no ser feliz en tu matrimonio, pero, en lugar de atiendas la relación, incursionas en miles de pasatiempos con la esperanza de sentirte mejor. Lo importante es comenzar a detectar la mala interpretación de un estímulo (como «mi esposo no ha notado que me corté el fleco» en la tabla anterior), y después poder sacar a flote el estímulo subyacente («le envié una propuesta a un editor y no ha contestado mi correo»). Esto me ayuda a descartar el estímulo erróneo, pero, como ninguna vida está exenta de complejidades, algunas veces tus sentimientos y pensamientos serán el resultado de un revoltijo de estímulos. De esta manera, un par de preguntas adicionales pueden agregarse a nuestro diagrama: ¿Esta reacción fue apropiada al estímulo que se me presentó? ¿Una persona promedio en un día promedio reaccionaría a este estímulo de manera similar, o esta parece una reacción desproporcionada? En el ejemplo anterior, desquitarme con mi esposo por no haber obtenido respuesta de un editor fue una reacción mal dirigida, así que puedo reparar eso contestando la pregunta adicional en mi tabla.

TABLA 5. DEL ESTÍMULO A LA REACCIÓN FÍSICA EN SUPER–EMILY				
ESTÍMULO	**SENSACIÓN/ EMOCIÓN**	**PENSAMIENTOS RESPECTO A ESA EMOCIÓN**	**REACCIÓN FÍSICA**	**¿FUE UNA REACCIÓN APROPIADA?**
(MI ESPOSO NO HA NOTADO QUE ME CORTÉ EL FLECO). LE ENVIÉ UNA PROPUESTA A UN EDITOR Y NO HA RESPONDIDO MI CORREO.	Ansiosa, nerviosa, sensación de ser un fraude.	Bueno, pues supongo que soy invisible y que esa idea era estúpida. ¿En qué estaba pensando?	Me enfurecí con mi esposo.	Enfurecerme con mi esposo no es una forma apropiada de reaccionar, sólo porque no notó que mi fleco se había reducido 2 mm. Debo seguir explorando.

Hablaremos más de esto en el capítulo 10, «Una Supertú entre mortales: Salir al mundo», pero por ahora sólo recuerda preguntarte a ti misma si tus reacciones corresponden al estímulo que se te presenta. Haz una tabla de tus propias reacciones emocionales a cosas que te han sucedido hace unos días, empezando con el paso que te parezca más evidente —sea la emoción de «sentirte abrumada» o la reacción de «decirle a un extraño que se vaya al demonio»— y después ve profundizando para llenar

el rompecabezas. Si puedes, trata de tener en mente todas las maneras en las que tu ego podría estar tratando de protegerte durante este tipo de trabajo. Pregúntate si habrías tenido la misma reacción a ese estímulo cualquier otro día. Pregúntate si esta reacción parece congruente con el estímulo mismo. Si no es así, sigue explorando.

¡REVISIÓN DE LAS MISIONES DE LA SUPERTÚ!

Antes de seguir adelante, revisemos brevemente la lista de misiones que creaste con anterioridad. ¿Has podido practicar alguno de los comportamientos concretos que estableciste? ¿Siguen pareciéndote poco factibles? ¿Te resultan congruentes o necesitan modificarse?

Es aceptable, al ir leyendo este libro y pensar en ti misma y en tu salud emocional, modificar tus objetivos sobre la marcha, haciéndolos mayores o menores, dependiendo de tus necesidades.

Pues bien, ahora volvamos al horario regular de lectura.

PASO 4: DEJA QUE TUS DESEOS ENTREN EN JUEGO

Ahora que has podido colocar en las famosas tablas unas cuantas situaciones, hablemos de cómo reaccionar cuando las cosas suceden en tiempo real. Lo que más me interesa es el espacio entre los «pensamientos respecto a esa emoción» y la «reacción física», pues es ahí en donde podemos ejercer la mayor influencia. Es ahí en donde, dada la situación en la que estamos, las emociones que sentimos y los pensamientos que tenemos respecto a esos sentimientos, podemos preguntarnos lo siguiente: ¿qué podemos hacer al respecto? Cuando mis emociones no fueron mi perra, con frecuencia las sentía como una distracción vergonzosa, una locura adorable y anticuada de mi juventud. Sin embargo, las emociones realmente pueden ser una herramienta eficaz para tomar decisiones y evaluar nuestro entorno. Así que, ya que hayas utilizado tu megaconciencia y hayas explorado tus pensamientos respecto a tus emociones, y lo que las detonó y demás, pregúntale a la Supertú lo que quieras y agrégalo a la tabla.

TABLA 6. DEL ESTÍMULO A LA REACCIÓN FÍSICA: ¿QUÉ ES LO QUE QUIERES?				
ESTÍMULO	**SENSACIÓN/ EMOCIÓN**	**PENSAMIENTOS RESPECTO A ESA EMOCIÓN**	**REACCIÓN FÍSICA**	**¿FUE UNA REACCIÓN APROPIADA?**
UN NIÑO TE PEGA EN EL RECREO.	Te sientes herida físicamente, avergonzada, un poco asustada.	No quiero que nadie me vea llorar.	Verme fuerte y escapar.	Le regresas el golpe al niño y corres a llorar al baño.

Y aquí es donde podemos comenzar a transformarnos, pues a través de nuestras reacciones físicas, podemos contestar: «¿Qué es lo que quiero?». Es tan sencillo como eso, y si bien estoy consciente de que suena rudimentario y obvio, te sorprendería saber con cuánta frecuencia no le hacemos caso a lo que realmente queremos. Creo que uno de nuestros tropiezos más grandes en la vida consiste en la dificultad para diferenciar entre lo que realmente queremos y lo que pensamos que debemos querer. Así que te doy permiso, aquí y ahora, de querer lo que se te antoje, aunque tu deseo no sea un dechado de madurez emocional.

▲ **Quiero que mejore esta situación.**
▲ **Quiero comunicarle mis necesidades a otra persona.**
▲ **Quiero sentirme feliz.**

▲ Quiero ser escuchada.

▲ Quiero salir de esta situación y que esto no represente ningún peligro.

▲ Quiero conservar mi empleo.

▲ Quiero que alguien se sienta muy mal por la manera en la que me trató.

▲ Quiero castigar a otros.

▲ Quiero que todo permanezca igual porque me asusta demasiado el cambio.

Como puedes ver, algunos de estos deseos son un poco tontos y nada que un terapeuta aprobaría, pero no importa. La clave de colocar en una tabla tus emociones y pensamientos no radica en ser una Supertú, sino en conocerte y actuar con intención.

PASO 5: BUSCAR UN ESPACIO SEGURO PARA EXPERIMENTAR Y LIBERAR EMOCIONES

Personalmente, una gran frustración de ser adulto es que ya no se nos permite hacer berrinches. No me malinterpretes, pues me siento más feliz como una adulta capaz de controlarse, pero me parece triste que muchas de las cosas que se consideran desahogos, hasta sanos, en los niños ya no sean apropiados para adultos, pues supuestamente hemos dejado atrás eso. Estoy completamente de acuerdo en que la etapa de comerse los mocos quede atrás, pero creo que todos merecemos la posibilidad de tener válvulas de escape sanas para nuestras emociones, las cuales puedan ser internamente satisfactorias, como hacer un berrinche olímpico (sea que decidamos actuarlo o no). El siguiente paso para dominar tus emociones, entonces, es concederles un espacio seguro para que se manifiesten. Considera lo siguiente: un perro que sale regularmente a caminar y tiene periodos establecidos de juego seguramente no destruirá tus almohadas cuando te ausentes. ¿De qué forma podemos lograr esto como adultos? La sencilla respuesta es asignar un tiempo y un espacio para que las emociones se manifiesten con libertad.

De cómo las Hulks emocionales construyen un espacio para sus emociones

El desafío de la Hulk emocional, en este sentido, consiste en encontrar maneras de liberar emociones que no sean destructivas (tanto con los demás como consigo misma). Los *reality shows* que provocan el llanto, las películas de horror y los videojuegos son excelentes maneras de liberar toda esa presión emocional para que nuestras emociones, en toda su importancia, no impacten de manera negativa nuestra vida cotidiana. A mí me da por rasgar lentamente tiras de papel y bailar al ritmo de música intensa. La creación artística —como dibujar o modelar con barro o plastilina— y el ejercicio —desde el *spinning* hasta el salto de tijera— también son excelentes vías para liberar las emociones. Y aquí el chiste consiste en concentrar tus emociones en lo que estás haciendo, y en todo caso pronunciar aquello que te molesta mientras realizas la actividad (razón por la cual en ocasiones se me puede ver en una caminadora repitiendo, cual mantra: «Malditos troles del Twitter»).

Las Hulks emocionales también pueden probar algo a lo que llamo el regodeo. El regodeo consiste en dejar que tu cuerpo y tu mente sepan que vas a dedicar un tiempo para experimentar una inmensa oleada de sentimientos, pero bajo tus propios términos. Cuando yo comienzo a sentirme abrumada y no sé si voy a poder seguir con mis actividades, saco mi agenda electrónica y literalmente programo 20 minutos para *sentir*. Hacer oficial este acontecimiento de alguna manera me serena

lo suficiente para llegar sana y salva al tiempo designado para sentir. Entonces, en esos 20 minutos, me siento en algún lado en completa soledad, sin distracciones, y dedico mi energía a que salga toda esa carga emocional. Trato de hacer memoria de lo que tuvo el poder de detonar esos sentimientos en mí, lo examino desde distintos ángulos y me sumerjo en la situación. Si siento que ya terminé antes de que suene el cronómetro, pues ya me amolé. Al «regodearse», uno tiene que cumplir con el tiempo asignado, como en el consultorio del terapeuta. «Conque querían mi atención», les digo a mis emociones, «pues ahora la tienen». Aconséjenme. Ayúdenme a entender de qué se tratan estos sentimientos. Aquí también utilizo todos los trucos de la megaconciencia. Cuando los 20 minutos terminan, me siento liberada de haber experimentado tanta intensidad, y ahora puedo desplazarme a la parte madura: procesar, pensar, analizar y comprender los pensamientos respecto a mis emociones.

¡EL LLANTO DE HULK!

En un episodio de la serie animada *Hulk: El hombre increíble*, alguien envenena a Bruce Banner (el *alter ego* de Hulk), y la única manera de mantenerlo con vida es ser Hulk mientras el veneno pierde su efecto. Sus amigos le dicen que es un monstruo y que les desagrada, y Hulk comienza a llorar. El veneno pierde su efecto y, posteriormente, todos se disculpan.

De cómo las Visions racionales construyen un espacio para sus emociones

Para ustedes, Visions racionales, quizá sea más difícil encontrar válvulas de escape apropiadas para sus emociones. Si pensamos en esto como un continuo, siendo el exceso de la emoción uno de los extremos y la escasez, el otro, para las Visions el objetivo consiste en comenzar a experimentar las emociones de una forma que sea más visceral y no tan acorde al clima sociopolítico o la manera en la que crees que otras personas reaccionarían en la misma situación. El objetivo para ti es irte acercando a un centro en el que puedas sentir en la entraña y en el corazón y, *después*, dejar que la mente intervenga, en lugar de descartar por completo la entraña y el corazón. Si eres una Vision, moverte hacia el centro de este continuo significa, de manera específica, que sentirás más dolor, y eso no está padre (lo sé). ¿Por qué querrías sentir más dolor cuando todo parece marchar sobre ruedas? Pues como tantas cosas en este libro, no se trata de *necesitar* el cambio, sino de decidir lo que quieres ser y después descubrir cómo llegar a serlo. Y si bien las Visions racionales pueden ser perfectamente sanas, algunas quizá se sientan aburridas con sus vidas tan asépticas y limitadas.

La mejor manera de salir de esta asepsia es comenzar a provocarte emociones. Siéntate a ver algún documental, pon atención a los comerciales de las asociaciones defensoras de animales, narrados por Sarah McLachlan, en donde, en lugar de racionalizar por qué la esterilización de las mascotas es la solución principal al problema de la sobrepoblación, puedas concentrarte en los ojos tristes de los cachorritos. Explora en YouTube esos videos de niños y mascotas que les dan la bienvenida a los soldados que regresan de la guerra (y descarta cualquier opinión que tengas sobre la guerra misma). Plantéate las siguientes preguntas: «¿Cómo me sentiría si esto me sucediera a mí?», «¿cómo me sentiría si esto le sucediera a algún ser querido?». Evoca momentos en los que te has sentido con el corazón roto o aliviada o abrumadoramente triste, incluso si se remonta a tu infancia, y ábrete a esos sentimientos. Siéntate en silencio y cobra conciencia de tu cuerpo. ¿Tu corazón late a

mayor o menor velocidad que de costumbre? ¿Tu respiración es la de siempre? ¿Tu pie golpetea en el piso? Estos signos físicos pueden ayudarte a desentrañar tus emociones. Pacta contigo misma que trabajarás para desnudarte emocionalmente ante ti.

Posteriormente, cuando estés lista, haz un pacto con alguien en quien confíes para desnudarte emocionalmente ante esa persona, expresando verbalmente tus emociones, aunque te parezca difícil y forzado. Dile a esta persona que confías en ella, y explícale lo que la confianza significa para ti. Si te sientes realmente estúpida haciendo esto, habla de ello y analiza los motivos. Como te he dicho antes, se trata de ir cavando en tu interior, y cuando encuentres una ola de emoción —sea vergüenza o enojo—, móntate en ella. Escribe lo que este sentimiento provoca en tu cuerpo, y mantente alejada de descripciones intelectuales. Escribe como lo haría un estudiante de primaria, y practica una y otra vez.

Lo más importante de dominar tus emociones, y algo que durante mucho tiempo no capté, es que sin importar lo que sientas y cómo reacciones, es crucial que lo hagas con conciencia. De esta manera, tus sentimientos, taquicardias, berrinches, acceso de llanto, estoicismo y demás reacciones cobrarán sentido para ti. Esto no significa que, con esta conciencia, debas comportarte como toda una dama en todo momento, y tampoco significa que los otros deban entenderte. Sin embargo, ser parte del equipo Supertú requiere que hagas el trabajo arduo de hurgar en ti y entender de dónde vienes.

Durante muchos años estuve muy enojada —furiosa con mi cuerpo por su apariencia, rabiosa con el resto del mundo por hacerme prestar tanta atención a mi cuerpo, enojada con mi mente porque no se callaba y parecía no ser capaz de disfrutar lo que los demás encontraban placentero—, pero como había dejado de escucharme durante tanto tiempo, no tenía manera de entender de dónde provenía mi enojo ni hacia dónde debía dirigirse. Avancé con dificultad, y encontré salidas aquí y allá que funcionaban a cierto nivel, pero habría sido muy bueno tomarme el tiempo para sentarme con mi ser —aunque «mi ser» fuera una persona con la cual no sentía demasiado entusiasmo de estar— y realmente profundizar en mis pensamientos y mis emociones. La razón de no hacerlo era mi miedo a conocerme, pues quién sabe qué encontraría, pero si lo hubiera hecho, en última instancia habría encontrado consuelo en esa parte de entendimiento sobre mí misma. De todas maneras yo no sería santo de mi propia devoción, pero quizá los embates de llanto en clase habrían pasado de algo tan vergonzoso al entendimiento de que lo hacía para obtener la atención que tan desesperadamente anhelaba. Me habría ayudado darme cuenta antes de que yo no era una pequeña nadadora a la que habían aventado a la inmensidad del océano, sino que yo era el océano. Ahora bien, esta conciencia no significa que actuar con intencionalidad te convierta necesariamente en una mejor persona. De todas maneras, yo me habría enfurecido, provocado huracanes, hundido barcos y elevado maravillosas crestas para los surfistas, pero lo habría hecho intencionalmente, sabiendo que era *mi* océano. Sin importar la naturaleza de la relación con tu propio océano, uno de los objetivos de la Supertú consiste en experimentar la maravilla y la majestuosidad de ese océano cotidianamente.

En el siguiente capítulo, hablaremos un poco más sobre algunas herramientas que puedes utilizar para conservar tu megaconciencia, mantener un alto nivel de intencionalidad y encontrar más salidas emocionales en épocas de estrés. Mientras tanto, a montar las olas…

Capítula

DIRECTO DEL LABORATORIO: LA CAJA DE HERRAMIENTAS DE LA SUPERTÚ

Batman tiene un cinturón maravilloso, lleno de «batarangs» y otras cosas. Spiderman tiene telarañas que salen disparadas de sus muñecas. Iron Man cuenta con un traje que, básicamente, hace todo por él. Thor tiene su martillo. Estas herramientas hacen que los superhéroes puedan ser superhéroes. Como me encanta aplicar todo esto a nosotras, he hecho mi mejor esfuerzo para dirigir la lógica del superhéroe a un concepto de salud mental bastante aburrido: «habilidades de cuidado personal». No hay nada de malo con el concepto, supongo, pero cuando lo escucho no puedo evitar imaginar a una persona que estornuda seis veces seguidas, como mínimo, y habla de nuevas enfermedades todo el tiempo. (Pido disculpas a las personas flemáticas por caricaturizarlas de esta manera).

Las «habilidades de cuidado personal», si consultamos internet, son «acciones y actitudes que contribuyen a conservar el

bienestar y la salud personal y promover el desarrollo humano». Como gran parte de lo que pasa en el campo de la salud mental, «habilidades de cuidado personal» es un concepto que define meramente lo obvio; sin embargo, el concepto se vuelve poderoso si le asignamos un significado. Nuestro objetivo es tener la mente, el corazón y las fosas nasales despejadas, así que tomemos algunas de estas habilidades de cuidado personal y hablemos de cómo pueden ser transformadas, redefinidas y añadidas a tu estuche de herramientas de la Supertú. La idea es que siempre lleves el estuche al hombro, para que puedas tener las herramientas siempre a la mano. Algunas de las herramientas podrás y deberás usarlas todos los días, y otras sirven de mantenimiento y verificación de niveles; algunas son sólo para emergencias. Cuando me siento irritable y poco sana (lo que, absolutamente, sigue sucediendo), y quiero regodearme en mi propia miseria, imaginar que uno de mis «sistemas» ha colapsado me persuade a dar los pasos necesarios para desplazarme a un lugar más sano. Si alguien se hubiera acercado a mí cuando me encontraba refunfuñando y comiendo mi segunda pizza, y hubiera dicho: «Oye, Emily, parece que necesitas desarrollar algunas habilidades de cuidado personal, ¿quieres escribir lo que te pasa?», probablemente lo habría golpeado en la cara. Pero si redefino las habilidades de autocuidado como algo normal y necesario para darle mantenimiento a la maravillosa máquina que soy yo, pues bueno, eso hace toda la diferencia (al menos, para mí). Como un poco más adelante te pediré que lleves un registro del número de habilidades de cuidado personal que utilizas cotidianamente, comencemos por definir qué son estas herramientas (quizá ya utilices algunas de

Atención: Concepto terapéutico

ellas sin darte cuenta de su importancia). Estas herramientas son esenciales para avanzar hacia las metas de la Supertú. De hecho, utilizar estas herramientas de manera regular sería un objetivo muy bueno a establecer, y quizás hasta ahí llegaría la dosis de cambios que quieres llevar a cabo (lo que funcione para ti).

Como verás a continuación, he clasificado las herramientas en siete categorías.

Clasificación de las herramientas para la Supertú: Físicas

Para las principiantes que pueda haber por aquí, empecemos con lo básico: debes mantener sano tu cuerpo. Todas sabemos esto, ¿pero realmente qué significa?

HERRAMIENTA: COMER SANAMENTE

Puedes definir esto como quieras, pero generalmente una dieta sana está llena de frutas, verduras, proteínas, fibra, vitaminas y minerales. Sin embargo, comer sanamente es más que eso, pues tiene que ver con establecer un tiempo para sentarte frente a los alimentos, en lugar de meter el espagueti en algún recipiente para que puedas atragantártelo mientras corres de un lugar a otro. La salud con respecto a la alimentación también significa comer sin distracciones, para que puedas estar consciente de lo que estás ingiriendo, con atención plena, en lugar de meterte bocado tras bocado mientras ves *Project Runway* (y sólo darte cuenta de que comías cuando el frasco de crema de cacahuate se termina). Saborear —aspecto de la vida al que te invito a dirigir tu intención— es fundamental a la hora de comer, e incluye poder romper las reglas de vez en cuando sin flagelarte por ello.

Comer sanamente no tiene que ver sólo con la comida que consumes, sino con el papel que la comida desempeña en tu vida, el cual debería ser nutricional y social, más que uno capaz de calmar y llenar nuestros vacíos. Este es un punto sobre el que muchos autores han escrito de manera más elocuente que yo. Si cambiar tu relación con la comida es parte de tus misiones de la Supertú más importantes, sugiero que empieces revisando algunos de esos libros y conozcas los papeles de salud y enfermedad que la comida puede desempeñar en nuestras vidas.

HERRAMIENTA: DORMIR LO SUFICIENTE

La falta de sueño puede distorsionar por completo tu visión del mundo y afectar seriamente tu salud física y emocional. Puesto que una cantidad suficiente de sueño es la base sobre la cual nuestros comportamientos sanos pueden construirse, haz un esfuerzo por dormir al menos siete horas diarias. Esto quizá signifique perderte algunas salidas en la noche o alguno que otro programa de televisión, no trabajar en exceso o no lavar los trastes. Y aunque parezca que te estoy pidiendo que sacrifiques todo para dormir, observa que el hábito regular de descanso y regeneración es nuestra oportunidad para lograr que nuestras maravillosas máquinas funcionen con eficacia.

CONSEGUIR UN TERAPEUTA

Muy probablemente leas esto con la esperanza de optar por un mejor rumbo en tu vida, y eso es genial. Pero, al mismo tiempo, te recomiendo que hagas un trabajo terapéutico, especialmente si no lo has hecho antes. Mucha gente no busca ayuda de este tipo porque cree que «no está loca» o piensa que no tiene nada de qué hablar. La

El estuche de herramientas de la **Supertú**

físicas

recargarse

auto-análisis

MAPA

visión amplia

perspectiva

emergencia

MAYA ANGELOU

The Atlantic

apoyo social

terapia, sin embargo, tiene tantas cosas que ofrecer: puede salvarte la vida en tiempos difíciles y es como acudir a un *spa* en otras ocasiones. También se trata de una relación muy específica, completamente distinta de cualquier otra, y una que se concentra al 100% en ti. La terapia es una extensión natural de tu transformación en Supertú. ¡Inténtalo!

HERRAMIENTA: RECIBE LA ATENCIÓN MÉDICA QUE NECESITAS

Ve al doctor cuando estés enferma y cultiva una relación con él o ella, para que no seas sólo un expediente más. Consulta al dentista un par de veces al año. Acude a un terapeuta, si sientes que necesitas con quién hablar y tus amistades se fastidian con tu drama.

No ignores los síntomas físicos en tu cuerpo, a la espera de que desaparezcan, y simplemente hazte un examen. Muchas de mis amigas se sienten increíblemente ansiosas por el hecho de que algunos síntomas inquietantes pudieran revelar una enfermedad incurable y terminal, por lo que evitan acudir al médico a como dé lugar. ¿Esto te suena conocido? Para comenzar, ese «¿qué tal si...?» en algún rincón de tu mente es una ansiedad que sólo puede curarse si visitas al doctor y te revisa, sin importar cuál sea el resultado. Vivir con esa ansiedad puede ser, a la larga, más dañino que esa otra cosa que pueda estarte ocurriendo. Y si, en efecto, padeces algún mal, ¿cómo lo vas a tratar si desconoces su existencia? Una vez fui al doctor por depresión y descubrí que estaba anémica; en otra ocasión, una radiografía dental de rutina reveló un tumor en mi quijada, el cual si no se hubiera tratado, habría disuelto los huesos de mi rostro. Es decir, que no estoy bromeando cuando digo que el cuidado médico es importante.

HERRAMIENTA: EJERCICIO

Pues bien, prepárate para un sermón. Durante años, sufrí de sobrepeso, así como de enfermedades variadas y depresión. Estas cosas no siempre van de la mano, pero en mí caso sí lo hicieron. Adicionalmente, mi desafío y mi reserva con respecto a mi sobrepeso eran muy extraños, pues me odiaba a mí misma, pero intentaba por todos los medios presentarme ante el mundo como si no supiera que estaba gorda, y como si no me importara. Parte del plan consistía en no ejercitarme, pues el ejercicio significaba rendirse ante la visión que, según yo, el mundo tenía de mí. En caso de que no haya sido clara hasta el momento, era una pésima idea. Mi falta de actividad agravaba mi tristeza, y mi tristeza agravaba mi falta de actividad, así que fue necesaria una gran dosis de voluntad para salir de este círculo vicioso. Comencé poco a poco. Primero, salí a caminar cerca de mi casa, después opté por jugar tenis con una amiga y, finalmente, tomé clases de danza. Durante un tiempo, sentí aversión hacia el ejercicio, pero en algún punto me di cuenta de que también había dejado de pensar, y que sólo utilizaba mi cuerpo como una herramienta para hacer llegar la pelota al otro lado de la red, o para desplazarme tres kilómetros de distancia. Había concebido mi cuerpo en formas diversas y terribles, pero jamás como algo útil, jamás como una máquina que obedece órdenes.

El punto es el siguiente: todo el mundo necesita hacer ejercicio. Todos necesitamos sudar, estirarnos y hacer que nuestro corazón se ponga a bombear sangre con un poquito más de ahínco que de costumbre. Lo más importante del ejercicio no es hacernos perder peso o volvernos atractivas, sino mantener en buen funcionamiento los muchos sistemas de tu hermosa maquinaria. Y, para terminar, se trata de elevar tu nivel de energía, detonar la liberación de endorfinas en tu cerebro y (al menos,

para mí) poder salir de tus pensamientos por unos minutos y concentrarte en tu postura y tu movimiento. El ejercicio puede ayudarte a elevar tremendamente tu megaconciencia. Para una chica como yo que piensa en todo hasta el desgaste, el ejercicio me ofrece unas vacaciones de mí misma. Así es que ponte en acción con programas de ejercicio en DVD o ve al gimnasio, baila en una discoteca, camina alrededor de la cuadra. Sólo muévete, y hazlo regularmente. Tu cuerpo no es ni feo ni perfecto ni depositario de expectativas inalcanzables ni un objeto para las miradas lujuriosas. Tu cuerpo es una máquina, así que mantenla en excelente estado.

CLASIFICACIÓN DE LAS HERRAMIENTAS PARA LA SUPERTÚ: RECARGARSE

HERRAMIENTA: TIEMPO PARA HACER UNA PAUSA

Aprender a hacer una pausa y realmente experimentar ese tiempo es increíblemente importante. Y conforme todos nos vayamos adhiriendo quirúrgicamente a nuestros dispositivos móviles (de hecho, creo que esa será una característica del próximo iPhone), se vuelve más importante que nunca, porque tu cerebro y tu psique necesitan una serie de paréntesis, en los que no estén recibiendo toneladas de estímulos, para poder funcionar adecuadamente. ¿Cuál es el significado de hacer una pausa o de tener un tiempo para ti? La gente puede saber qué significa, en teoría, pero no sabe lo que realmente significa para ella. Un tiempo para ti, como yo lo defino, consiste en acumular energía mental (no física ni social). Es una manera placentera de pasar tiempo que no es productivo, como ordenar un poco la casa o ir al gimnasio. Es algo que te permites hacer, para ti y sólo para ti, y que no le impone ningún desafío a tu cerebro.

Yo soy una chica organizada, por lo que intento apartar 30 minutos para mí todos los días. Sé que esto suena ridículo, pero realmente funciona. Es algo a lo que puedo aspirar dentro de mi apretada agenda, y después tengo una gama de opciones a escoger. Te comparto unas de las tantas cosas que hago en ese tiempo especial para mí.

★ Comer en un restaurante sola (sin celular, sin libro).
★ Recibir un masaje.
★ Ir al salón de belleza para que me hagan un corte o *manicure*. (Esto sólo funciona si tu estilista no platica demasiado. Incluso puedes pedirle que no hable para que tú puedas desentenderte de todo).
★ Hacer galletas.
★ Masturbarme.
★ Ponerme un vestido elegante y tacones, y bailar por mi casa con la música a todo volumen.
★ Leer revistas de moda.
★ Releer mis viejos libros de *Las gemelas de Sweet Valley*.
★ Ver por la ventana.
★ Meterme en la tina.
★ Caminar lentamente y sin rumbo fijo por lugares bonitos.
★ Ver televisión. (El programa no debe tener ningún valor educativo, y lo hago sólo de vez en cuando. La televisión es muy eficaz para lograr que te desentiendas de todo).

Para poder reunir estas actividades, pensé en lo que hacía cuando era niña y, durante el verano, los días enteros se desplegaban ante mí y no tenía nada qué hacer. Odiaba esos días aburridos, pero resulta que mucho de lo que me parecía abu-

rrido cuando era niña es increíblemente reparador cuando eres adulta.

Veamos si puedes establecer unas 10 o 12 actividades para tu propia lista, y después agéndalas.

Clasificación de las herramientas para la Supertú: Autoanálisis

Toda buena Supertú tiene la habilidad de analizar lo que le está sucediendo, tanto cuando las cosas se ponen difíciles y frustrantes como cuando tiene algo de tiempo libre y decisiones inquietantes que tomar. Sería increíble contar con un Google Glass para nuestros corazones y nuestras mentes, el cual pudiera alertarnos de las cosas con las cuales necesitamos lidiar, pero nos veríamos un poco estúpidas usando un dispositivo emocional, así que mejor hablemos de cómo mirar hacia dentro y de lo que podemos hacer con lo que descubramos ahí.

HERRAMIENTA: ESCRITURA LIBRE

Para mí, la conocida técnica de la escritura libre es fantástica cuando me siento abrumada o estoy pasando por un atorón creativo. (Debo aclarar que la escritura libre es distinta de la escritura en un diario, que revisaremos más tarde). Nosotros los humanos somos criaturas complejas y capaces de alojar muchas emociones y pensamientos antagónicos al mismo tiempo. Personalmente, encuentro útil escribir de ello, por lo que he establecido la actividad unas cuantas veces a la semana, sin importar si me siento sobrecargada o no. La escritura libre es exactamente lo que dice ser; es decir, escribir ya sea a mano o en computadora lo que pase por tu mente durante 10 o 15 minutos de corrido. La mayoría de los inicios de mi escritura libre son: «Puf, pues heme aquí nuevamente, sin saber cómo empezar…». Si me siento increíblemente atorada, comienzo a escribir como si lo estuviera haciendo a mi mejor amiga. Y si bien no hay manera equivocada de escribir libremente, es importante no interrumpir la actividad, pues finalmente dominarás la técnica.

HERRAMIENTA: VERIFICAR TUS SISTEMAS

¿Recuerdas cuando mencionamos que tus emociones eran el *software* que te rige? Pues bien, esta herramienta consiste en verificar cómo funciona ese *software*. Existen tantas emociones que algunas de ellas ni siquiera han sido nombradas todavía. En ocasiones, tengo una sensación de cosquilleo cuando estoy en medio de una discusión acalorada con alguien y cuento con una pieza de información que la otra persona no tiene; por unos momentos, me siento hasta mareada antes de soltar el mazazo justificado. No tengo un nombre para esa emoción, pero definitivamente la he sentido. ¿Quizá «cosquilleo triunfal»? Está un poco largo el nombre, ¿no?

Como que me puse a divagar, pero regresemos a lo nuestro. Hasta ahora, hemos hablado bastante sobre cómo dominar tus emociones. La verificación de sistemas es la versión cruda de esto, diseñada meramente para darte una idea del lugar en el que, en un momento dado, te encuentras con respecto a tus emociones. Y aunque funciona increíblemente cuando tienes un día difícil, también es eficaz como medida preventiva. Adicionalmente, obtienes la ganancia de conocerte un poco mejor mientras haces algo muy sencillo. Cuando me encuentro increíblemente ocupada y preocupada, con frecuencia olvido que tengo necesidades y deseos; en lugar de atenderlos, me trato a mí misma como un robot diseñado para llevar mi cerebro de

un evento al siguiente. Y si bien ese enfoque puede ayudarme a atravesar algún momento difícil, es increíble el número de personas que quedamos atrapadas sin verificar durante largos periodos cómo estamos, lo cual no ayuda a nadie.

¿Cómo funciona esto? Trata de encontrar un lugar tranquilo, libre de todo tipo de tecnología, en donde puedas ponerte en contacto contigo misma durante unos minutos. Al grupo de preguntas que yo me planteo para verificar sistemas lo he llamado PECOA, a manera de acróstico, aunque la palabra «pecoa» no significa nada.

- ⊙ P: ¿Cuál es la emoción *predominante* en este momento?
- ⊙ E: ¿En qué *entorno* te encuentras?
- ⊙ C: ¿Tus emociones *concuerdan* con el entorno en el que estás o son discordantes? Una discordancia podría indicar que la manera en la que te sientes no está relacionada con lo que haces en el momento, y sí con algo más.
- ⊙ O: ¿Hay emociones *ocultas* bajo esas que sientes superficialmente?
- ⊙ A: ¿Te encuentras emocionalmente bien en este momento, o necesitas *actuar* para salir del lugar en el que te encuentras?

Esta herramienta es importante para mí porque, como he mencionado antes, no siempre soy muy hábil para identificar el origen de mis emociones. En ocasiones, algunas funcionan para ocultar otras, mucho más complejas. Cuando estaba en el posgrado e increíblemente estresada y ansiosa sobre mi futuro, pasé por un periodo de dos meses en el que me sentía absolutamente convencida de que las llantas de mi auto iban a poncharse. Conducía mucho para llegar a la escuela, así que mi pensamiento no era descabellado, pero en realidad no me sentía ansiosa por las llantas. La avería del auto sólo representaba un gancho concreto, específico y conveniente del cual podía colgar mis ansiedades. En aquel entonces, yo no solía verificar mis sistemas, pero si lo hubiera hecho, muy probablemente habría detectado esta rareza mucho antes.

Es importante recordar que la identificación del origen de tus emociones no significa que estas se resuelvan de manera automática. Repetiré el mantra que mencioné en la introducción de este libro: «Un entendimiento profundo de ti misma no conduce de manera automática a un cambio en tu comportamiento». Durante años, puedes saber en dónde radica el problema y, aun así, no tener ni idea de cómo modificar tus patrones. Por esa razón es que un enfoque doble para la transformación —modificar la conducta (las misiones de la Supertú que estableciste antes) y procesar las emociones (todo esto tan divertido)— es la mejor manera de generar un impacto real en ti misma. Darte cuenta de que el enojo hacia tus padres es inmenso no hará que ese sentimiento desaparezca, pero entender de dónde proviene ese enojo, y establecer metas concretas para reducirlo, puede significar una ayuda integral y resultar en una relación más sana con tus padres y tu enojo.

Clasificación de las herramientas para la Supertú: Perspectiva

Cuando algo terrible te sucede, seguramente has llegado a preguntarte cómo es posible que la gente siga con su vida como si nada, cuando tú estás en el hoyo. Pues te puedo decir que yo viví así durante unos cuantos años. Hundida en mis emociones

y pensamientos desbocados; estaba demasiado inmersa como para voltear a ver lo que estaba sucediendo a mi alrededor, mucho menos para ver cómo le estaba yendo a la gente. Y, sí, todo este libro se trata de «centrarte en ti misma», pero hay una diferencia entre centrarte en ti y hundirte en ti, y definitivamente era culpable del segundo cargo. Me habría venido tan bien una superheroína en aquel entonces, pero probablemente me habría burlado de ella si hubiera aparecido en mi puerta, lista para salvarme de mí misma.

Todas luchamos por un lugar en este mundo, todas queremos importarle a algo o a alguien, y cuando en ocasiones nos sentimos insignificantes, nos duele. Del otro lado de la moneda, en ocasiones sentimos como si lleváramos el mundo entero a cuestas, y tuviéramos la facultad de hacerlo girar como un integrante de los Harlem Globetrotters, y eso también duele. ¿Y no te parece encantador que puedas experimentar ambas facetas en un mismo día? Esta categoría de habilidades de cuidado personal consiste en explorar la perspectiva de cualquier persona salvo tú misma; es decir, comprender que tu visión no es la única visión en el mundo, lo que te servirá para evaluar adecuadamente lo que sucede en tu vida. Estas habilidades te ayudan a entender y apreciar tu vida en un contexto más amplio; es decir, en relación con el resto del mundo y todo lo que sucede en él.

HERRAMIENTA: TENER UN DIARIO

Esta es una herramienta muy versátil, pero la coloco en la sección de «perspectiva» porque con frecuencia no puedo aprehender en su totalidad las emociones que se agitan en mi interior. En ocasiones, les pido a algunas amistades que me ayuden a activar la válvula de escape, pero a veces el conflicto es tan íntimo que acudo a mi diario. En él, escribo todo lo que me mo-

lesta, todo aquello a lo que le temo, eso que me enoja. De alguna manera, verlo frente a mí me ayuda a cuantificar esa preocupación, y a darme cuenta de lo ridículos que son mis miedos, o al menos a sentir que los enfrento sin rodeos y los veo por lo que son, a la luz de mi *laptop*.

HERRAMIENTA: EXPLORAR LA EMPATÍA

La gente en ocasiones piensa que la empatía es «sentir lástima por alguien», noción que no puede estar más equivocada. No te aburriré con la definición oficial, pero la empatía es la capacidad de ponerse en los zapatos del otro e imaginar el mundo (y cualquier situación dada) como esa persona la ve y, de manera más importante, como la *experimenta*. Durante el entrenamiento para convertirte en terapeuta, realmente aprendes a flexionar tus músculos de la empatía. Recuerdo que, con frecuencia, me asignaban pacientes que habían hecho cosas atroces en sus vidas, y mi trabajo consistía en compenetrarme con ellos para que pudiéramos trabajar juntos en la construcción de algunas habilidades para afrontar la vida. Me podían asignar un adolescente de 14 años que había sido criado en un entorno cuya problemática ni siquiera había pasado por mi mente, y yo necesitaba entender la forma en la que este entorno afectaba sus pensamientos y sentimientos. O bien, me tocaba estar frente a una madre a la que habían condenado por abuso infantil y, sin embargo, deseaba aprender mejores maneras de disciplinar a su hijo. Si yo hubiera abordado el asunto desde una perspectiva condenatoria —como «esta mujer es mala porque le pegó a su hijo»—, jamás habría podido trabajar con ella. Es importante notar que la empatía no consiste en justificar el comportamiento de la gente porque su vida no ha sido fácil, sino en comprender que, con base en el entorno y las posibles elecciones, los ac-

tos fueron los más lógicos para esas personas en ese momento. Mi trabajo consistía en poner sobre la mesa distintas elecciones, y eso en ocasiones se reducía a hacer de su conocimiento que, en efecto, *había* distintas opciones. Básicamente, la empatía es la comprensión de la humanidad en aquello que, en ocasiones, puede considerarse inhumano. Además, la empatía que aprendí como terapeuta me ha ayudado en mi vida personal. Lo que es maravilloso de esta herramienta es que puedes utilizarla en un amplio rango de situaciones, sea en tiempos de crisis o como inspiración para escribir en tu diario.

¿Cómo exploramos la empatía? Piensa en una situación hipotética, como toparte con un accidente de auto o ver que una persona indigente se cae o encontrar una caja llena de gatitos en la calle, y escribe lo que piensas al verla y cómo reaccionarías ante ella. Sé honesta, pues nadie está calificando tu respuesta. Después de contestar ambas preguntas, intenta cambiar unas cuantas de tus propias variables y observa cómo se modifica tu reacción. ¿Cómo manejarías esta situación si fueras rica?, ¿y si fueras pobre?, ¿racialmente distinta?, ¿una celebridad? A continuación, ponte en los zapatos de la gente que conoces: tus padres, tus hermanos, tu jefe, tu pareja, tus amigos e incluso personajes de ficción con los que has pasado mucho tiempo. Si te sientes intrépida, trata de agregar gente con la cual no tienes mucha interacción, como el muchacho que trabaja en la tiendita de abarrotes, el abogado al que tuviste que consultar, la chica que pasea a tu perro. Al contestar, profundiza en lo que sabes de esta persona —como su entorno, su personalidad, su manera de hacer las cosas—. Sé minuciosa. Si es una verdadera lucha responder por los demás, quizá sería interesante preguntarles a ellos y descubrir cómo lidiarían realmente con cada situación hipotética. Este ejercicio realmente ayuda a darnos cuenta de lo distintas que pueden ser nuestras reacciones a pesar de lo mucho que podamos tener en común. Por ejemplo, aunque mi hermana y yo crecimos en la misma casa, tenemos perspectivas radicalmente distintas de la vida. (Nota: Ambas rescataríamos a los gatitos). Es importante recordar que no todos ven el mundo como tú lo haces, y que tu perspectiva, aunque pueda estar bien para ti, no es palabra de Dios, y no siempre tiene que ser inamovible.

Si tienes problemas para imaginar cómo es el entorno de los demás, la siguiente herramienta puede ayudarte.

HERRAMIENTA: HACER TRABAJO VOLUNTARIO

He de confesar que soy medio *nerd* en cuestiones de trabajo voluntario. Mis padres me obligaban a hacerlo cuando aún no tenía edad para recibir una remuneración por mi trabajo, y aunque los odiaba por ello en aquel entonces, fue una actividad que definió absolutamente a la persona en la que me convertí, y lo sigue haciendo. He hecho trabajo voluntario en hospitales, ferias de ciencia, centros de regularización, centros para gente con orientación sexual diversa, albergues para mujeres, juzgados y refugios de animales. Cada vez que lo hago, adquiero un poquito de conciencia de lo que significa ser otra persona (aparte de mí). Cuando sales de la escuela, principalmente interactúas con la gente de tu elección, y eso puede llevarte a una visión del mundo algo estrecha. Es bueno diversificarse en cuanto al tipo de gente con la que te rodeas, sin importar lo que eso signifique para ti. Hacer trabajo voluntario me ha ayudado a percibir la vastedad del mundo, así como mi pequeñísimo lugar en él. Es increíblemente difícil aferrarte a tu pequeño universo centrado en ti misma cuando trabajas con gente o animales que dependen de tu tiempo libre. También me gusta hacer trabajo voluntario porque no hay remuneración económica, sino ganancia

de vida que, de otra manera, no experimentaría. Quizá pienses que estás demasiado ocupada como para hacer trabajo voluntario, pero te juro que al igual que ejercitarte y tener un espacio para tu expresión creativa, dedicar tu tiempo a otros seres vivos es increíblemente importante para mantenerte centrada. Adicionalmente, obtienes la gratificación de sentirte bien contigo misma por donar algo de tu tiempo a los demás. Y aunque no tendría que ser la razón por la cual haces trabajo voluntario, sólo imagina cómo te sentirás cuando alguien en una fiesta te pregunte qué has hecho últimamente y tú puedas responderle: «Trabajar como voluntaria en… ¡Y ha sido maravilloso!». Es un sentimiento hermoso e inconfundible que, sin embargo, todavía no tiene nombre.

HERRAMIENTA: *REALITY SHOW*

Esta herramienta ya la analizamos, por lo que trataré de no repetirme demasiado. Básicamente, si estás en una situación estresante, respira profundamente y trata de tomar distancia. A continuación, revive la situación al tiempo que imaginas que hay cámaras en las paredes —objetivas, imparciales, omnipresentes—. ¿Qué grabarían estas cámaras? ¿Cómo evaluarían la situación? Intenta contemplar la escena desde la perspectiva de las cámaras; es decir, con nuevos ojos.

En las relaciones humanas, uno de los problemas que discutiremos más adelante es la suposición de que alguien que te quiere debe *saber* lo que te ocurre cuando te sientes mal. Adoptar la perspectiva de una cámara puede ayudarte a identificar la enorme diferencia entre comunicar que estás molesta por algo y creer falsamente que estás comunicando tu disgusto.

HERRAMIENTA: CONCENTRARTE EN LO POSITIVO

Concentrarse en lo positivo puede ser difícil, y definitivamente tiende a ser cursi, pero de todas maneras es bastante importante. En primer lugar, piensa en todas las cosas terribles, sexistas, racistas y llenas de odio que suceden allá afuera. Ahora imagina que pasas una enorme cantidad de tiempo concentrándote en toda esa atmósfera negativa.

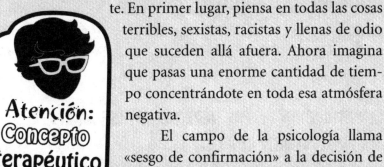

Atención: Concepto terapéutico

El campo de la psicología llama «sesgo de confirmación» a la decisión de creer algo, y el fenómeno radica en prestar atención únicamente a las cosas que confirman esa creencia y descartar automáticamente todo aquello que no lo haga. Te invito a que tengas esto en mente cuando leas las noticias y revises Twitter; trata de ser objetiva e imparcial en tus creencias (tanto como te sea humanamente posible).

Para la gente que sienta el deber de enterarse de todas las cosas terribles que pasan en el mundo, yo sólo digo que sufrir debido a esa enorme fuente de conocimiento no evita que las cosas malas sucedan. Por otro lado, quedar sumergido en tanto dolor y negatividad, sí puede llevar a la parálisis, y eso no es útil para nadie.

Y si bien es cierto que no hay que cerrar los ojos ante las cosas negativas que suceden, es necesario equilibrar nuestra perspectiva para incluir también lo positivo, y eso significa concentrarse en ello. Es importante buscar de manera activa ejemplos de cosas positivas y bellas, pues también suceden, sólo que no tienen tanto éxito en los medios. Y la cosa es que entre más atención le prestes a lo positivo, tu visión del mundo será mucho

más positiva, lo cual puede ayudar a ver bajo una luz distinta aquellos aspectos no tan buenos de nuestras vidas. Cada mala experiencia puede convertirse, entonces, en la oportunidad de aprender algo; los días malos quizá te ayuden a valorar los días buenos. Y no estoy esperando que nombres de manera inmediata, todas las bondades de haber roto con tu pareja; simplemente te digo que buscar esos aprendizajes es tan importante como sentir el dolor de una mala experiencia.

Clasificación de las herramientas para la Supertú: visión amplia

Para definir esta sección del estuche de herramientas de la Supertú, necesito empezar por lo que no es. Si bien podría parecerse a lo que conocemos por «espiritualidad», no es ella a la que me refiero exactamente. Si hacemos a un lado los beneficios sociales, yo apunto más a la conexión con una comunidad mayor; es decir, al poder organizado, ritualista y reconfortante de una colectividad. Y si bien muchas personas logran esto a través de la religión, sabemos que esta no es para todos. Sin embargo, hay partes de la religión —rituales, oración, meditación— que sí son increíblemente útiles para todos.

HERRAMIENTA: CREAR Y PRACTICAR RITUALES

Yo soy algo fanática en lo que a rituales se refiere. En mi familia, hay una historia de trastornos obsesivo-compulsivos, y no del tipo tierno en el que es imperativo tener tus zapatos acomodados de cierta manera, sino de la clase debilitante, en la que no puedes abandonar la casa porque la docena de actividades asociadas con salir de la casa son extenuantes. He descubierto que el ritual es la parte luminosa de este espantoso trastorno. Tener rituales en la vida te mantiene centrada, hace sólidas tus relaciones y te ayuda a comprender tu lugar en este mundo.

Para los niños, en particular, los parámetros de su vida los establecen otras personas, y aunque estos parámetros pueden ser molestos en ocasiones, también puede ser reconfortante saber qué esperar, y lo que se espera de ti, en una situación dada. Durante mi infancia, mi vida estaba llena de rituales —como los del domingo y la hora de cenar—. Cuando me convertí en un adulto y partí a la universidad, tuve la libertad de comer como quería, gastar el dinero a mi antojo, acostarme a la hora que se me pegaba la gana e ir a la iglesia (o no). A partir de esta falta de estructura, experimenté una inmensa sensación de alegría y asombro ante mi recién descubierta libertad, pero también un enorme y extraño vacío. Me sentí sin ancla, a la deriva y bastante asustada. La angustia me llevó a crear rituales en mi pequeña vida y con mis compañeras de dormitorio, en un esfuerzo por restaurar algunos de los parámetros que habían sido tan reconfortantes y confiables.

Los rituales pueden incluir muchos tipos de cosas, como jugar calabozos y dragones en domingo, almorzar con amigos, dedicar una noche a hacer artesanías, tener conversaciones regulares por Facebook, agendar un tiempo los martes para hablar con tus padres por Skype o conocer parejas potenciales. Esencialmente, son una serie de acciones a la que se les asigna un significado especial. Un ritual puede ser tan pequeño como poner buena música a todo volumen mientras bebes una coca de dieta después de un largo día. Todo lo que importa es esa combinación de acciones que tienen un significado racional y emocional para ti.

Los rituales también pueden funcionar como un atajo para los intercambios emocionales complejos. Tengo una amiga que

cuando experimenta episodios de depresión, me manda un correo con un número del uno al diez para calificar cómo se siente ese día, y al cual respondo con palabras de aliento y compasión. La explicación larga de este ritual es que es una manera de ponerme en contacto con una amiga que está pasándola mal, es una manera en la que mi amiga puede pedir ayuda cuando se siente especialmente triste y es una manera de reforzar que somos importantes la una para la otra, todo lo que ella tiene que hacer para obtener mi apoyo es mandarme un número del uno al diez. Otro de mis rituales consiste en que cuando mi esposo o yo estamos de viaje, nos mandamos mensajes para saber qué comimos en el desayuno, la comida y la cena. De esta manera, nos sentimos conectados por una suerte de código muy personal.

Lo importante de los rituales es que puedas establecerlos como algo claro y sencillo, comunicárselo a la persona con la que quieras hacer el ritual (si no sería una especie de monólogo) y actuarlos de manera regular. Para profundizar un poco en los dos primeros puntos, quiero hacer énfasis en que crear rituales muy complicados puede ser contraproducente, pues sentirás el peso del fracaso cada vez que no puedas llevarlos a cabo; y con respecto al segundo punto, no esperes que otros sepan de manera automática lo que estás haciendo. La comunicación es la clave.

HERRAMIENTA: MEDITACIÓN/ORACIÓN

Aunque esta herramienta es similar a la de llevar un diario, en cuanto a la clasificación con base en la perspectiva, la he incluido aquí porque para mí meditar es como escribir sin papel y reflexionar sobre nuestro lugar en el universo (aunque suene ridículo). Para aquellas de ustedes que consideren que la meditación y la oración son prácticas aceptables, pero eso de llevar un diario es cursi, esta es su herramienta (y para aquellas que piensen que la oración y la meditación son cursis, intenten llevar un diario). Contemplar tu ser y su relación con el universo es una práctica que tiene beneficios emocionales y físicos increíbles, así que utiliza la etiqueta necesaria para que esta práctica se vuelva funcional para ti. También te recomiendo ver el programa *Cosmos* para inspirarte, y hablo de la nueva versión con el maravilloso Neil deGrasse Tyson.

Clasificación de las herramientas para la Supertú: Apoyo social

Todo el mundo necesita una red de apoyo social. Por supuesto, todos necesitamos cosas distintas de la gente, pero es imprescindible algún aspecto social en nuestras vidas sobre el cual podamos recargarnos, ya sea en tiempos difíciles o simplemente para socializar. Pienso que muchas de nosotras damos por hecho las amistades, pero, al igual que con las relaciones románticas, es necesario atender dos aspectos fundamentales de este tipo de relación. En primer lugar, es importante evaluar nuestras amistades en cuanto a lo bien o mal que funcionan para nosotras; en segundo, debemos cultivarlas. Hablaremos más sobre las amistades en el capítulo 10, pero por ahora, examinemos algunas herramientas.

HERRAMIENTA: IDENTIFICAR LOS APOYOS SOCIALES EN TU VIDA

Hacer un inventario de tus amistades es una práctica que yo recomendaría llevar a cabo cada dos meses. ¿Cuán fuertes son

tus amistades? ¿Qué tanto confías en cada amistad, y es esa una cantidad razonable de confianza? ¿Tienes amistades que son tóxicas y necesitan algunos ajustes? ¿Hay alguien en tu vida de quien te estés distanciando y con quien te gustaría restablecer el vínculo? Para cada amistad, ¿qué «servicios amistosos» le brindas y cuáles te brinda esa amistad a ti? Si bien puede sentirse de mal gusto cuantificar amistades de esta manera, observa que toda amistad debe brindarte algo positivo. Si no lo hace, ¿por qué sigue siendo una amistad? Ser amigo de alguien porque te necesita no es una razón suficientemente buena (aunque te encante generar dependencias).

Cuando era terapeuta y comenzaba a sentirme emocional y físicamente desgastada, hablaba con mi propio terapeuta sobre la necesidad de mantenerme emocionalmente sana y, para ello, utilizábamos la metáfora de hornear un pastel. A mí me encanta el pastel, así que realmente era una analogía útil para mí. En esencia, lo que uno tiene que ofrecerle al mundo, a escala social, es un delicioso pastel. Tú tienes un pastel que puedes cortar en rebanadas y ofrecérselas a quien quieras, pues es tuyo y sólo tuyo. Sin embargo, para hacer esto necesitas salir con gente que, a su vez, te pueda dar los ingredientes para hacer el pastel. Si les vas a compartir a tus amigos este pastel amorosamente hecho, pero ellos no te dan harina, leche, azúcar y huevos a cambio, muy pronto se acabará el pastel. Cada una de tus relaciones debe ser recíproca en cuanto a cariño y generosidad y cotorreo; si no es así, quizá sea tiempo de que redefinas la relación y decidas si debe bajar de categoría y convertirse en algo que puede ser satisfecho con una llamada telefónica al año. Es importante que te des cuenta de que tu pastel necesita relaciones buenas y sólidas para no terminarse jamás.

Como algo adicional, también puedes revisar las amistades de manera individual y analizar el tipo de apoyo que te ofrecen. Y, sí, quizá te parezca un poco frío y calculador hacer esto, así es que estás en libertad de saltarte el paso si así lo deseas, pero este análisis me permitió darme cuenta de que algunas de mis amistades son increíblemente intensas y quieren hablar de los sentimientos, otras me hacen reír más que nadie y así sucesivamente. La intención no es buscar amistades para ver qué nos dan a cambio, y sí llevar a cabo una valoración personalizada de cada relación para poder apreciar lo que nos ofrece. Quizá sea útil saber con antelación que, si estoy pensando en la vida después de la muerte y acudo a Pete para discutir el tema, probablemente él responda con un chascarrillo y haga que el café salga por mi nariz. No esperes más de tus amigos de lo que puedan ofrecerte, y no cultives amistades en las que continuamente tengas que dar de más.

HERRAMIENTA: CONCENTRARTE EN UNA AMISTAD

Esta también podría clasificarse como herramienta para tener mejor perspectiva, pero la verdad es que cuando me estoy ahogando en mi propio y pequeño mundo, lo que me ayuda enormemente es concentrarme al 100% en alguien a quien quiero. Por supuesto, necesitas la cooperación de esa persona en tales esfuerzos, pero digamos que ahondar en la vida amorosa de una amiga cuando me siento estresada nos ayuda a ambas, pues me recuerda que no soy el centro del mundo.

HERRAMIENTA: PEDIR APOYO

Pedir ayuda es una de las cosas más difíciles que hay en el mundo, pues te hace sentir vulnerable, débil o simplemente rara, pero también es la esencia de las relaciones cercanas. ¿Qué es una amistad si no puedes ser vulnerable ante ella?

De más joven, cuando buscaba la atención de alguna amiga o un novio, me daba por exagerar lo que me sucedía, orillándome a crear una crisis falsa ante el miedo de que mis preocupaciones humanas no fueran suficientes para justificar la necesidad del apoyo. ¿Has hecho esto alguna vez? Esta exageración no era algo que hiciera conscientemente, y sólo era la manera en la que mi discurso salía. En retrospectiva, me queda claro que lo hacía para no parecer tonta; si el problema era enorme (aunque falso), podía obtener el apoyo que necesitaba sin sentirme estúpida en cuanto a mis preocupaciones y temores.

Pero déjame decirte que si tienes algún problema, sea cual sea, esa es razón suficiente para buscar el apoyo de un amigo. Practica pedir ayuda y sé completamente honesta. A continuación, te muestro cómo se hace.

Tú: Oye, _____, tuve un día difícil y me siento algo mal. ¿Podríamos vernos pronto? Necesito apoyo.

Eso es todo, así que practica frente al espejo y díselo a tu amiga o amigo. Antes de acudir a la persona, quizá sería bueno tener cierta idea del tipo de apoyo que necesitas. Para mí, el respaldo puede clasificarse en algunas categorías:

- ▲ Escuchar.
- ▲ Escuchar y mostrar empatía.
- ▲ Escuchar y plantear soluciones.
- ▲ Escuchar y compartir esa visión triste de las cosas.
- ▲ Distraer de los problemas.
- ▲ Animar.
- ▲ Mostrar preocupación y afecto.

Darle a tu amigo o amiga una idea de lo que necesitas es realmente importante. Si tú sólo quieres ser escuchada y tu amigo comienza a decirte cómo resolver tus problemas, querrás darle un puñetazo a esa persona bien intencionada en su rostro bien intencionado. Cuando necesites apoyo, revisa esta lista y plantéate qué tipo de respaldo te vendría mejor en ese momento, y comunícaselo a tu amigo o amiga. Aunque te quieran muchísimo, las personas no pueden leer tu mente.

Clasificación de las herramientas para la Supertú: Emergencia

En ocasiones, ninguna de estas divertidas cuestiones de la «exploración personal» y los «hábitos significativos» funcionan, y nada te hace salir de la crisis emocional. Sin importar la edad ni la madurez que tengas, siempre existe esta posibilidad. Si no tienes tiempo de ser un huracán humano de emociones, ¿qué herramientas necesita la Supertú para cuando las cosas se ponen intensas?

HERRAMIENTA: CALMARSE

Hasta el momento, hemos hablado un poco de establecer algo de distancia emocional para que puedas evaluar situaciones de manera más objetiva. Este paso es prácticamente imposible cuando estás demasiado enojada o tu sufrimiento es muy grande. Al caer en este nivel, algunas personas dicen que ven todo rojo o se estrecha su campo visual o se sienten bajo el agua. Yo simplemente me refiero al momento en cuestión como «estar ahí». Cuando mi esposo regresa a casa después de un largo día y lo encuentro sentado en el sillón viendo hacia la pared, siempre

le pregunto: «Estás ahí, ¿verdad?». Si no me equivoco, sé que en ese momento sólo tiene la capacidad de asentir con la cabeza y tomar el control del Xbox.

Esa es su técnica. Para lograr cierta serenidad, yo te sugiero que te aísles un poco. Normalmente, yo dejo de responderle a la gente y comienzo a concentrarme en mi respiración, de manera similar a lo que practicamos para el desarrollo de la megaconciencia. Inhala durante siete segundos, mantén la respiración durante siete segundos y exhala a la cuenta de siete. Repetir este patrón varias veces te ayudará a relajarte a nivel fisiológico. Si no puedes inhalar profundamente o de plano sientes que esto no está funcionando, coloca una mano en tu estómago. Para obtener el beneficio de una respiración verdaderamente profunda, necesitas utilizar tu diafragma, y sabrás si lo estás haciendo bien en cuanto tu abdomen se expanda mientras inhalas (por eso la utilidad de poner la mano en el estómago). Personalmente, esto me calma más rápido que cualquier otra cosa.

HERRAMIENTA: DISTRAERSE

Cuando estés un poco más tranquila, podrás poner algo de distancia. Ocupar tu mente con cosas mundanas es una manera simple y bastante eficaz de salir emocionalmente del hoyo en el cual te encuentras. Hace algunos años, aprendí el truco de escribir los 50 estados del país cuando sentía que entraba en pánico; si eres bueno en geografía, intenta nombrar los países o las capitales o alguna otra serie de datos. Este truco requiere espacio cerebral, pero sin carga emocional alguna, por lo que es divertido y te distrae. Otra opción para distraerme consiste en forzarme a notar los pequeños detalles de mi entorno. ¿Cuál es el patrón del piso? ¿La mesa está limpia o tiene migajas? Observa la habitación en la que te encuentras como si fuera la primera vez. Fíjate en cada

detalle y absórbelo, preguntándote cosas como: ¿Cuándo fue la última vez que limpiaron las esquinas del techo? ¿Cómo es que se limpian las esquinas del techo? ¿Habrá muerto alguien en esta habitación? ¿Cuál es el nombre del color de la pintura? (Existe un libro fantástico llamado *Percibir lo extraordinario* en donde la autora camina con distintos «expertos» —desde un niño hasta un geólogo— alrededor de la misma manzana en Manhattan para demostrar que todos vemos las cosas de manera distinta. Esta lectura me abrió los ojos de una manera radical, pues hizo que me diera cuenta de cuántos detalles llego a ignorar de manera cotidiana). Estas son mis mejores herramientas. Ahora piensa en unas cuantas maneras de distraerte a ti misma y a las cuales puedas recurrir cuando las necesites.

HERRAMIENTA: LIBERAR ESTRÉS EN ESTE PRECISO MOMENTO

Digamos que has intentado distraerte, pero tu mente sigue desplazándose a miles de kilómetros por minuto y no hay manera de que se detenga. Para estas ocasiones, otras técnicas sencillas, rápidas y eficaces para agotar esa energía estresante son:

- ★ Baila intensamente.
- ★ Salta una y otra vez como si estuvieras escuchando *hip-hop* de los noventa.
- ★ Pinta o dibuja.
- ★ Rasga pedazos de papel lenta y metódicamente.
- ★ Toma un espagueti para alberca y golpéalo una y otra vez contra la superficie del agua.
- ★ Corta una vieja playera en tiras (¡y además puedes hacer cosas divertidas con las tiras!).
- ★ Avienta hielos a un edificio o un árbol.

El punto aquí es hacer algo que, a través de la energía física, pueda liberar una buena cantidad de energía emocional.

Estas 20 herramientas básicas deben ser parte del estuche de la Supertú. Tanto en momentos sencillos de la vida como en aquellos sumamente complicados, pueden ayudarte a mantener tu salud emocional y lograr tu transformación en un ser humano centrado y genial. Ahora bien, es importante saber que habrá días, estados de ánimo y situaciones que ninguna herramienta pueda contener; después de todo, eres humana. Durante la próxima semana, lleva un registro del número de herramientas básicas de la Supertú que utilizas para salir adelante cada día. Intenta usar unas tres por día, si es que puedes. Si optas por lo mínimo indispensable, no hay problema, pero algunas personas eligen el programa intensivo y nosotros alentamos esa actitud, ¿de acuerdo? (Nota: esta es una cita textual de *Enredos de oficina*).

Capítulo 6

SUPERPODERES: ¿PUEDES SALTAR DE UN EDIFICIO A OTRO?

¡Enumera rápidamente todo lo que sepas sobre Superman!

Él puede saltar de un edificio a otro, tiene una fuerza descomunal, es bastante noble, es musculoso (sólo hay que echarle un ojo a Henry Cavill) y, por ello, logra hacer una serie de actos increíbles.

Ahora bien, ¿podrías hacer lo mismo con tu Supertú? ¿Podrías de un momento a otro enumerar todos tus superpoderes y debilidades de manera objetiva? Presiento que no te sería tan sencillo. Si yo fuera Superman y alguien me preguntara cuáles son mis fortalezas, quizá diría algo así como:

«Bueno, pues supongo que soy muy bueno saltando. ¿Por qué lo preguntas? ¿Alguien te lo mencionó? Sólo quiero ayudar a la gente, aunque no puedo ni acercarme a la "kriptonita". Creo que se

debe a que cuando era pequeña fue tan difícil para mí estar tan cerca de esta que, simplemente, me repliego cuando la percibo. Es tan estúpido. Es sólo «kriptonita». No sé qué me pasa, a nadie más le sucede. Quizá se deba a que soy un extraterrestre con aspecto humano. De cualquier manera, ¡mejor háblame de ti!».

Evidentemente, elogiar mis propias virtudes no es uno de mis superpoderes. Durante años, me avergonzaba de mis debilidades y, al mismo tiempo, le restaba toda importancia a mis fortalezas. Carecía por completo de distancia objetiva para ver cómo era realmente yo, pero incluso si hubiera podido contemplarme con objetividad, probablemente no me habría sentido orgullosa de mí misma. Si en alguna página de internet o en un cómic revisamos los antecedentes de cualquier superhéroe, sus poderes y sus debilidades se presentan de manera tan llana y tan objetiva que no hay manera de estar en desacuerdo. Ellos son lo que son. Batman es un tipo solitario que utiliza su dinero y su entrenamiento para combatir criminales. Spiderman es un chico sarcástico que está en proceso de aceptación de los poderes que le transmitió una araña radioactiva. ¿Y nosotros? Pues creo que ha llegado el tiempo de aprender a evaluarnos como si fuéramos..., quiero decir, *puesto* que somos superhéroes.

¡DATO DIVERTIDO DE LOS SUPERHÉROES!

Originalmente, Superman no podía volar, y esa es la explicación del salto de un edificio a otro. Sin embargo, cuando comenzaron a hacer las caricaturas de Superman en los cuarenta, los especialistas en animación se quejaron de que el salto se veía ridículo. Los creadores estuvieron de acuerdo y a Superman lo ascendieron al estatus de volador.

¿Cómo es que descubrimos cuáles son nuestras mejores cualidades; es decir, nuestros superpoderes? Probablemente algunas de ustedes los tengan muy frescos, puesto que constituyen la descripción de su perfil para las citas en línea —ser buena amiga, tener un sentido de justicia, ser considerada—, y todo esto es grandioso pues le suena increíble a la gente que no las conoce. Esas serían cualidades positivas en la personalidad de cualquiera, y absolutamente deben incluirse en su lista de superpoderes. Pero ¿qué hay de los rasgos que les pertenecen sólo a ustedes? Me refiero a aquellos que vuelven tan especial a la persona que son hoy, la que vive bajo su piel y habita su zona particular del mundo. ¿Qué fortalezas —más silenciosas y menos deslumbrantes— hay en ustedes y suelen pasar inadvertidas? Por favor observen que las fortalezas son sólo las cualidades que poseen y les ayudan a ser la mejor versión de ustedes mismas en este momento, y tienen la capacidad de llenarlas de energía. Se trata de las cualidades que las han conducido, intactas, al aquí y al ahora, y estas cualidades se van desplazando a lo largo de la vida. También son los atributos que han desarrollado con base en sus logros y su capacidad de supervivencia. Hay días en los que su consideración hacia los demás es una fortaleza, y hay días —en los cuales necesitan distanciarse de la gente y cuidar de ustedes un poco más— en los que la consideración hacia otros no es un rasgo tan positivo. Lo mismo se aplica a la asertividad o al optimismo, o a la capacidad de ser una buena amiga. Lo más importante de sus superpoderes es adquirir conciencia de que los poseen. Tienen cualidades positivas que las hacen únicas y las ayudan a ser la mejor versión de ustedes mismas en este momento.

Lo triste es que muchas personas no saben que tienen superpoderes. Es increíble la cantidad de gente determinada a devaluarse y que se rehúsa a creer que hay algo bueno en ella

que puede ofrecerle al mundo. En una ocasión, tuve esta conversación con una extraña en un baño público:

> **—Pero es que no tengo ninguna cualidad positiva**
> **—dijo la extraña.**
> **—No creo que eso sea cierto. Al menos, eres humilde, y esa es una hermosa cualidad —le contesté.**

¿Por qué nos cuesta tanto hablar de nuestros propios superpoderes? A lo mejor nos da por pensar que nos portamos fanfarronas si los mencionamos. A lo mejor, desde pequeñas hemos escuchado cuán importante es la humildad. Quizá tengamos miedo de que la gente no esté de acuerdo con lo que nosotros vemos como fortalezas propias.

Únete al Equipo Supertú

Si ser capaz de reconocer tus cualidades positivas es difícil para ti, el primer paso consiste en pertenecer al equipo Supertú. Tienes que ponerte la camiseta del equipo y abogar por ti. En lugar de discutir contigo misma (lo que analizaremos en el siguiente capítulo) o dudar de ti misma o sabotearte, es imperativo que seas parte de tu propio equipo. Lo que a mí me ha ayudado, cuando parece que desciendo en caída libre hacia las profundidades del infierno de la autoestima (mientras voy de camino a una reunión o algo por el estilo), es imaginar una cancha de básquetbol. En el partido estoy yo contra todos mis miedos y preocupaciones. En esa escena, ¿quién se sienta en las gradas de mi lado? Padres, amigos, ciertamente mi gato, ¿pero estoy yo también de mi lado? ¿Estoy luchando para tener éxito y que me vaya bien, o estoy del otro lado de la cancha, vitoreando a los malos?

Aunque al principio lo fingía, hice el esfuerzo consciente de sentarme de mi lado en el partido. La vida es lo suficientemente dura como para que haya un detractor más abucheándonos del otro lado de la cancha. Todas estamos vivas, y lo suficientemente comprometidas con esta vida como para estar leyendo este libro, así que todas tenemos cualidades que nos han hecho tan fuertes como para estar justo aquí y justo ahora. Desafortunadamente, no todas han podido avanzar hasta aquí y todavía más triste es el hecho de que no todas estén leyendo este libro (¡estoy bromeando!). Tú eres parte de un grupo selecto, y estar en ese grupo confirma que tienes superpoderes. Hoy —aquí y ahora— te invito a hacer un compromiso ante ti misma para convertirte en la representante de tu propio equipo Supertú. Pensarás en ti misma como una aliada, una amiga, una partidaria.

Tu siguiente paso, ahora que traes puesta la camiseta de la Supertú, consiste en tomar cierta distancia para que puedas vislumbrar tus poderes. ¡No puedo estar esperando siempre por ti en el baño de mujeres, lista para tener una plática profunda contigo! (Dato divertido: Una de las razones por las que me convertí en terapeuta fue que, desde que tengo memoria, me involucraba en pláticas intensas de vida con desconocidas en los baños públicos). Ya hemos hablado unas cuantas veces sobre dar un paso hacia atrás para examinarnos, por lo que es tiempo de utilizar nuevamente la técnica. Imagina tu vida como un *reality show*, o imagínate como la protagonista de alguno de los programas de televisión que actualmente ves (lo que funcione para ti).

LOS SUPERPODERES TAQUILLEROS

Desde el lado correcto de la cancha de básquetbol, toma unos momentos para pensar sobre tus cualidades positivas. Regresa

al primer aprendizaje del capítulo uno, en el que establecimos que lo que eres depende de muchos factores y relee las cualidades que salieron a flote cuando hiciste el test de personalidad en www.character.org o al contestar mi lista de preguntas. Escribe tus cualidades positivas, sean grandes o pequeñas. Si necesitas ayuda, piensa en ti misma como una extraña a la que acabas de conocer y con la que acabas de interactuar. Si todavía necesitas ayuda, puedes contestar la siguiente serie adicional de preguntas. (Si te sientes cómoda, no dudes en pedirle ayuda a alguna amiga).

- ⊙ En el trabajo o en la vida, ¿qué tipo de actividades me ilusionan?
- ⊙ ¿Cómo me describiría en un perfil de citas en línea?
- ⊙ Soy una invitada en un programa de entrevistas. ¿Cómo me presentaría el anfitrión?
- ⊙ Si fuera un superhéroe, ¿qué cualidades utilizarían los malos para describirme con desdén?
- ⊙ ¿Cuáles son mis pasiones?
- ⊙ ¿Cuáles son mis mejores cualidades según mis compañeros de trabajo?
- ⊙ ¿Cuáles son mis mejores cualidades según mi familia?
- ⊙ ¿Cuáles son mis mejores cualidades según mis amigos?
- ⊙ ¿Cuáles son mis mejores cualidades según mi pareja romántica?
- ⊙ ¿Qué actividad me hace feliz durante el día?
- ⊙ ¿De qué he estado orgullosa en mi vida?
- ⊙ ¿Qué tipo de situaciones sacan lo mejor de mí, y quizá de nadie más?
- ⊙ ¿Qué cualidades admiro en la gente que me educó?
- ⊙ ¿Heredé algunas de ellas?

⊙ ¿Qué cualidades admiro en otras personas? ¿Algunas de estas se relacionan con mis propias cualidades?

⊙ ¿Qué cualidades deseo que la gente note en mí?

Sí, estoy de acuerdo, parecen preguntas de Miss Universo, pero están diseñadas para acercarte a algunas de tus mejores cualidades, aquellas que te benefician y te fortalecen.

LOS SUPERPODERES MENOS EVIDENTES

Ahora atendamos el montón de cualidades positivas que, con frecuencia, se descartan o se hacen a un lado, pero son igual de importantes. A continuación, voy a enumerar unas cuantas cualidades que mis amigas poseen y seguramente no les parecen tan importantes, pero para mí significan muchísimo. Estas cualidades convierten a mis amigas en seres humanos fuertes e increíbles, razón por la cual es todo un honor tenerlas cerca. Y si bien algunos de estos parecen superpoderes extraños, considera lo siguiente: el superhéroe Color Kid puede cambiar el color de cualquier cosa, y Matter-Eater Lad puede comer absolutamente todo. Incluso los superhéroes reales cuentan con algunos superpoderes extraños.

ALGUNAS DE LAS CUALIDADES QUE AMO DE MIS AMIGAS:

▲ Ser buena para contar historias.
▲ Trabajar duramente.
▲ Ser capaz de quejarse con un mesero sin parecer un verdadero monstruo.
▲ Poder comer de todo sin quejarse.

▲ Ser ambiciosa.

▲ Sentirse cómoda al mostrar sus emociones.

▲ Estar interesada en muchos pasatiempos distintos.

▲ Estar realmente interesada en otras personas.

▲ Ser capaz de inyectarle la dosis perfecta de humor a una situación seria.

▲ Tener la capacidad de decir: «Me vale madres, ¡vamos a intentarlo!».

▲ Conocer el último grito de la moda.

▲ Desconocer el último grito de la moda.

▲ Saber cuáles son las parejas de las celebridades.

▲ Ver las cosas en forma verdaderamente original y compartir ese punto de vista de manera igualmente original.

▲ No tenerle miedo al conflicto.

▲ No depositar su mal humor en la gente.

▲ Recordar los cumpleaños.

▲ Permanecer tranquila en momentos de crisis.

▲ Pensar profundamente antes de contestar una pregunta.

¿Reconoces en ti algunas de estas cualidades? Si es así, ¡escríbelas! Si todavía tienes problema para saber cuáles son tus superpoderes, piensa en momentos de tu vida —sin importar cuán lejanos sean— en los que te sentiste orgullosa de ti misma y explora por qué. Esas cualidades siguen siendo parte de ti. Esta también es una excelente actividad para hacer con una amiga, especialmente en esos encuentros medio cursis en los que se dicen «las netas». Dile a tu amigo o amiga cuáles son sus fortalezas, y pídele que te diga algunas de las tuyas. Quizá notes que tú y tus amigos comparten fortalezas, pues los superpoderes comunes son lo que, con frecuencia, mantie-

nen a la gente interesada entre sí. De esta manera, todos salen ganando.

Si aún no puedes dar con algunas cualidades positivas, o simplemente quieres encontrar más, ahondemos en tu pasado para ver qué encontramos. Si recuerdas, en el primer capítulo hablamos sobre la importancia de recapitular sobre tu vida y definir las identidades que has ido creando a lo largo del camino (y hasta las nombramos). Regresemos para echar otro vistazo a esas identidades y ver cuáles de sus superpoderes podemos encontrar todavía en nuestras vidas; más allá de eso, es importante distinguir cuáles son los regalos de nuestras identidades pasadas que nos han ayudado a llegar hasta aquí. Te mostraré lo que quiero decir con algunas de mis identidades definidas.

Niña lista: La primera identidad que construí cuando era muy joven estaba embriagada con la idea de que su inteligencia podría conseguirle aceptación y admiración de los demás, por lo que no tenía miedo de ser lista. Considero su inteligencia, y su orgullo por esa inteligencia, un superpoder importante que he conservado (sea que lo use o no).

Niña monstruo: A esta edad, estaba dolorosa y agudamente consciente de mi tamaño. Saqué conclusiones equivocadas de ello y asumí que todos opinaban que era un gigante. Si bien la atención exclusiva e intensa a las reacciones de la gente no fue utilizada de manera maravillosa en aquella época, es una fortaleza que llevé conmigo a través de mi posgrado y mi carrera como terapeuta (con el ajuste de haber ensanchado mi atención para incluir las reacciones más allá de las que mi persona despertaba).

Por ejemplo, siempre puedo decir si una pareja acaba de pelear. Usualmente puedo saber si alguien está preocupado, y cuándo preguntar sobre ello. Agradezco, entonces, la atención extrema que he puesto en los demás.

Chica excéntrica: A esta edad estaba enojada. Muuuy enojada. El enojo que sentí hacia mí misma durante tanto tiempo fluía de mí y tenía poder. Considero esa emoción una fuerza que ayudó a motivarme, quizá no siempre en la dirección correcta, pero ser capaz de dirigir mi enojo en la dirección correcta ha sido un paso clave para convertirme en mi Supertú. Al ser la chica excéntrica, aprendí a acoger mi enojo.

Esposa punk sometida: Ay, esta chica. A esta sí me cuesta trabajo encontrarle cualidades, así que trabajemos juntas en esto. Cuando era una esposa punk sometida, construí un muro que habría puesto celosa a la Gran Muralla China. Era impenetrable, una chica alivianada y sonriente que se ponía medias de red, porque tenía un miedo atroz de que alguien pudiera ver lo que realmente era. Nada de esto es fantástico y, evidentemente, en aquella época, no habría podido mostrarme ante los hombres tal cual soy, por lo que agradezco esa intensa protección, pues la necesitaba y mi psique me la proporcionó. Quizá podamos ver esa muralla como un campo de fuerza magnética que mantenía alejados a los chicos malos de mi corazón débil y confundido. ¡Qué increíble superpoder!

Para resumir, estos son los superpoderes que reúno de mi evocación: inteligencia, atención extrema a los estados emocionales de los demás, enojo estimulante y campo de fuerza protector alrededor de mi corazón. Nada mal, ¿eh? Podría seguir y seguir, pero creo que puedes ver mi punto. Tu Supertú es meramente un paso en tu evolución como persona. Ninguna de estas identidades era perfecta para mí, pues todas tenían problemas serios, pero cada una tuvo un propósito valioso. En lugar de condenarnos, es tiempo de empezar a reconocer los regalos que nuestras identidades pasadas nos han dado, y ver cómo podemos utilizar esas fortalezas ahora. Cada una de estas identidades fue parte del viaje para convertirme en lo que soy ahora, y seguirán siendo parte del viaje para convertirme en lo que quiero ser. Si fuera un superhéroe, estas fortalezas serían aplaudidas y utilizadas contra los malos. Por el hecho de ser yo, he pasado muchos años subestimando y rehusándome a reconocer su valor, pero ya no más.

Ahora bien, es importante observar que tus superpoderes o fortalezas no siempre son las cosas en las que eres «buena».

La psicología positiva, que es un marco de pensamiento que se centra en las características de una vida plena y satisfactoria, en lugar de poner atención en lo que está mal, hace algunas puntualizaciones. En la psicología positiva, tantos las *fortalezas* como las competencias permiten tu óptimo desempeño, pero si bien el desempeño óptimo de tus *fortalezas* te llena de energía, tus *competencias* no producen un gozo similar. De esta manera, quizá tú seas fenomenal para responder correos rápida y eficientemente, pero si sólo lo haces por el terror que te produce una bandeja de entrada que se desborda, entonces no se trata de una fortaleza, y sí de una competencia. Sin embargo, si sientes una emoción genuina al

Atención: Concepto terapéutico

darle información a la gente, contestar sus preguntas y resolver asuntos rápidamente a través del correo electrónico, entonces esta sería una fortaleza. ¿Entiendes la diferencia?

Nuestros superpoderes son grandes y pequeños, capaces de transformar al mundo e increíblemente específicos, raros y comunes, útiles y rara vez usados. Una vez que los hayas hecho oficiales al escribirlos en tu libreta, es hora de aceptar las fortalezas que tienes sin lamentarte por las que no. Debemos reunirnos con nosotras mismas en el lugar donde nos encontramos, pues de nada sirve gritarnos y exigirnos constantemente desde una meta a kilómetros de distancia. ¿A quién le importa que no seas buena para las conversaciones casuales en las fiestas? No podemos vivir nuestras vidas concentrándonos en las cosas que no tenemos, porque eso sólo nos lleva a construir una vida vacía. Acepta tus superpoderes, acepta lo que te convierte a ti en ti. Ten a la mano tu lista de superpoderes, y échales un vistazo de vez en cuando. Quizás hasta sea necesario pararte frente al espejo, con las manos en la cadera, y decir:

«¡Soy [tu nombre]! ¡Soy [grita tus fortalezas como si fueras un superhéroe]! ¡Ni en el día más luminoso ni en la noche más tenebrosa, elecciones y pensamientos enfermos escaparán de mi acoso! Aquellos que confían al mal mi suerte, ¡que teman mi poder, la luz de una Supertú muy fuerte!».

Nota: Esta es una adaptación del juramento de Linterna Verde (y una muy extraña). Yo soy una gran fan de repetir cosas como esta frente al espejo. Es algo que aprendí en mis clases de danza. Al principio, te sientes muy extraña al hacer algo nuevo y potencialmente ridículo, pero si continúas sosteniendo tu propia mirada, viéndote realmente, el espejo se convierte en tu aliado.

Entonces, la escena deja de ser ridícula y aprendes a mirarte fijamente, y el juramento se vuelve oficial.

AHORA QUE CONOCEMOS NUESTRAS FORTALEZAS, ¿QUÉ PASA?

Una vez que conocemos nuestros superpoderes, ¿qué hacemos con esa información? Además de elevar la autoestima al recitar nuestras fortalezas frente al espejo, ¿de qué nos sirve conocer nuestros superpoderes? Pues bien, Superman sabe que si un malhechor necesita colgar de un edificio envuelto en un pegajoso capullo, el trabajo no es para él, sino para el sarcástico Spiderman. Al conocerse a sí mismo, Superman sabe cómo puede ser más y menos útil, por lo que aprende a utilizar su contribución de manera apropiada. Cuando conocemos nuestros superpoderes, se vuelve más amplia la visión sobre lo que son nuestras responsabilidades en la vida. Supongamos que uno de tus superpoderes consiste en ayudar a la gente a sentirse cómoda en el aspecto social; entonces, cuando un nuevo empleado se una a tu equipo de trabajo, quizá puedas ofrecerte para ayudarlo a aclimatarse. Si te conoces, no vas a inscribirte en el equipo de *softball* de la oficina, si entre tus superpoderes no se encuentran los deportes organizados. Tener un inventario de tus aptitudes, y también de las que te hacen disfrutar —a diferencia de las que no—, puede ayudarte a que tu vida cotidiana tenga más sentido y sea más significativa. Cuando hayas creado, racional y objetivamente, tu lista de fortalezas, te invito a que te veas a ti misma como una navaja suiza, y a ver el mundo como un conjunto de hilos pequeños que deben cortarse o diminutos tornillos que deben apretarse. En esencia, has creado de ti misma una caja de herramientas, a la que puedes acudir cuando surja un problema.

Durante años, me resistí al hecho de que soy una persona increíblemente organizada. Todas las señales habían estado ahí: clasificaba mis peluches, prefería comprar los útiles de la escuela que los regalos de Navidad, me ofrecía para el puesto de secretaria en todo club al que me obligaban a entrar. En mi fantasía, soy un tipo de chica despreocupada, libre y espontánea, pero la realidad demuestra que siempre soy puntual, organizada y cumplida. Ser organizada no sólo satisface un deseo que no sabía que tenía (y, lo sé, me vuelve medio ñoña), sino que genuinamente disfruto organizar algo que se encuentra en estado caótico. Darme cuenta de esta fortaleza me abrió las puertas de oportunidades laborales que previamente había descartado, como producir monólogos humorísticos. No sólo mi autoestima se eleva al hacer una lista de las fortalezas que me convierten en la mejor versión de mí misma, sino también me abro a buscar oportunidades para utilizar esas fortalezas (así como a evitar las oportunidades que no las requieren).

Ahora, hagamos un pequeño paréntesis para hablar de los superpoderes que me gustaría tener, y después ahondaremos en las debilidades.

SUPERPODERES DESEADOS

★ Desearía tener la habilidad de elegir el platillo del menú que más me satisface. Siempre me arrepiento de lo que elijo.

★ Soy pésima para cerrar los hilos de conversaciones casuales en las fiestas, y con frecuencia continúo por más tiempo del necesario por no tener la habilidad para redondear la plática. (Mi torpeza en este rubro llega a tal grado que, en ocasiones, puedo llorar por

la muerte de algún pariente frente a alguien a quien apenas conozco). Desearía salir con gracia de esas conversaciones casuales.

★ Sería increíble poder hablar de mis logros en público, sin sudar a chorros.

★ En realidad, sería increíble no sudar a chorros. ¿Contará eso como un superpoder?

★ Desearía tener el poder de verme a mí misma como mi esposo me ve. Él piensa que soy bonita. Desearía saber cuál es el aspecto de semejante visión.

★ Me encantaría tener la habilidad de saber cuánto le queda al tanque de gas. No sé por qué odio pedir el gas, aunque me encanta su olor.

★ Me fascinaría jamás volver a comparar mi propio éxito con el de los demás. Quiero tener el poder de celebrar el logro de otro ser humano, sin importar si nuestra área de trabajo es la misma, con placer y entusiasmo genuinos y jamás con el ceño fruncido ni con un comentario sarcástico que sólo enmascara mi envidia.

★ Aunque acepto y amo mi pasado plenamente por todos los regalos que me ha dado, a veces desearía tener la habilidad de comenzar el día con un pasado distinto. No es que quiera borrar haber sido diagnosticada con una enfermedad grave o jamás haber sido gorda. Agradezco ambas cosas, y nunca las eliminaría de mi experiencia. Más bien, es como la curiosidad de saber, por un momento, qué se sentiría *no* haber tenido esas experiencias de vida.

★ Desearía que mi gatita y yo pudiéramos hablar, aunque eso sería un superpoder del animal y no mío. Me

gustaría tener la habilidad de entender los intentos de comunicación de mi gata, pero sólo los de ella (no quiero ser el Dr. Dolittle).

★ Me gustaría hacer que alguien que se muestra ignorante, cerrado de mente y meramente cretino experimentara la vida como un miembro del grupo contra el cual despotrica. Me encantaría cambiar de lugar a las personas (como en *Un viernes de locos*), pero por razones de conciencia social, más que por travesura.

★ Me encantaría que las interacciones sociales con amigos, conocidos, público y parientes no me agotaran terriblemente.

★ Por supuesto que me encantaría volar.

★ Desearía tener una confianza total y absoluta en mi trabajo, en todo momento, en lugar de subestimarme en relación con la gente a la que siento más talentosa que yo.

★ Me gustaría que las yemas de mis dedos produjeran un poquito de *mousse*, para cuando traigo el pelo como baba.

DEBILIDADES: ACOGERLAS, TRABAJARLAS, PROTEGERLAS

Déjame que aclare algo antes de comenzar: convertirse en Supertú no implica eliminar tus debilidades. Crear una Supertú no tiene que ver con erradicar tus flaquezas, sino con aprender a reconocerlas por lo que son —parte de ti— y encontrar maneras de trabajar con ellas. Algunas debilidades necesitan ser acunadas y consideradas parte del encantador paquete que eres; otras pueden trabajarse para que goces de una mejor salud integral; y algunas más pueden redefinirse para volverlas útiles. Como ninguna es perfecta, todas tenemos defectos, pero en lugar de esconderlos y disculparse por ellos, tratémoslos como lo hacen los superhéroes; es decir, como otra parte de nosotras. Las debilidades de los superhéroes son lo que nos permite identificarnos con ellos, y nos muestran que incluso el mejor ser humano tiene que encontrar la manera de lidiar con sus puntos débiles. Nuestras flaquezas pueden convertirse en una parte

más útil y más amada de nosotras si comenzamos a verlas de manera objetiva.

Después de decir todo eso, quiero agregar que ni siquiera me gusta el término «debilidades», pero como funciona en el universo de los superhéroes, usémoslo.

Apostar por una mejora es tu elección, y cuando utilizo la palabra «mejora» no me refiero a una «salud emocional óptima». De hecho, ni siquiera tienes que ser emocionalmente sana todo el tiempo, pues la intención aquí es un empujón general hacia conductas y actitudes sanas. Dentro del rango, por supuesto que tendrás días en los que te concentres en lo negativo, tomes decisiones terribles y te aferres a tus debilidades (como lo hace un pequeñito con su cobijita). Es necesario este cúmulo de días para ser una persona y tener una vida.

Dividamos las debilidades personales en dos categorías distintas: rasgos no muy brillantes que pueden mejorar si hacemos ciertas modificaciones en nuestro pensamiento y conducta, y rasgos no muy brillantes que no podemos modificar y, por tanto, necesitamos proteger, entender y, en ocasiones, acunar. La mayoría de nosotras tiene idea suficiente de cuáles son sus debilidades, pero si tienes problema, piensa en pleitos que hayas tenido con seres queridos, piensa en momentos en los que te hayas sentido muy mal y culpable, piensa en los errores que cometes una y otra vez, y todo esto hazlo concentrándote en ti misma y no en el otro, y te apuesto a que podrás desenterrar algunas cosas. La gran sorpresa es darnos cuenta de que la mayoría de las debilidades que descubras puede mejorar en cierto sentido si así lo eliges. Nuevamente, también tienes la opción de contemplar, en toda su desnudez, tus debilidades, y pensar: «¿Sabes qué? Las quiero conservar otro poquito». (Me parece que ese comentario es digno de una Supertú).

Como evidente y desafortunadamente no podemos revisar todas las debilidades existentes, voy a presentar y analizar algunas que son bastante comunes. Si te sientes confundida o abrumada por alguna de tus debilidades, ten en cuenta que quizá puedas trabajarlas mejor con un terapeuta de manera privada.

DEBILIDADES QUE PODEMOS CAMBIAR

Comencemos con aquellas flaquezas que pueden mejorar. Para mí, sería un rasgo dentro de ti que ha crecido debido a circunstancias que en el campo de la psicología se conocen como mal adaptativas o también a partir del hábito; es algo que sabes que no es muy bueno para ti, pero lo llevas a cabo de manera tan automática que es difícil saber cómo detenerlo.

DEBILIDADES EXTRAVAGANTES DE LOS SUPERHÉROES

El talón de Aquiles de la Antorcha Humana era el asbesto, mucho antes de que se descubriera que el asbesto es cancerígeno para los humanos también. Él estaba a la vanguardia.

Originalmente, la Mujer Maravilla perdía su poder cuando los hombres juntaban sus brazaletes. Una cita de los cómics de la época decía: «Cuando una amazona permite que un hombre una sus brazaletes, ella pierde poder, ¡como otras mujeres en un mundo regido por los hombres!».

Si Thor suelta su martillo durante 60 segundos, se transforma en humano, y su martillo, en bastón.

DEBILIDADES QUE PODEMOS MODIFICAR:
COMPORTAMIENTOS AUTODESTRUCTIVOS ESCURRIDIZOS

Tengo amigas que despotrican sobre la manera en la que los drogadictos arruinan sus vidas con su comportamiento enfermo, pero ellas mismas no comen nada hasta la hora de la cena, porque tienen un mundo de trabajo. Es interesante que no vinculen los dos hábitos enfermos, y que tampoco vean lo que hay debajo de esa insignia del trabajador dedicado. Por supuesto que el abuso de sustancias es un poco más severo que la adicción al trabajo, pero no pienses que trabajar excesivamente no representa un peligro para tu salud. El comportamiento autodestructivo se presenta de muchas maneras, pero cuando aparenta ser para un bien mayor, como desgastarte en el trabajo, tiene la ganancia de hacerte ver como una superestrella por trabajar tan duro. Hay que prestar atención a los engaños de la mente.

Yo fui autodestructiva durante años; primero, de una manera bastante obvia y que no implicara asuntos escolares, y después de forma más escurridiza. No me sentía digna de un buen trato, así que debido al odio hacia mi cuerpo me expuse a situaciones peligrosas y me dañé de todas las maneras posibles. Era descuidada con mi salud y bienestar, y me daba por conservar relaciones crueles para no sentirme sola. Los comportamientos autodestructivos más evidentes de la gente con esta mentalidad pueden incluir los siguientes:

- Pelearte con la gente que se preocupa por ti, sólo para descargar tu enojo.
- Abuso de sustancias (no sólo uso, sino abuso).
- Sexualidad no segura y promiscua.

Cuando crecí un poco más y partí para estudiar el posgrado, con orgullo anunciaba que me había «curado» de mis hábitos autodestructivos porque ya no cometía actos imprudentes que provocaban que mis amigos movieran la cabeza y dijeran que estaba loca. Durante este tiempo, mi estado de vigilia estaba compuesto de 16 horas —clases, prácticas, dos empleos—, en donde perfeccioné el arte de comer mientras manejo. Elegí trabajar constantemente en lugar de pedir préstamos y hacerme de una deuda a largo plazo, y adopté responsabilidades adicionales porque quería sacarle todo el jugo a la experiencia. Estas elecciones, sin embargo, rápidamente se alejaron del terreno de lo «útil» para adentrarse en el de la autodestrucción. La verdad es que el posgrado en sí mismo es autodestructivo, sólo que tiene una meta positiva. Algunas de las conductas autodestructivas menos evidentes incluyen:

▲ Pelear con extraños en Twitter.
▲ Tener muchas parejas, hasta sentirte realmente insignificante.
▲ No reservar un tiempo para ti.

Después, al graduarme y encontrar mi primer trabajo real, seguí intentando abarcar demasiado, principalmente porque sentía que era la única manera de ser un adulto eficaz; y mi salud debía pagar el precio de esa eficiencia. En algún momento, me di cuenta de que necesitaba trabajar más en mí misma, e indagar *por qué* sentía la necesidad de lastimarme tanto física como emocionalmente, sin importar el motivo. Para mí, las conductas autodestructivas pueden resumirse en sentir que necesito disculparme por mi existencia y ofrecerme como un sacrificio y una disculpa.

Y, ¿qué hay de ti? Digamos que, de manera constante, colocas las necesidades de las demás personas por encima de las

tuyas. Ahora bien, si alguien cuestionara semejante comportamiento, quizá dirías: «Es que tengo que vivir así, pues si no me encargo de las cosas, nadie lo hace», o bien, «Pues sí, ¡pero no lastimo a nadie más que a mí misma!». A menos que te estés dirigiendo a una meta, con un final a la vista, como el lanzamiento de una página en internet o la obtención de un grado académico, este tipo de respuestas evidencia la necesidad de hacer cambios. Ninguna vida debe drenarse constantemente para que el resto del mundo pueda marchar sobre ruedas.

Si no estás segura de presentar comportamientos autodestructivos, date un momento para anotar en tu libreta el tipo de cosas que haces regularmente. Después, concéntrate en ellas, una por una. ¿Hay algo en esa lista que no te gustaría que hiciera tu mejor amiga, tu amante, tus padres, tus hijos?

Una vez que comiences a ver conductas autodestructivas en ti misma, es hora de aplicar nuestro conocido y doble enfoque para el cambio; es decir, análisis interno y cambio externo. Internamente, comienza a plantearte unas cuantas preguntas sobre tus conductas autodestructivas:

★ ¿Esta conducta autodestructiva sucede porque te da miedo que, al detenerla, lastimes a otras personas?

★ ¿Esta conducta es resultado de tu deseo de ayudar a lograr una meta colectiva?

★ ¿Esta conducta recurrente te impide confrontar otras partes de tu vida que preferirías no atender?

★ ¿Esta conducta hace que te sientas necesaria para otros?

★ ¿Esta conducta te hace sentir valiosa?

★ ¿Sientes que mereces esta conducta y sus efectos?

LAS GANANCIAS SECUNDARIAS DEL COMPORTAMIENTO AUTODESTRUCTIVO

Ahora ahondemos en las ganancias oscuras y ocultas del comportamiento autodestructivo. Sí, trabajar hasta las 11 de la noche todos los días hace que avances y te hace ver como un héroe en tu empleo, ¿pero qué más? ¿Estás tan ocupada que no tienes tiempo de tener citas o cultivar amistades íntimas? Digamos que sí tienes citas, pero lo haces con hombres dependientes. Por supuesto, tomar todas las decisiones de la relación significa que estás a cargo, ¿pero qué más significa? ¿Es un alivio para ti saber que el hombre-niño no te abandonará porque, literalmente, no puede existir sin ti? (Nota: prácticamente, esa fui yo en mis veinte).

Por supuesto que identificar nuestros patrones autodestructivos no es muy agradable, pero también puede ser un alivio darnos cuenta de que casi todas nuestras conductas, incluso las dañinas, nos ofrecen alguna ganancia. Sin embargo, al igual que quemar una casa para deshacerte de una araña en la cocina destruye más que la araña, nuestros comportamientos autodestructivos con frecuencia cumplen su propósito, al tiempo de crear un sinfín de problemas nuevos y posiblemente peores. La buena noticia es que entender de qué manera estos comportamientos intentan ayudarnos es un buen paso para aprender a modificarlos.

COMPORTAMIENTOS AUTODESTRUCTIVOS ESCURRIDIZOS: LA REPARACIÓN EXTERNA

Mientras contemplas ese torpe ente que es la autodestrucción y la manera en que está tratando de ayudar con sus enormes e ineptas manos, comencemos a hacer algunos cambios externos que nos ayuden a salir de nuestra inercia. Para mí, la clave consiste en

comenzar despacio, y una excelente manera de hacer eso es con un intercambio. El intercambio es una técnica excelente para ir diluyendo la conducta enferma y sustituirla por conducta sana. Básicamente, para cada comportamiento enfermo que no puedas soltar, agrega uno sano. Te explico.

En mi primer empleo real después del posgrado, trabajé en un programa residencial para adolescentes, lo que significaba que mis pacientes vivían en el campus y yo tenía que regresar a casa. Ah, y qué culpa sentía por ello. Con frecuencia, me quedaba hasta las nueve de la noche porque alguien me necesitaba, ¡y yo no quería irme cuando era solicitada! (Ganancia: Adoro sentirme necesitada). Así es que hice un trato conmigo misma: por cada hora que me quedara más allá de mi horario de trabajo, tendría que ejercitarme durante 20 minutos. De esa manera, si me excedía tres horas y llegaba a la casa a las nueve de la noche, debía salir a caminar hasta las 10. Al principio del paseo, me sentía exhausta y miserable, pero al terminar, a pesar del cansancio, había una tranquilidad en mí. Así, si elegía quedarme hasta tarde, el ejercicio ayudaba a neutralizar los efectos de ese exceso, y si no quería que mi día terminara a las 10, tenía un mayor incentivo para salir antes del trabajo. Básicamente, la belleza de esta técnica radica en que la única manera de no tener que llevar a cabo «lo sano» es detener la conducta enferma.

Y, ahora, ¿cómo podemos aplicar este enfoque a tu vida? A continuación, te presento unos cuantos paquetes de conductas enfermas/sanas que quizás encuentres útiles:

- ⦿ **Por cada una de las veces que veas a una amiga que no te apoya demasiado, haz una cita con una amiga que sí lo haga.**
- ⦿ **Cada vez que comas a toda velocidad, planea una comida tranquila en compensación.**

⊙ **Por cada trago que bebas para desahogarte, ejercítate durante 20 minutos.**

Anota en tu libreta unos cuantos comportamientos enfermos/autodestructivos que te esté costando trabajo dejar. Si no encuentras comportamientos sanos para el intercambio, el capítulo cinco puede darte algunas sugerencias. Todas sabemos que la Supertú es una criatura fuerte y resistente, pero debe lidiar con tantas fuerzas externas que no le viene mal una manita para no destruirse desde dentro.

DEBILIDADES QUE PODEMOS CAMBIAR: EXPECTATIVAS SIN COMUNICACIÓN

Lo cierto que es que todas tenemos preferencias en cuanto a cómo queremos que la gente nos trate, sea que estemos conscientes de estas o no. Durante años, yo esperaba que todas las personas con las que me involucraba, platónica o románticamente, hubieran memorizado mi manual de uso para el propietario. (No es que exista tal manual, y tampoco quiero que alguien me trate como si fuera de su propiedad, pero captas la metáfora). Y es aquí en donde siento envidia de los superhéroes, porque parece que todo el mundo sabe todo de ellos. Todo el mundo sabe que no hay que hablar de los padres cuando Batman está cerca; todo el mundo sabe que no hay que llevar «kriptonita» a un encuentro con Superman; la Mujer Maravilla no tiene que dar ninguna explicación con respecto a su *jet* invisible. Pero, ay, no somos superhéroes y, definitivamente, no contamos con manuales.

Sin embargo, yo esperaba que los otros conocieran todas mis preferencias por el simple hecho de que estábamos en una relación. A ver si esto te suena familiar: te reúnes con el amor

de tu vida (o el amor de este momento de tu vida) después de un día interminable y terrible, y todo lo que quieres es que te consientan y apapachen. Vamos a suponer que el amor de tu vida también tuvo un día muy largo y caótico, y, en el momento en el que los dos se sientan, comienza a platicarte acaloradamente hasta el último detalle. Mientras habla y gesticula con cierta exageración, una voz en tu cabeza se pregunta: «¿Se le va a ocurrir, en algún momento, preguntarme cómo me fue a mí?». Teatralmente suspiras, mientras lo escuchas y asientes con la cabeza, y la voz vuelve a intervenir: «¿Qué no se da cuenta de que estoy sentada aquí, sintiéndome fatal, mientras él sigue y sigue hablando sobre el tuit que le mandó Seth Rogen?», seguido de uno que otro pensamiento apocalíptico («Le doy un minuto más para que me pregunte cómo estoy, y si no lo hace…»). Y, por supuesto, el siguiente paso es una escalada de rabia sobre algo que tu amorcito no tenía idea de que se cocinaba mientras él te contaba su día. Lo que tú esperabas de él era una percepción psíquica, pero date cuenta de que es un ser humano normal sin poderes extrasensoriales. En esencia, le pusiste una prueba que nadie habría podido pasar o, en otras palabras, destinada a ser olímpicamente reprobada. ¿Te suena familiar? (Regresaremos a esta situación hipotética en un capítulo posterior).

Esta era una de las mayores debilidades de mi Supertú. No puedo decirte la cantidad de veces que he caído en esta trampa (creo que, de hecho, solía vivir en esta trampa). Cuando se trataba de amigos cercanos, familia y los hombres con los que he salido, en lugar de ayudar a estas personas a entender mis necesidades, creaba una situación ideal de cómo debían ser las cosas y después me ponía a observar cómo nadie daba el ancho. Justificaba mi comportamiento pensando que si supuestamente alguien me conocía bien, no era necesario verbalizar que había tenido un mal día. Y si bien es cierto que gradualmente, a fuerza de ensayo y error, aprendemos a percibir el estado de ánimo de la gente que nos rodea, las posibilidades de conducta son tantas como para saber cómo reaccionar perfectamente. Lo cierto es que es tu trabajo saber cómo quieres ser tratada en situaciones específicas y es tu trabajo comunicar esos deseos. No es un requisito que los demás sean capaces de leernos la mente para que podamos sentir amor y afecto por ellos.

LAS GANANCIAS SECUNDARIAS DE LAS EXPECTATIVAS SIN COMUNICACIÓN

Para este momento hemos aprendido que todas las conductas, incluso las mal adaptativas, nos brindan algún beneficio (aunque sea algo patético). Entonces, ¿qué demonios sacamos de no comunicar nuestros deseos y, aun así, esperar que estos sean satisfechos? ¿Qué obtenemos al tenderles una trampa a otros, de manera deliberada, para convertirnos en testigos de su fracaso?

Para mí, es una combinación de factores. Como he mencionado, soy sureña, y hay una tendencia muy real a no mostrarme demandante (me da terror molestar). Esta sensación puede ser bastante universal en las mujeres, y ciertamente es algo que yo comparto con mi mamá. Cuando vivía en Nueva York, la primera vez que mis padres me visitaron quería mostrarles todo, pero no tenía dinero suficiente como para tomar taxis a todos lados. Así que los hice recorrer a pie todo Manhattan, y cuando les preguntaba si querían descansar, me decían que estaban perfectamente bien. Finalmente, yo sí quise descansar y sugerí que nos sentáramos en un parque, y tan pronto como lo hicimos mi mamá dijo: «Santo Dios, pensé que jamás nos detendríamos. ¡Necesito parar por un minuto!». Ella no quería parecer aguafiestas, pero eso le costó su comodidad física. Mi madre

es fantástica, y por supuesto que yo habría estado dispuesta a descansar cuando me lo pidiera. Haber tenido esta experiencia con ella me ayudó a ver que yo hago lo mismo, y que parte de la razón por la que no comunico mis necesidades y deseos es que quiero ser alguien fácil de sobrellevar. En mi mente, debería estar agradecida por tener una relación, por lo que hacer demandas con respecto a cómo ser tratada sería demasiado egoísta.

Volviendo a los motivos por los cuales no pedí atención al final de ese día tan pesado: quizá me preocupaba parecer demasiado vulnerable al necesitar apoyo emocional de otra persona. Las relaciones reales están llenas de momentos sinuosos en los que uno se arriesga a perder la compostura, y durante mucho tiempo no estuve lista para aceptarlo. O quizá, en lugar de todo eso, no contaba con buenas válvulas de escape para mi enojo, y me regodeaba con la idea de expresarlo con alguien cercano. Tener un novio que no sabía cómo consolarme confirmaba mi creencia de que el mundo siempre sería un desastre, y terminaría sintiéndome muy mal por ello. Si bien esto puede sonar nihilista, así es como me sentía antes de mi etapa de Supertú. De hecho, anticipar con sadismo que alguien se volverá a equivocar es otra terrible emoción para la cual no tenemos nombre. Con nombre o sin nombre, existe absolutamente.

EXPECTATIVAS SIN COMUNICACIÓN: LA REPARACIÓN EXTERNA

Si, en efecto, esperas poderes psíquicos de la gente que te rodea, sin importar las razones por las cuales exhibes esta debilidad común de la Supertú, hay algunas cosas que puedes hacer. He de advertir, no obstante, que requieren vulnerabilidad de tu parte. Piensa nuevamente en la técnica del *reality show* que discutimos con anterioridad. Si alguien en tu vida no tiene acceso al diálogo que se lleva a cabo en tu cabeza (literalmente todos, a menos que en efecto tengas un *reality show*), es increíblemente importante que comuniques lo que sientes y lo que necesitas, para que puedas mostrarle a la gente ese diálogo interior. Y si no sabes lo que sientes y lo que necesitas, entonces todavía es más probable que la otra persona tampoco lo sepa.

Si te sientes frustrada porque no obtienes lo que quieres de una persona, haz una pausa y pregúntate cuál sería, para ti, el comportamiento ideal del otro. Haz contacto contigo misma, tal y como lo hablamos en el capítulo cinco. Una vez que descubras la respuesta ideal a cómo te sientes, da un paso hacia atrás y pregúntate por qué necesitas ese comportamiento. ¿Por qué un abrazo, un «rapidito» o ser escuchada mientras te desahogas, te haría sentir mejor? Entonces, tu trabajo podría ser comunicarte de la siguiente manera:

ALGUNAS PETICIONES CONCRETAS Y RAZONABLES

* ¿Puedes sobarme la espalda?
* Escucha mis quejas.
* Vamos por un postre a algún lado.
* ¿Puedes lavar los trastes?

ALGUNAS PETICIONES VAGAS Y POCO RAZONABLES

* Deja de portarte como estúpido.
* Sólo entiéndeme.
* Renuncia a tu trabajo y quédate en casa.
* Hazte cargo de todo.

Oye, _____, me siento bastante _____hoy. Me gustaría que tú _____. Eso me haría sentir mucho mejor.

Al comunicar lo que quieres, es importante que te asegures de que la petición sea razonable y concreta.

Las peticiones poco razonables lo son porque no estás siendo realista («Renuncia a tu trabajo y quédate en casa») o planteas las cosas en forma tan vaga que nadie sabría cómo sa-

tisfacer tu necesidad («Sólo entiéndeme»). Además, las peticiones poco razonables pueden orillar a la gente a traducir lo que realmente significa algo como «entenderme». Toma conciencia de que hacer esta petición no garantiza en modo alguno que obtendrás lo que quieres, porque —repítelo conmigo— sólo tienes el control de ti misma. Sin embargo, si pides —en lugar de esperar— tienes una mayor probabilidad de obtener lo que quieres.

Al principio, ¿todo este proceso será difícil? Absolutamente. ¿Argumentarás que le quita todo el chiste si lo pides? Absolutamente. Pero la vida no es una comedia romántica en la que un par de almas se reúnen con tanta armonía y precisión como para anticipar mutuamente sus necesidades. Esta es la vida, y es hermosa y conflictiva y confusa.

Quiero agregar un par de cosas. En primer lugar, está bien sentirte emocionalmente demandante en ocasiones. Todas tenemos momentos —con padres, amigos, amantes, colegas— en los que nos turnamos para apoyarnos. Es una parte natural de estar en una relación, y debe ser mutuo. En segundo lugar, si tus peticiones razonables en cuanto a la necesidad de recibir atención son ignoradas siempre e instantáneamente, o se reciben con risas o burlas, esa es una buena señal de que la relación no vale tu tiempo y tu esfuerzo.

DEBILIDADES QUE PUEDEN CAMBIAR: DIÁLOGO INTERNO NEGATIVO

¿Has escuchado hablar del «diálogo interno negativo»? Si no, permíteme presentarte algo que quizás has estado haciendo durante mucho tiempo.

El diálogo interno negativo es esa pequeña voz dentro de tu cabeza que te dice que no eres lo suficientemente buena, lo suficientemente bonita, que todos te odian y que te verás realmente estúpida. Es esa voz interna venenosa y repetitiva que te hace

dudar de ti misma en formas terribles, y entre más vulnerable te sientes, más fuerte se escucha. No sé de dónde proviene el diálogo interno negativo, pero tampoco creo que importe mucho saberlo. Quizá provenga de nuestra cultura o nuestros padres; a lo mejor es una enfermedad mental que *todos* tenemos. Tal vez se deba a Laura, la chica más popular de la secundaria que solía molestarte. Sólo sé que en algún momento de mi muy temprana juventud el diálogo interno negativo comenzó a susurrar a mi oído, y jamás ha parado.

Cuando era muy pequeña, estaba convencida de que los dibujos de ratones de mis sábanas cobrarían vida y me morderían mientras dormía. Con desesperación, intentaba quedarme dormida en alguna postura que evitara tocarlos, lo que literalmente hacía un nudo mi cuerpo. Intenta explicarles algo así a tus padres y te aseguro que pensarán que eres un caso perdido. Conforme fui creciendo, constantemente me sentía invadida por pensamientos acerca del demonio, y la manera en la cual había logrado crear, accidentalmente, una alianza con él. Al final, en lugar de sólo asustarme, mi diálogo interno negativo comenzó a atacarme directamente. Pensaba en lo grande que era y en cómo ningún chico querría estar con alguien de mayor tamaño que él; también pensaba que no valía nada, en lo estúpida que era y en la necesidad de ocupar menos espacio en el mundo. Esto condujo a fantasías sobre mi grasa corporal, y la convertí en un traje que podía quitarme. Posteriormente, cuando comenzaba a salir con chicos, mi diálogo interno negativo me susurraba que mi novio me engañaba. En la universidad, la

voz decidió gritarme constantemente sobre lo mediocre que era mi desempeño. Básicamente, el diálogo interno negativo es una persona pasiva-agresiva, ridículamente fastidiosa y cuya razón de ser es atormentarte.

LAS GANANCIAS SECUNDARIAS DEL DIÁLOGO INTERNO NEGATIVO

¿Recuerdas cuando dije que todos los comportamientos, incluso los mal adaptativos, nos ofrecen algún beneficio? Bueno, ¿pues adivina qué? Las ganancias secundarias del diálogo interno negativo no existen.

Entonces, ¿qué hacemos? ¿Cómo lidiamos con un crítico interno tan tóxico? Pues es muy fácil. Simplemente hay que convertirlo en un villano terrorífico. Como Supertú, estás destinada a contar con uno o dos villanos en tu vida; el diálogo interno negativo es el villano que se cuela en tu cabeza y te recita, una y otra vez, las razones por las que no eres una Supertú. Sin embargo, convertir tu diálogo interno negativo en un villano al que puedas combatir implica nombrarlo, e incluso darle algún origen…

> «Nacida de los fuegos del infierno, ha sido empleada de una gasolinera por varios años. Es miserable y está obsesionada con volverte miserable a ti también. ¡Ella ni siquiera se lava las manos después de ir al baño!»

Al hacer esto, es importante observar que no estamos elevando de rango a nuestro diálogo interno negativo; al nombrarlo, lo separamos de nosotras, lo reducimos, lo percibimos como el fastidio que es. Seguro te ha pasado que, en algún lugar público, un maleducado se pone a hablar por el celular a tal volumen que agasaja a todos los que están alrededor con su fascinante conversación sobre hipotecas y camiones monstruo. Y seguro has experimentado que, finalmente, el sonido de esa voz pasa de ser la única cosa que puedes escuchar y se convierte en el blablá de la maestra de Charlie Brown; es decir, ruido blanco. Pues eso es lo que debes hacer con el diálogo interno negativo, o con Mega Rhonda, que es el nombre que yo le di a mi villana.

> **«Para fastidiarte a más no poder..., ¡llega Mega Rhonda!»**

Lo que olvidamos sobre Mega Rhonda, o cualquier villano del diálogo interno negativo al que nos enfrentemos, es que *no dice la verdad*. De hecho, es bastante inexacto. Creer el diálogo interno negativo es una inclinación natural, porque nos da por confiar que cualquier cosa que salga de nuestros cerebros es, de alguna manera, una verdad profunda e incuestionable sobre nosotras mismas, pero el asunto es que no es cierto. No todo lo que tu mente trama es genial, y en ocasiones puede estar bastante equivocada. Sólo se trata de Mega Rhonda, que ya terminó por hoy en la gasolinera, y se quiere colar en tu cerebro para hacer que te sientas mal. Y si bien la perorata interna negativa parece hecha a tu medida, en realidad no tiene que ver contigo. No necesita analizarse, no necesita escudriñarse, sólo requiere que alguien la haga callar con firmeza y la ignore por completo. Si esto te parece abrumador, piensa en cómo le responderías a Mega Rhonda si ella le dijera todas esas cosas horribles a tu mejor amiga, tu hermana pequeña, tu hija, tu pareja o alguno de tus padres. Te harías cargo inmediatamente, ¿cierto? No pensarías ni por un momento: «Bueno, quizás estás en lo correcto, Mega Rhonda», ¿cierto? Este es el mismo respeto que te debes a ti misma; después de todo, eres parte del equipo Supertú.

DIÁLOGO INTERNO NEGATIVO: LA REPARACIÓN EXTERNA

Ha llegado el momento de comenzar a practicar esta técnica increíblemente sencilla, pero difícil de dominar. Hoy. Cuando escuches que tu Mega Rhonda comienza a susurrar cosas negativas a tu oído, date cuenta de que proviene de tu villana personal, y dile que se calle. ¿Acaso la he callado, lo más discretamente que puedo, mientras voy en un elevador hacia una entrevista de trabajo? Por supuesto. ¿Me he dirigido a Mega Rhonda rudamente frente a un espejo en el vestidor de alguna tienda de ropa? Claro que sí. Estoy convencida de que una clave esencial para la autoestima se basa en lo eficaz que puedes ser para decirle a tu villana que cierre el pico. Con el tiempo, irás notando que el volumen de tu Mega Rhonda va disminuyendo. Quizá jamás se detenga, pero tu cerebro se adaptará a la idea de que el diálogo interno negativo es sólo ruido que no incluye verdades esenciales.

Y algunas de ustedes seguramente se preguntarán cómo pueden diferenciar entre el diálogo interno negativo y las advertencias reales y útiles. Bueno, pues esa es una excelente pregunta. Y si bien algunas de las voces en nuestras cabezas son extremadamente útiles para nosotros, hay una enorme diferencia entre el instinto y el diálogo interno negativo. Este último es inequívocamente negativo y, con frecuencia, irracional. Utiliza palabras como «nunca», «siempre», «desagradable», «permanente», tú sabes, palabras que no dejan espacio a la esperanza o la mejora. Los instintos son las pequeñas voces acompañadas por algún escalofrío o un extraño hoyo en el estómago. El instinto nos dice que nos encontramos en una situación peligrosa o que nuestra salud está fallando o que nuestros cuerpos necesitan algo de nosotros. No escuchar este tipo de advertencias útiles no es lo mismo que no escuchar un flujo constante de

insultos y degradación. Son dos voces completamente distintas, y sólo una de ellas te dice cosas como «debes», «no puedes» y «anda, haz el ridículo, ¿a mí qué me importa?». Además, el diálogo interno negativo no va acompañado de sensaciones físicas, así que escucha a tu instinto y dile a Mega Rhonda que se calle. Si lo haces de manera consistente, su voz se irá desvaneciendo hasta convertirse en un murmullo triste, ronco y prácticamente inaudible que cosquillea en tu oído de vez en cuando y lo único que te hace sentir es piedad.

DEBILIDADES QUE PODEMOS CAMBIAR: ODIO

La siguiente debilidad en la fila es el odio. Y no hablo de odiar a las figuras principales de tu vida, sino a los personajes secundarios de fondo. ¿A quién odias? Y, de manera más importante, ¿quién es digno de tu enojo? La cosa es que el odio requiere un montón de energía. No voy a utilizar la analogía desgastada sobre el número de músculos que necesita una sonrisa y un ceño fruncido, pero la verdad es que la cantidad de energía que se requiere para odiar a alguien es, con frecuencia, equivalente a la cantidad de energía que se requiere para querer a alguien, sólo que el odio implica una mayor dosis de sensación abrasiva. Hace unos cuantos años, habría dicho que no tengo enemigos, porque soy una adulta, pero lo divertido del internet es que nos da una gama tan amplia de gente a la cual odiar, y una enorme variedad de formas de hacerlo. Puedes odiar a alguien en Twitter por sus preferencias políticas, puedes odiar a alguien personalmente porque siempre escribe sobre su maravillosa vida social, puedes odiar a alguien por los ensayos que escribe en el portal para el cual querrías escribir tú, puedes odiar a alguien por su éxito o puedes seguir odiando, con regocijo, a la tal Laura que solía molestarte en la secundaria, y celebrar que su vida se haya convertido en una pesadilla. En alguna ocasión invertí mucho tiempo y energía revisando el perfil de Instagram de alguna mujer y criticando cada imagen, sólo porque organizó una fiesta de cumpleaños muy divertida y no me invitó.

LAS GANANCIAS SECUNDARIAS DEL ODIO

Una lección básica es que el odio casi siempre significa que tienes algún asunto pendiente contigo misma y necesita atenderse (así como criticar a alguien con frecuencia significa que estás cuestionando aquellos rasgos de ti de los que no te enorgulleces). Piénsalo: si odias a alguien por tener una carrera exitosa, ¿en realidad no es que te sientes algo vacilante con respecto a tu propia trayectoria? Si odias a alguien por ser bonita, y haces comentarios malintencionados sobre ella para competir en igualdad de circunstancias, ¿en realidad no estarás transparentando inseguridades con respecto a tu propia apariencia? Si odias la vida social aparentemente maravillosa en las redes sociales (a lo que llamo «Instacelos»), ¿no se refiere en realidad al descuido de tu propia vida social? O, de manera similar, si odias a una persona atractiva por estar en la vida de tu pareja, probablemente lo que hay de fondo es tu inseguridad en cuanto a la relación. Lo que quiero decir es que si te sientes exitosa y bella y segura en tu relación, ¿cuál es la razón para preocuparte sobre el lugar que ocupan los demás en esas categorías? El punto es que, cuando odies a alguien por algo, trata de ir más allá de la persona y el odio, e identifica aquello que te está molestando.

Esto es algo que a muchas de nosotras nos afecta, por lo que tengo varias cosas que decir al respecto. Y, sí, es fácil odiar a alguien por ser racista, sexista u homofóbico, claro que sí, ¿pero ese odio no tiene que ver más con nuestra falta de control sobre el mundo? Esas personas no merecen una pizca de tu energía ni

siquiera tu odio. Y si te descubres odiando profundamente a un extraño por ofensas menores —como no jalarle al escusado en un baño público o estacionarse de manera extraña—, generalmente es un signo de que en tu vida has encauzado mal el enojo. Los eventos cotidianos pueden merecer tu fastidio pasajero, pero si te concentras demasiado en ellos, definitivamente no se trata de lo inmediato, sino de alguna necesidad interna más profunda y no atendida.

Odio: La reparación externa

Aunque, en ocasiones, el odio puede mover a la acción, la motivación cimentada en el odio es menos común de lo que crees. Es más frecuente que el odio nos paralice y evite que hagamos algo para mejorar nuestra situación.

En mi caso, el odio evitó que volteara a verme, pues estaba demasiado ocupada maquinando la muerte de Kim, esa chica resbalosa del trabajo a la que adulaban todos los hombres. Durante años, odié a las mujeres atractivas. En primer lugar, yo me rehusaba a admitir que eran atractivas, y también me convencía de que las mujeres guapas eran golfas y antifeministas; algunas veces se me podía escuchar insistiendo que habían tenido pasados traumáticos que intentaban enterrar bajo tanta preocupación por su apariencia. Lo que sucedía es que el odio no sólo no me llevaba a ninguna parte, sino que también acababa mucho más estresada en relación con mi propia apariencia. No confiaba en las mujeres, y tenía muy pocas amigas. La verdad es que era un desastre.

Sin embargo, en algún momento tomé la decisión consciente de reunir toda la energía que estaba utilizando en rechazar a las mujeres a mi alrededor para, en su lugar, comenzar a acogerlas, aunque al principio lo sintiera forzado. Creo que no tengo suficientes palabras para expresar cuánto me ha ayudado esto en la vida. Reconocer la belleza en otras mujeres, y hacer el esfuerzo por conocer mujeres de las que, previamente, me habría burlado, ha sido una enorme ganancia para mí. Por un lado, me he vuelto mucho más segura de mi propia apariencia y de mi matrimonio, he construido amistades increíbles y he puesto en práctica un millón de consejos sobre maquillaje y ropa. Si soy honesta, no es que mis pensamientos inmediatos hayan cambiado al 100%. En ocasiones, cuando veo a una mujer hermosa en una fiesta, sigo reaccionando visceralmente: «¿Cómo se atreve a ponerse una falda tan corta?». Pero, en lugar de pasarme toda la fiesta furiosa por la osadía de la mujer y su falda *sexy*, camino hacia ella, me presento y entablo una conversación casual. Básicamente, me obligo a confrontarme a mí misma. No estoy sugiriendo que las mujeres guapas de las fiestas sólo existen para que yo pueda trabajar en mi bienestar emocional, pero creo que no daño a nadie si al tiempo que trabajo en mi bienestar emocional entablo una conversación casual, algo que, de todas maneras, se hace en las fiestas. En ocasiones, la mujer es maravillosa y hacemos clic; en ocasiones, no. De cualquier manera, se trata de un ser humano, y ya no de un detonador de mis defectos (como mis piernas de salchicha). Ella no se merece toda esa mierda, y hay cosas más valiosas que llenar mi espíritu de odio.

Ahora bien, todo lo que he dicho se refiere a momentos en los que el odio sale de ti, pero este asunto de la ecuanimidad puede ser más difícil de lograr cuando es a ti a quien se dirige el enojo. Cuando soy la depositaria de un odio sistémico o de una ignorancia que hace que mi sangre hierva, si bien puedo no estar de acuerdo con la persona que escupe ese odio, he descubierto algunas cosas que son útiles. En primer lugar, trato de comprender qué hay debajo de las creencias de esa per-

DATO DIVERTIDO SOBRE LOS ÁNGELES

En Los Ángeles, las actrices porno se encuentran en todos lados, y hablar con ellas es de lo más interesante y divertido, interés y diversión que me habría perdido de haber seguido odiando a las mujeres atractivas. Como forma de vida, deben desnudarse y ser sensuales, y también tienen historias hilarantes sobre las escenas que salen mal, encantadores relatos con respecto a relaciones románticas y anécdotas terroríficas en cuanto a la forma en que la gente las trata. Si puedes, conoce a una estrella porno.

sona. Quizá te des cuenta de que el espantoso racismo que Joe (o Josephine) exhibe en línea se debe a que ella creció en un pueblo cerrado con un tremendo miedo al cambio. Eso no justifica el racismo, por supuesto, pero sí explica un poco de dónde proviene. Deja que tus emociones se desplacen del odio, el cual puede arrebatarte todo tu poder, a la compasión y la tristeza (en donde sí hay poder). A continuación, me pregunto qué logra el odio en esa persona racista. ¿Cambia su visión? ¿Erradica el racismo? Nopi. En lugar de invertir tu energía en el odio, canalízala hacia una organización que, en tu opinión, le inyecte algo de bondad al mundo. Utiliza tu energía para hacer trabajo voluntario o marchar o distribuir información; si eres escritora, inviértela creando personajes que transforman la percepción de la gente sobre lo que son «ese tipo de personas». Cuando cancelas tu odio haciendo algo productivo, no sólo tu energía será mejor utilizada, sino que también podrás atestiguar la manera en la que tu positividad contrarresta esa negatividad tóxica. Desafortunadamente, siempre habrá algo terrible sucediendo en el mundo, y tu odio no hará que desaparezca. Cuando sientas que tu odio comienza a borbotear, primero revisa internamente si no hay algo que puedas atender y, en este sentido, te ayude a combatir el odio. Si no, trata de ver si el sentimiento te es de utilidad. (Nota: Estoy consciente de que, como mujer blanca, no tengo ningún derecho de decirle a nadie cómo reaccionar ante el racismo. Estas son meras sugerencias para tratar de replantear algo espantoso).

LAS DEBILIDADES QUE NO PODEMOS CAMBIAR

Como te mencioné al principio del capítulo, hay dos tipos de debilidades: aquellas a las que podemos adaptarnos y, por tanto, mejorar, y aquellas que no podemos rectificar y, por tanto, debemos proteger. ¿Cuál es la diferencia? Gran pregunta. Yo sigo tratando de descifrar la respuesta, y no hay reglas reales e inamovibles con respecto a esto, pero por ahora estamos hablando de los hábitos mal adaptativos que has ido aprendiendo con el tiempo (que pueden transformarse) *vs* los rasgos de personalidad de toda la vida (que no puedes transformar). También podemos considerar las debilidades que no podemos cambiar como debilidades que no vas a cambiar, pero eso es algo cuestionable. Más importante que la diferencia entre las dos es aprender la manera de acomodar en el hermoso rompecabezas que eres tú aquellas debilidades cuya transformación no atiendes de manera activa.

El primer paso para el acomodo en el rompecabezas se refiere a la manera en la cual te clasificas en relación con esas debilidades imposibles de transformar. Piénsalo de esta manera: la debilidad de Superman es la «kriptonita», ¿cierto? Y, sin embargo, él no se llama a sí mismo Kryptonitaman, pues sería realmente estúpido ir anunciando tus puntos débiles a los extraños. Y, sin embargo, tantas de nosotras nos definimos por nuestras debilidades y no por nuestros superpoderes. De hecho, muchas de nosotras primero mostramos nuestras debilidades, disculpándonos inmediatamente por ser quienes somos.

He conocido gente que, a los pocos segundos de presentarse, me dice que es bipolar o tiene trastorno obsesivo-compulsivo o problemas de sobrepeso o alcoholismo, y cuando les pregunto por qué esa información es parte de la forma en la que se presentan, suelen contestar que no quieren ser falsos o que resulta importante que yo sepa con quién estoy lidiando. Sin embargo, el hecho de que tus fallas tomen la delantera no implica mayor honestidad, sino mostrar una pésima mano de cartas o meter tu compleja identidad en el cuarto de los triques. Por el contrario, proteger lo que consideras tus debilidades no te convierte en una impostora, y sí en alguien que opta por no poner sus defectos bajo el reflector. Todos tenemos cualidades positivas y negativas, y las negativas no merecen más atención que las positivas. Cuando publicamos nuestras fallas primero, con frecuencia lo hacemos para probar a los demás y ver si están dispuestos a permanecer aunque seamos conflictivas, o para darles la oportunidad de que se vayan antes de involucrarnos. Déjame decirte que no es así como opera la Supertú. El objetivo aquí es aceptar, acomodar y ser gentiles con nuestras debilidades, y no considerarlas como los rasgos de personalidad que más nos definen.

Ahora analicemos algunas debilidades comunes que no pueden ser transformadas, así como la manera en la cual la Supertú puede protegerlas.

DEBILIDADES QUE NO PODEMOS CAMBIAR: SER UNA OBSESIVA DEL CONTROL/QUERER QUE OTROS TE NECESITEN

Coloco estas dos cualidades juntas porque para mí, personalmente, están conectadas. Quizá no lo estén para todas ustedes, pero aún no conozco a alguien que tenga que lidiar sólo con una de las dos. Como mencioné en el tercer capítulo, yo he sido una controladora durante la mayor parte de mi vida. Durante los últimos cinco años, he hecho un monólogo cómico en Los Ángeles, y todo el mundo sabe que el espectáculo comienza a tiempo. Incluso cuando era una paria social de adolescente, mis *piercings* y mi tendencia a usar playeras que decían «DISFRUTA A SATÁN» no eran sino intentos de controlar la manera en la cual la gente se sentía con respecto a mí; a lo mejor no le caía bien a la gente, pero se debía a las razones que yo había elegido para causar antipatía y no por las razones que la gente hubiera seleccionado.

¿Qué podemos hacer los que sentimos obsesión por el control? Yo no quiero cambiar mi naturaleza controladora, porque es una herramienta increíblemente útil en mi trabajo. Simplemente, quiero utilizarla cuando sea necesario hacerlo, y mantenerla cálidamente acurrucada en mi interior el resto del tiempo. Básicamente, mi naturaleza controladora debe ser tratada como los dragones de Daenerys Targaryen; los amo y estoy orgullosa de ellos, pero me doy cuenta de que debo desatarlos sólo en ocasiones especiales. (Por cierto, me refiero a *Juego de Tronos*). En situaciones en donde no sería prudente desatar a los dragones, como planear una salida con amigos o lidiar con plomeros en mi casa, lo que hago es morderme la lengua con toda intención. Soy muy buena para planear salidas al cine o a cenar, pero eso no significa que otras personas no lo sean. Cada vez que comienzo a sentir un cosquilleo por monopolizar el plan, me repito en silencio: «Hay millones de maneras de hacer las cosas, y son buenas». Si las cosas salen mal, lo atribuyo a que en ocasiones las cosas salen mal y no como una prueba de que mi modo de hacer las cosas habría sido mejor. Además, mis amigos recuerdan mucho más la vez en que tuvimos que caminar tres kilómetros a un restaurante que estaba cerrado que las ocasiones en las que tuvimos una comida en don-

de todo salió a pedir de boca. Me gustaría tener un mejor truco que ofrecerte, pero honestamente forzarme a guardar silencio y dejar que otras personas se encarguen ha sido la mejor táctica para esto. Al aceptar el plan que surge, acabo disfrutándolo más, pues no tengo la responsabilidad total sobre mis hombros.

DEBILIDADES QUE NO PODEMOS CAMBIAR: NECESITAR SER NECESITADA

Ahora hablemos sobre cómo podemos manejar nuestra necesidad de control en una relación, cuando lo que realmente sucede es que queremos sentirnos necesarias. (Hablaremos más de las relaciones en el capítulo 10). Por ahora, baste decir que cuando anhelaba hacerme indispensable, buscaba hombres que parecían no poder salir de casa con zapatos iguales. Algunos de los hombres más ruines que mi Supertú tuvo que encarar explotaron esta particular debilidad en mí, haciendo que, básicamente, dirigiera su vida, y por algún tiempo fue un acuerdo algo patético pero mutuamente benéfico. El hombre se agenciaba una sirvienta y una madre, y yo aseguraba que la persona se quedara a mi lado. Después de conseguirme un buen terapeuta, pude reunir la fuerza (aunque, para ser honesta, al principio fingía esa fuerza) para comenzar a salir con hombres que eran decididos y justos. Yo no necesitaba recogerlo de ningún lugar o hacerle la cena, pues él estaba dispuesto a hacerlo solo, y eso me aterraba. Vivía con el miedo constante de que me dejara, por lo que reaccioné insertándome en su cotidianidad tanto como pude, en un intento por hacerme un lugar en su vida. Y eso era tan triste. Poco a poco me di cuenta de que este rasgo, esta necesidad de sentirme necesaria, sólo estaba dañando a mi Supertú. En realidad, no me servía de nada, pues los hombres seguían abandonándome, o bien, nos establecíamos en los horribles patrones de una pareja infeliz que no encuentra gozo en el otro.

Entonces hice la promesa de que, de ahora en adelante,

CONOCE LA OBSESIÓN POR EL CONTROL DE EMILY

 Mi obsesión por el control, de acuerdo con el trabajo de autoanálisis que he hecho, no se trata de creer que siempre tengo la razón, sino que es el resultado de una divertida mezcla de los rincones más oscuros de mi personalidad. En el capítulo tres, vimos algunos de ellos, ¡pero todavía tengo alguno que otro relato escalofriante! En primer lugar, tengo graves problemas de confianza. Para que yo llegue a confiar en otras personas, se necesita mucho. Si trabajo contigo en el ámbito profesional y no te conozco bien, probablemente suponga que no puedo confiarte tareas complejas. Y esto, por un lado, me ha beneficiado y, por otro, ha hecho que trabaje en exceso. Además, como mencioné previamente, me gusta sentirme necesitada, especialmente en las relaciones personales. De cierta manera, esto no es tanto una debilidad como un rasgo humano, pues como seres sociales todos queremos sentirnos necesarios. Sin embargo, a algunos los reconforta la idea de que si le hacen literalmente todo a un amigo o a un jefe o a una pareja romántica, efectivamente serán indispensables y no serán abandonados. ¡Serás tan necesaria como el oxígeno! Pero por favor escúchame, querida lectora: en las relaciones, cada persona debe funcionar como vitaminas para la otra persona, no como oxígeno. Me tomó años darme cuenta de que, en realidad, es mucho más romántico que una persona se quede contigo porque quiere estar cerca, y no porque debe hacerlo o porque no podrá pagar los recibos. En esencia, como no me consideraba digna de amor, amistad o atención, pensé que si me volvía útil, la relación duraría más. Además de mi necesidad de ser necesaria, también tengo una encantadora veta de mártir, la cual funciona de la siguiente manera: si hago todo, entonces soy la persona más explotada del lugar, y eso te lo puedo echar en cara cuando me cuestiones. Uno no puede esperar que alguien sea perfecto cuando se está haciendo cargo de —literalmente— todo, ¿o sí?

cualquier hombre con el que saliera tendría que funcionar por sí mismo. Me forcé a dejar de hacer cosas por los hombres en los que estaba interesada, incluso si era extremadamente difícil para mí. Continuamente me dije que si me dejaba por no ayudarlo a lavar su ropa, en realidad me hacía un favor. A su vez, hice un trabajo de introspección para ver qué obtenía yo de las relaciones, y me di cuenta de que la necesidad absolutamente normal de ser necesaria podía satisfacerse en otros ámbitos aparte del romántico. Comencé a hacer trabajo voluntario en organizaciones que me necesitaban desesperadamente a mí (o a cualquiera, en realidad), para seguir funcionando. Comencé a aplicar mi necesidad de ser necesaria a mí misma, y cuando estuve lista para tener una relación sana, me permití, de vez en vez, brindarle ayuda al otro. Incluso también me permití necesitarlo. Todo esto me ayudó a amansar a los dragones, cosa que no hubiera logrado sin trabajar en mí, lo que incluyó forzarme a romper viejos patrones. No hay magia en esto, sólo esfuerzo y exploración.

DEBILIDADES QUE NO SE PUEDEN CAMBIAR: TIMIDEZ, INTROVERSIÓN, TORPEZA SOCIAL

Yo no concibo la timidez como un rasgo que deba repararse. La única razón para modificar un rasgo radica en que obstaculice tu vida cotidiana y te fastidie. Hay una diferencia entre la gente que sólo es tímida en grupos grandes y la gente a la que la invade la ansiedad ante el solo pensamiento de la interacción social. Y, desafortunadamente, para ustedes que sienten esa ansiedad, a menos que sean monjas budistas con un voto de silencio de por vida, ser sociales es parte de nuestras vidas. Además, pienso que la timidez ha sido lo suficientemente satanizada en nuestra sociedad, por lo que no me sumaré al coro de detractores. Hay un libro fantástico de Susan Cain, titulado *El poder de los introvertidos en un mundo que no puede callarse*, el cual atiende justamente la importancia de la timidez; es una lectura que recomiendo ampliamente si el tema tiene sentido para ti. También lo recomiendo porque no voy a profundizar demasiado en la introversión y la timidez, pues sólo cubriré los aspectos básicos.

He de confesar que conozco el secreto de ser extrovertido en las fiestas, y creo que me meteré en problemas por revelarlo, pero lo cierto es que la mayoría de nosotros lo fingimos. Un extrovertido es alguien que obtiene energía de las interacciones sociales. Ese, definitivamente, no es el caso conmigo ni tampoco el caso de varias de mis amigas más osadas. Las interacciones sociales me extenúan; y posteriormente necesito un tiempo de soledad para recargarme. Una fiesta realmente intensa incluso puede hacerme sentir mal físicamente al día siguiente, pero ese gasto de energía casi siempre vale la pena para mí. Para el mundo exterior, quizá parezca una mariposita social, pero socializar requiere esfuerzo y, en ocasiones, fingir ese esfuerzo. A veces me siento algo torpe al entablar conversaciones en las fiestas y, generalmente, aterrada de no tener nada qué decir o de que mi intervención en el diálogo sea ridícula. De hecho, es tanto mi odio hacia los silencios incómodos entre personas que acaban de conocerse que, por lo general, tengo alguna historia peculiar a la mano, sólo para amortiguar los momentos difíciles.

Así que si ir a fiestas te agota, por favor ten en mente que muchas de nosotras sentimos lo mismo, y sólo fingimos lo contrario. Quizás es por esto que los «adioses irlandeses» —o el *ghosting*— se inventaron, pues ante nuestra incapacidad para lidiar con un momento incómodo más, desarrollamos el arte de terminar una relación sin decir adiós.

Pero, ¿qué hacer si tu timidez y torpeza social evitan que

disfrutes la vida? ¿Qué ha- / cer si has sido así toda tu vida, pero te gustaría que las cosas fueran distintas? Como Supertú, ¿cuál es la manera de brindar la protección y el apoyo adecuados a esta parte vulnerable de nuestra naturaleza, una que nos puede vencer como la «kriptonita» a Superman? ¿Cómo encontramos el equilibrio entre el esfuerzo por abrirnos un poco al tiempo que entendemos que esto es lo que somos? Yo creo que la mejor negociación consiste en un paquete doble; es decir, encontrar

DATO CURIOSO AL QUE PUEDES RECURRIR. EN LA MAYORÍA DE LAS FIESTAS. CUANDO SE HAGA UN SILENCIO INCÓMODO

La Mujer Maravilla fue creada por un psicólogo estadounidense llamado William Moulton Marston, quien también inventó algunos de los componentes del polígrafo moderno. Una de las armas principales de la Mujer Maravilla es el lazo de la verdad (interesante, ¿verdad?). También, el psicólogo basó el personaje en dos mujeres: su mujer y la mujer con quien él y su esposa tenían una relación romántica. ¿Qué tal, eh?

un espacio cómodo para existir socialmente, desde el cual podamos intentar nuevos trucos ocasional o regularmente (como prefieras).

PRIMER CONSEJO PARA LA TIMIDEZ: SENTIRTE MÁS CÓMODA EN ENTORNOS SOCIALES

Encontrar un espacio cómodo para desempeñarte socialmente simplemente significa reconocer las distintas maneras en las que ya eres un ser social y no es incómodo para ti. Esto puede incluir cualquier cosa, desde ir a una cafetería atiborrada y sentarte entre la gente durante algunas horas, salir con personas (pero una por una), o planear alguna reunión sólo con la gente con la que no te sientes extraña. Puede significar salir al cine, en donde la conversación casual está (o debería estar) limitada al antes y el después de la película. A lo mejor representa buscar actividades que te interesen y encontrar dónde se reúne la gente que comparte esta pasión. También podría implicar ser increíblemente social en un contexto virtual lleno de gente que piense igual que tú. Para esta última modalidad, tengo una advertencia. Yo te recomendaría que no te alimentes únicamente de la interacción en donde no compartes el mismo espacio con aquel o aquella con quien estés interactuando. A lo mejor piensas que la gente en tu vida real no te entiende, y quizás es cierto, pero pasar demasiado tiempo socializando en línea sólo aumentará tu dificultad para socializar sin intermediarios cibernéticos.

Durante los primeros años de mi adolescencia, toda cita que tenía la hacía exclusivamente en línea, a través de lo que se conocía como «tablón de anuncios». Básicamente, los tablones de anuncios funcionaban como artículos en una página web. Alguien publicaba un párrafo sobre un tema, y entonces cualquiera podía responder en notas individuales que se desprendían de esa publicación original. También había salas de chat, en donde grupos enteros de gente podían escribirse al mismo tiempo. Pues eso era con lo que contábamos, amigas, pero a mí me funcionaba perfectamente. Cuando estaba en línea, no tenía ese cuerpo que odiaba —y estaba convencida de que todos los demás también odiaban—, así que me convertí en una especie de mujer fatal en el tablón de anuncios del grupo de *rock* industrial Nine Inch Nails. Yo era ingeniosa, divertida, alivianada y atrevida. Y gracias a que la tecnología estaba en pañales (los módems eran superlentos), en lugar de dar tumbos y soltar lo primero que se me venía a la mente, tenía tiempo de pensar

mis respuestas, proyectando de manera exitosa al ciberespacio la imagen de la increíble chica que deseaba ser. (Creo que he estado maquinando el concepto de la Supertú durante años). El problema es que sólo estaba proyectando una imagen, y no hacía ningún movimiento para materializar esa proyección. Mi coqueteo virtual sólo me confirmaba que esto era algo que *únicamente* podía hacer en línea, por lo que en lugar de volverme más ingeniosa en persona frente a los chicos de la escuela, el resultado fue la necesidad de refugiarme todavía más en el pequeño caparazón de mis inseguridades. Fue necesaria la mala experiencia de conocer realmente a un novio virtual —después de semanas de escribirnos que, definitivamente, tendríamos sexo y/o nos comprometeríamos— y sentir la inmensa incomodidad de toda la situación para consolidar mi decisión de arriesgarme a conocer hombres en la vida real.

SEGUNDO CONSEJO PARA LA TIMIDEZ: HACER UN ESFUERZO POR SOCIALIZAR

Y esto nos lleva a una parte importante de encontrar un espacio cómodo para tu vida social, y es la de esforzarte un poquito de tanto en tanto. Hacemos esto al adoptar nuevos comportamientos y, de ser necesario, fingir nuestra aptitud. A lo mejor esto implica tomar una clase con extraños, en la que te ves forzada a interactuar con personas nuevas, pero no tienes que preocuparte de hacer el oso con gente a la que conoces. Quizá puedas arriesgarte y pedirle a alguna nueva amistad que salgan a algún lado, lo cual puede ser emocionante pero también atemorizante. Esforzarte para socializar puede implicar, si puedes creerlo, hacer trabajo voluntario. En el lugar en donde ahora trabajo como voluntaria, que es un refugio de animales, interactúo con una mezcla maravillosa de personas mayores y chicas adolescentes. Hasta hace poco, jamás habría pensado en poder conversar con ninguno de ellos, pero lo cierto es que nos entregamos al tema de los gatos durante horas, y nuestra plática tiene rasgos de telenovela. Para mí, ha sido toda una revelación encontrar un lugar cómodo, socialmente hablando, en un entorno que jamás pensé que pudiera ofrecerme tal cosa.

Ahora bien, algunas de las cosas nuevas que intentes quizá se sientan un poco forzadas al principio. Como mencioné antes, fingir es parte de la vida social de muchas personas, y no necesariamente en detrimento suyo (y, con frecuencia, sí en su beneficio). Si Superman intenta proteger su identidad, entonces él probablemente no llegaría a una fiesta diciendo: «¿Qué tal, amigos? Espero que no haya "kriptonita" por aquí. ¿Dónde está el plato de los quesos?». Es posible concebir la timidez o la incomodidad social de manera similar. Si eres tímida, cuando llegues a una fiesta puedes entrar tan sigilosamente como quieras, pero asegúrate de saludar a la primera persona que conozcas haciendo contacto visual y dándole un apretón firme de manos. No hay necesidad de anunciar que tus habilidades para socializar dejan mucho que desear, pues eso sólo haría que la incomodidad aumentara. Si hay una pausa en la conversación, no sientas la necesidad de llenarla inmediatamente, y tampoco te sientas incómoda por ella y déjala ser. Y está bien si la gente atestigua que estás sola. Quizá te sirva concebir las conversaciones en las fiestas como una especie de fumigación de cultivos: entras en ellas, rocías algo de tu ser social y sales de ahí. Y he de decirte que, si bien puedo ofrecer jovialmente consejos como este, en realidad soy muy mala para la fumigada social, pues me adentro mucho en las conversaciones. Y aunque no me importa tener pláticas intensas en las fiestas, sería agradable contar con otra opción. Haz un poco de conversación y, cuando esta se agote, ten a la mano algún comentario que hayas planeado

anticipadamente, el cual te permita partir con gracia: «Bueno, ha sido muy agradable hablar contigo. Voy a darme una vuelta por el bar/el baño/el interior de la casa». Lo increíble de esta técnica es que te permite moverte y tener varias conversaciones casuales, salir silbando si te sientes incómoda y, de todas maneras, ¡dar la apariencia de ser una mariposa social!

Esta combinación de encontrar espacios cómodos y esforzarte un poco por socializar es una excelente manera de respetar lo que eres —tan tímida o torpe como quieras ser— sin sabotearte en público, porque lo cierto es que todos necesitamos existir en público.

DEBILIDADES QUE NO SE PUEDEN CAMBIAR: EL SÍNDROME DEL IMPOSTOR

Un primo cercano del diálogo interno negativo, el síndrome del impostor, es un poco más específico y difícil de combatir y, a partir de mi investigación anecdótica entre amigos exitosos, también puedo concluir que afecta más a las mujeres que a los hombres. La creencia es que, sin importar lo que logres en la vida, sigues esperando ser finalmente descubierta como un fraude, después de lo cual se te enviará a las ligas menores, que es a donde realmente perteneces. Jamás asimilas tus logros como algo que te corresponde, y en su lugar atribuyes el éxito a factores externos como la suerte («¡Simplemente estaba en el lugar y en el momento correctos!»), la amabilidad de la gente («Me dieron este premio porque sintieron lástima de que no tuviera ningún reconocimiento previo») o el chiripazo («¡No puedo creer que haya logrado todo eso, si ni siquiera sé muy bien cómo hacerlo!»). Ahora bien, como sabes, yo soy toda una fan de fingir confianza o habilidades hasta que uno pueda hacerlas suyas. Y mi argumento se basa en que realizar las acciones de una persona segura tiene los mismos resultados. La falla que la gente con síndrome del impostor tiene es que, aunque ciertamente están llevando a cabo las acciones de una persona segura, jamás pueden darse cuenta de que, en realidad, sí son competentes. Y ese es el problema. La farsa sólo debe ser una fase temporal, pero muchas de nosotras no sabemos cuándo dejar de fingir y cuándo empezar a existir (o no creemos merecer esa existencia).

Todo esto me pega personalmente, y te cuento por qué. Comencé mi carrera en un campo muy específico, la terapia. Tuve un entrenamiento de primera, y me sentía bastante segura. Mi educación era la boya a la que me aferraba al llenar mis solicitudes de empleo, pues era la prueba de que sabía lo que hacía. Enmarqué esa prueba y la colgué en mi pared. Después, dejé de ser terapeuta y comencé a escribir y a producir programas cómicos, en donde no hay papeles que enmarcar y exhibir para legitimar lo que estás haciendo. Recuerdo que las ideas que enviaba a algunos editores, básicamente pidiéndoles escribir para ellos, me hacían sentir avergonzada. «Yo no soy una escritora verdadera», pensaba antes de enviarlo, «y lo que estoy haciendo es distraerlos de los correos que sí provienen de escritores reales». Pero, de todas maneras, los enviaba, y cuando recibía respuestas positivas me sentía asombrada y maravillada. Años más tarde —llenos de fracasos y éxitos—, he aprendido esta importante lección: en realidad, nadie sabe lo que está haciendo. La diferencia entre la gente que se atreve y la gente que no radica en que la gente osada ignora el hecho de que no sabe lo que está haciendo.

No hay una cura real para el síndrome del impostor, además

UNA RÁPIDA REFLEXIÓN EN TORNO AL ÉXITO

Podría echarme toda una diatriba sobre cómo se sigue esperando que las mujeres no hagan demasiada alharaca por sus logros, y cómo la investigación ha demostrado que incluso las mujeres exitosas atribuyen su éxito a factores ridículos como la suerte, el apoyo de los colegas o la magia, pero trataré de no extenderme demasiado. Mientras los hombres por lo general crecen con la idea de que todo lo que hacen es maravilloso, las mujeres lo hacen con la idea de que sería mejor que nada de lo que hacen brillara, pues de lo contrario pueden verse como perras ambiciosas y arrogantes. Además, en ocasiones tememos que si no hacemos nuestro trabajo a la perfección, vamos a traicionar a todo el género femenino, sin mencionar que estaríamos confirmando lo que hemos sabido desde el principio; es decir, que no estamos hechas para esto, por lo que permanecemos en silencio y con un perfil bajo. Se trata de una situación en donde todos pierden y que muchas de nosotras analizamos por diversas razones, sean familiares o culturales. Afortunadamente, estoy convencida de que esa mentalidad no durará mucho.

Así que toma una silla y déjame decirte unas cuantas cosas. Está bien que necesites un espacio vital. Está bien que te expongas al pedir trabajo si sientes que puedes hacerlo de manera adecuada. Está bien que te rechacen. Está bien que tengas éxito y te sientas feliz por ese éxito. También está bien si fracasas. El fracaso no significa que tú seas un fracaso, y ciertamente no significa que las mujeres sean un fracaso. Además para mañana probablemente tendrás otro éxito que añadir a tu pared.

de reconocerlo en ti y combatirlo. Una vez al año, aproximadamente, veo en retrospectiva lo que he hecho durante ese tiempo en el aspecto profesional, y me pregunto qué habilidades he desarrollado a partir de ese trabajo. Me obligo a evaluar lo que he asimilado en cada trabajo que he tenido, y lo escribo en mi libreta para consultarlo cuando me siento insegura.

La otra cosa es seguir intentando. Recientemente, me reuní con un grupo de escritores/actores, hombres y mujeres, para llevar a cabo una lluvia de ideas en cuanto a un proyecto. El objetivo de una reunión así consiste, esencialmente, en hacer reír a la gente. Yo me sentía algo intimidada y no hablé mucho, lo que para este momento seguro sabes que es difícil para mí. Pero un amigo habló bastante, y sus ideas algunas veces funcionaban y otras no. En algún momento, lo aparté para preguntarle cómo es que tenía la confianza de soltar idea tras idea.

—¡Ese chiste que contaste no tuvo ningún éxito! —le dije, bromeando en parte para esconder mi interés genuino en su seguridad.

—Es cierto —respondió—, ese no les gustó nada. Pero sabía que, finalmente, algo les agradaría.

Ah, así que esa es la clave…

DEBILIDADES QUE NO PUEDEN CAMBIAR: ENFERMEDAD MENTAL

Se siente raro colocar las enfermedades mentales en la categoría de debilidades que no podemos cambiar y debemos proteger y manejar, pero no sabía en dónde más colocarlas.

Por supuesto que en mi vida profesional he visto enfermedades mentales en cientos de formas y, como es el caso para muchos terapeutas, mi vida personal también ha tenido lo suyo. Ciertamente, gran parte de lo que me invitó a convertirme en terapeuta se debe a haber crecido en una familia cuyos miembros padecían distintos trastornos. Déjame que te hable ahora desde la autoridad que me confiere ser terapeuta: si crees que estás sufriendo algún padecimiento mental y no has buscado tratamiento, este libro todavía no es la respuesta para ti. Traba-

jar en tu autoestima y convertirte en Supertú no es tan priorita-
rio como hacer que se estabilicen tus pensamientos y tu estado
de ánimo. La depresión, la ansiedad severa, el trastorno obsesivo-compulsivo y cualquier desorden con rasgos psicóticos y
trastornos de personalidad son extremadamente agobiantes y
perturbadores; si tú padeces alguno de ellos, será mejor controlar algunos de tus síntomas antes de que intentes trabajar en tu
autoestima. Además, lidiar con una enfermedad mental activa
y opresiva, al tiempo que trabajas en tu autoestima, es como
si Spiderman intentara detener peatones imprudentes mientras
el Duende Verde azota la ciudad; definitivamente, puede lidiar
con los peatones imprudentes más tarde.

Por supuesto, no siempre nos damos cuenta de que estamos sitiadas por el Duende Verde. Si descubres que nada en
este libro te hace sentir mejor, y realmente te cuesta trabajo funcionar cotidianamente y sientes que todo te desanima sin que
haya una razón real para ello, te recomiendo ampliamente que
busques tratamiento. Encuentra un buen terapeuta y hablen
sobre la opción de tomar medicamentos, si lo sientes apropiado; además, incluye a tus amigos más cercanos y a tu familia.
El Instituto Nacional de Salud Mental (NIMH, por sus siglas en
inglés) tiene una excelente página web con información sobre
distintos trastornos y cómo buscar ayuda. Es importante estar
consciente de que buscar información sobre trastornos mentales algunas veces puede llevarte a creer que tienes cada uno de
los padecimientos, por lo que toma con pinzas lo que leas y encuentra un terapeuta con quien te sientas cómoda. Para tratar
una enfermedad mental, se requiere un esfuerzo colectivo, y ese
esfuerzo implica que *tú* pidas ayuda, des algunos pasos hacia
delante, retrocedas un poco —parte inevitable del proceso— y
vuelvas a hacer todo nuevamente.

La mejor parte es que, cuando hayas llegado al punto en

el que te sientas estable y ya no padezcas crisis cotidianas, tu Supertú te estará esperando.

Aunque no lo creas, algunas cualidades increíblemente positivas se desprenden de las enfermedades mentales, y no me refiero a la manera en que la paranoia puede mantenernos a salvo de maleantes, aunque sí puede hacerlo. La depresión nos ayuda a bajar el ritmo y reflexionar, haciéndonos permanecer durante un tiempo sumergidos en nuestras emociones. (Evidentemente, para los que padecen depresión este beneficio puede ser excesivo). Se ha descubierto que la gente deprimida es más proclive al pensamiento analítico, en especial al examinar problemas mayores y fragmentarlos en partes más pequeñas. La tendencia a la ansiedad y el trastorno obsesivo-compulsivo son de gran ayuda para cuestiones de organización y una de las razones por las que podemos hacernos cargo de muchas cosas a la vez, y lograr que todo esté en su lugar justo a tiempo para cuando se abra el telón. Yo he sido testigo de la manera en la cual los pensamientos car-

LA ENFERMEDAD MENTAL EN LOS CÓMICS: UNA APOLOGÍA

Como seguramente podrás adivinar, en la mayoría de los cómics las enfermedades mentales de los superhéroes no han sido tratadas ni con la sensibilidad necesaria ni con la comprensión básica de las mismas. Debido a que están repletos de identidades secretas, los cómics con frecuencia dotan a sus personajes del trastorno de personalidad múltiple, algo que ahora llamamos trastorno disociativo de identidad (que en realidad es muy poco frecuente).

Un ejemplo de esto es Jack Ryder, un personaje en el universo de Batman, quien es un analista político de día, pero de noche se viste como el Guasón, se llama a sí mismo el Creeper y se inyecta sustancias que lo hacen más fuerte. Desafortunadamente, estas situaciones también

lo vuelven psicótico, y comienza a creer que él y el Creeper son dos personas distintas.

Erica Fortune, también conocida como Spellbinder, tiene el superpoder de viajar a través de distintas dimensiones. En algún momento, el estrés de experimentar tantos mundos la enloquece, y cuando regresa a nuestra dimensión mata a su familia.

gados de ansiedad, que suelen invadirnos por completo —como los tratos que hago conmigo misma para dejar de asustarme por algo si «esto otro» lo neutraliza—, son parte de un continuo de conductas.

Para mí, la clave consistió en aprender que mis pensamientos ansiosos no indican una mayor capacidad de observación o, Dios me libre, poderes psíquicos. Hago lo mejor con la cualidad de fijarme en los detalles, al tiempo que descarto creencias falsas sobre mí, que con frecuencia van de la mano de la ansiedad. De la misma manera, puedes redefinir tus debilidades como superpoderes para tu Supertú —como el hecho de que para Spiderman sus poderes signifiquen que le sea imposible salir con chicas como un adolescente común y corriente—. Y, con esto, no quiero minimizar la enfermedad mental ni volverla banal, y ciertamente me encantaría deshacerme de la invasión de pensamientos que me mantienen despierta hasta las cuatro de la mañana —y que pueden tejerse sobre la idea de no estar yendo a suficientes museos, por ejemplo—. Lo que quiero decir es que, al evaluar las partes de nosotras mismas que no podemos cambiar, quizá podamos trabajar para redefinir cualidades que, hasta el momento, sólo hemos visto como debilidades.

Para ayudarte con esto, a continuación te presento algunos consejos para la gente que debe lidiar con trastornos mentales.

PRIMER CONSEJO PARA LAS ENFERMEDADES

MENTALES: BUSCAR TRATAMIENTO

Algo que puede ayudar a deshacerte del estigma de un trastorno mental es pensar en él como, por ejemplo, el asma. Si tienes asma, quizá necesites tomar una pastilla todos los días o aspirar la sustancia que sale de tu inhalador y llevar contigo uno más potente que pueda sacarte de alguna crisis. Probablemente, también tengas que ver al doctor cada cierto tiempo. Y eso es lógico, ¿cierto? Si tienes un padecimiento que necesita tu atención, hacerte cargo de él tiene sentido. Así que, sin importar cuál sea tu trastorno, el tratamiento y el seguimiento activos pueden convertirse en parte de tu rutina, sea que signifique tomar medicinas, una terapia más o menos regular o un grupo de apoyo. Concibe todo esto como la necesidad de lavarte los dientes.

SEGUNDO CONSEJO PARA LAS ENFERMEDADES MENTALES: CONOCER TUS DETONADORES

Si tienes asma y sabes que el calor puede detonar una crisis, entonces cuando haga calor prepárate. De la misma manera, si correr para no perder el autobús te obliga a sacar tu inhalador, lo más prudente es salir de casa con tiempo suficiente para no tener que echarte una carrera. Apuesto a que también hay detonadores que, de manera similar, pueden causar la exacerbación de tu trastorno, ya sean ciertas épocas del año, ciertas situaciones o ciertas personas. Hazte cargo de ti misma y enumera los detonadores para que puedas prepararte.

TERCER CONSEJO PARA LAS ENFERMEDADES

MENTALES: TENER LISTOS LOS PLANES DE ACCIÓN

Cuando sepas cuáles son tus detonadores, puedes establecer algunos planes eficaces para cuando el trastorno hace su aparición. Si percibo que un ataque de pánico está por llegar, me gusta escribir el nombre de los 50 estados de Estados Unidos para distraerme y calmarme, y como esto lo planeé previamente, que debo recurrir a ello cuando lo necesito. Si sientes que la desesperanza y la tristeza comienzan a rondarte, ten preparadas algunas películas que puedan darte consuelo y llenarte de energía. Y cuando necesites a alguien, es importante que sepas a quién llamar para pedir apoyo.

Recuerda que si bien puedes padecer alguna enfermedad mental, esta no te define. Es parte de ti, absolutamente, pero no es todo lo que tú eres. Simplemente, se trata de una condición crónica que necesita un tratamiento regular, y no de una condición aguda como una infección, la cual requiere sólo una dosis de medicamento. Sin importar cuál sea tu situación, es vital que la conozcas a fondo para saber qué hacer cuando se presente.

Tus debilidades son tuyas, y sólo tú puedes decidir qué hacer con ellas. Aprópiate de ellas, llega a conocerlas, decide cuáles puedes cambiar y cuáles quieres conservar (sea por necesidad o por cariño). Hemos pasado tanto tiempo escondiendo nuestra oscuridad que creo que ya es tiempo de llevar nuestras debilidades a la luz, observando su relevancia sin convertirlas en la parte más importante de nosotras.

ESCUDOS Y ARMAS BARATAS: ¿DETRÁS DE QUÉ ANTICUADA PROTECCIÓN TE ESTÁS ESCONDIENDO?

Hagamos un inventario de lo discutido hasta ahora. Hemos hablado de las formas en las que podemos volvernos más conscientes de quiénes somos en este momento y cómo utilizar esa información para convertirnos en la Supertú que deseamos ser. Hemos hablado de los cambios externos e internos, grandes y pequeños, que harán de esa Supertú una realidad. También analizamos los superpoderes y las —no tan maravillosas— debilidades, que podemos utilizar en provecho propio o podemos proteger y acunar adecuadamente. Ahora es momento de saber en dónde terminan nuestras similitudes con los superhéroes de cómics, además del hecho de que ellos son seres de ficción y nosotras no. Las similitudes con los superhéroes de cómics terminan con la superindumentaria.

Una de las cosas que más disfruto sobre las películas de superhéroes es que me dan la posibilidad de pensar, como toda una *nerd*, en el equipo nuevo y genial que sacan a relucir. Nuestro

protagonista se encuentra con su jefe de investigación, con frecuencia interpretado por Morgan Freeman o Judi Dench, quien trabaja incansablemente en un laboratorio, cocinando algún nuevo y maravilloso artículo al que nuestros héroes pueden recurrir en tiempos de necesidad. ¿Zapatos que pueden darle un puñetazo en la cara al oponente? ¡Pues claro! ¿Un celular que te dice en dónde se encuentra la bomba más cercana? Digo, la Mujer Maravilla literalmente tiene un *jet* invisible. ¿Cómo es que uno diseña algo así? ¿Cómo es que ella sabe en dónde se encuentra? Cuando era niña, al jugar a los superhéroes con otros niños, siempre prefería representar el papel del inventor que el de combatiente del crimen, aunque lo más que se me ocurría al jugar a eso era un abrigo que también funcionaba como bolsa de dormir. No te burles, ¿a poco no habría sido superútil en climas fríos? Y el Caballero de la Noche siempre está buscando nuevas maneras de protegerse y nuevas maneras de infligir dolor en otros… para bien de la sociedad, por supuesto. Una armadura más ligera, la habilidad de espiar las conversaciones por celular, un batimóvil volador. ¿Acaso la Supertú también necesita todas estas cosas?

En mi opinión, no. Al menos, no a largo plazo. Las armas, la armadura y la tecnología de punta se ven geniales en las películas y en los cómics, pero para aquellas de nosotras que construimos nuestros propios superhéroes personales, toda esa parafernalia sólo nos distrae de nosotras mismas. Y, además, no son necesarias en el lugar al que nos dirigimos. Algunas de nosotras, en nuestras tempranas etapas de Supertú, quizás utilizamos algún armamento y armadura bastante poco sofisticados para proteger nuestras psiques, sentimientos y partes vulnerables. Algunos de nuestros primeros prototipos de Supertú tenían armas que disparaban de tal manera como para evitar que la gente quisiera acercarse a nosotras. Nuestra armadura era tan amenazante y fuerte que nos volvía impenetrables, y la gente se quedaba en las capas externas y duras sin conocer las partes suaves y mullidas de nuestro interior. Como discutimos previamente, proteger partes de nosotras cuya revelación nos incomoda —como nuestra timidez y cualquier cuestión emocional— es totalmente comprensible y necesario. El problema radica en que olvidamos quitarnos la armadura y, en ese sentido, impedimos que la gente realmente nos llegue a conocer (o más bien a lastimar). Sin embargo, no hay por qué sentirnos avergonzadas por haber utilizado armas y armaduras para protegernos en el pasado. Así como con cualquier otro mecanismo adaptativo, hacíamos lo mejor que podíamos con lo que teníamos en frente. Si bien las armas y la armadura pueden ser increíblemente útiles para los superhéroes de ficción, para una Supertú son sólo un método para mantenernos aisladas emocional y, en ocasiones, físicamente.

En este momento, es importante aclarar que hay veces en la vida en las que la armadura es necesaria. Hay momentos en los que es imprescindible aislarte y ahuyentar a la gente. Cuando hablo de armas y armadura psíquicas, no hablo del día, la semana o el mes en que te sientes tan vulnerable y estresada y extenuada que necesitas poner distancia con el resto del mundo y sumergirte plenamente en ti misma. Eso, para mí, es una elección sana, y una que ya discutimos en el capítulo cinco. Yo hablo de lo que sucede cuando conviertes ese aislamiento en una práctica diaria que has perpetuado durante tanto tiempo como para olvidarte de lo que te hace sentir la brisa fresca en la piel. Hablo de cuando alejar a las personas con distintos métodos innovadores comienza a sentirse normal.

El problema con la armadura y el armamento emocionales es que, en realidad, no están diseñados para usarse a largo plazo, pues se rompen fácilmente bajo presión, dejándote incluso más vulnerable que antes. Para de continuar, reconozcamos

primero el importante papel que esta armadura y armas baratas han desempeñado en tu pasado. Conforme leas este capítulo, quizá puedas tomarte unos momentos para agradecerles a tus sistemas de protección por hacer el mejor trabajo posible durante años. Agradéceles por trabajar tan duro como para mantenerte a salvo de los peligros de la realidad, y déjales saber que, oficialmente, pueden retirarse del deber (¡ya es tiempo de que se jubilen de toda esa mierda!).

Y mientras me escuchas, no dejes de escucharme, pues efectivamente existe algo muy sano llamado protección personal. No estoy sugiriendo que vayas dando brinquitos por el mundo, cantando «tra-la-la», mientras confías en todos y dejas las puertas de tu carro sin seguro. Ser ingenua no le ayuda a nadie, lo que sugiero es que todas podamos caminar por la vida con apertura tanto del corazón como de los ojos. Una Supertú que se ha ido construyendo adecuadamente y acercándose poco a poco a la mejor versión de sí misma no necesita una protección ni un armamento extra. Ella es capaz de evaluar a la gente con base en la manera en la que se presenta y tomar decisiones sobre cómo interactuar con los demás. Su superheroicidad le basta la mayor parte del tiempo.

Si desconoces la diferencia entre la protección personal saludable y la enferma, échale un vistazo a la gráfica de abajo y pregúntate, honestamente, qué necesidades satisfacen tu armadura y tu armamento.

LAS ARMAS MÁS TONTAS DE LOS SUPERHÉROES

Stone Boy puede convertirse en piedra, pero después no puede moverse.

Madame Fatal puede vestirse como una anciana, y ser realmente convincente.

Dazzler convierte la música en luz, porque esta es de gran ayuda a la hora de pelear contra los malos.

CÓMO IDENTIFICAR SI ESTÁS UTILIZANDO ARMAS Y ESCUDOS BARATOS	
AUTOPROTECCIÓN ENFERMA	AUTOPROTECCIÓN SANA
Se aplica, por igual, a todas las personas en tu vida.	Sólo se utiliza cuando la gente revela ciertos rasgos que te hacen desconfiar.
Se centra en otros.	Se centra en ti.
Es permanente.	Se limita a momentos de necesidad.
Te mantiene exactamente en donde estás, mental y emocionalmente.	Te permite crecer y evolucionar, incluso dentro de la protección.
Se utiliza a partir del miedo que los otros provocan en ti.	Se utiliza por el amor que te tienes a ti misma.

Si sospechas que estás utilizando algo de esa armadura y armamento baratos que conseguiste en el mercado negro y no podrían proteger el dedo meñique de Batman, continúa leyendo. Hablaremos tanto de los escudos como de las armas. (Algunos pertenecen a ambas categorías, pero debía colocarlos en algún lugar). Como siempre, esta lista no es exhaustiva, y sólo tiene la intención de ayudarte a identificar las formas en las que puedes estar perpetuando una autoprotección enferma.

LOS TIPOS DE ESCUDOS MÁS COMUNES

SUBESTIMARTE DE MANERA EXPLÍCITA

Quizás has visto esto en otras personas, incluso en ti misma, y es la necesidad constante de referirte a ti como fea, incompetente o estúpida. En otras palabras, es la necesidad de devaluarte ante los demás. Ese menosprecio hacia uno mismo puede ser increíblemente encantador y gracioso si se utiliza de vez en cuando, pero la gran mayoría de las veces funciona como una especie de aniquilador del ego. El menosprecio por uno mismo le anuncia a la gente que no pueden tener peor concepto que el que tú ya

tienes de ti misma. Es un acto de humildad cuando nadie lo ha pedido, y es bastante patético.

«¡Pero, Emily, si no lo hago a propósito!», casi puedo escucharte decir. Y puedo entender que, ciertamente, no lo haces. Sin embargo, todo este proceso de convertirte en Supertú se trata de profundizar nuestra autoconciencia e intencionalidad, lo que nos lleva a cuestionar los pensamientos y conductas que se han vuelto automáticos, y a evaluar lo útiles que son para las personas que somos y las personas en las que queremos convertirnos. Y el menosprecio hacia uno mismo es, definitivamente, una típica conducta a la que uno se entrega en piloto automático.

Si esto es algo que llevas a cabo, ha llegado el momento de concentrarte en el comportamiento para deshacerte de él lentamente. Si te lastima escuchar que otras personas comentan cosas negativas de ti, es mi deber decirte que es igualmente dañino cuando tú las pronuncias (o hasta más).

No es natural pensar que la mejor manera de presentarte ante los demás consiste en reducir las expectativas del otro, y sólo se trata de un mecanismo de adaptación. En términos militares, me gusta pensar en el menosprecio por uno mismo como fingir que estás muerto en el campo de batalla, pues de esa manera te proteges al demostrar que no representas ninguna amenaza, hiriéndote a ti misma antes de que alguien más tenga la oportunidad de hacerlo. Desde un punto de vista puramente estratégico, el menosprecio es la armadura de un genio. Pero, si hemos decidido pertenecer al equipo Supertú, lo cual me parece que es cierto si hemos llegado hasta acá (aunque sea a rastras), el menosprecio por nosotras mismas no tiene ningún lugar en nuestras vidas. Así que agradezcámosle haber amortiguado las expectativas del mundo en relación con nuestra persona, y quitémonos la coraza.

Desafortunadamente, no existe una fórmula mágica y la mejor manera de detener el menosprecio por uno mismo es sólo dejar de practicarlo. Es cierto que estamos trabajando en reconocer y apreciar nuestras fortalezas, pero por desgracia no contamos con el tiempo para que nuestras mentes y corazones se sincronicen con nuestra boca. Este es uno de esos cambios externos que simplemente tenemos que hacer. Para ello, te doy cuatro consejos para volverte consciente de ese menosprecio por ti misma y, de esta manera, puedas detenerlo.

PRIMER CONSEJO: LA LIGA

Ponte una liga en la muñeca, y cuando te descubras diciendo algo negativo de ti, estira y suelta la liga. No te hagas daño, simplemente deja que la sensación sea lo suficientemente llamativa como para que la asocies con tu comportamiento. (Puedes utilizar este método para muchos de los hábitos negativos a los que quieras dejar de entregarte de manera automática).

SEGUNDO CONSEJO: RESPIRACIÓN

En una situación en las que sabes que los comentarios negativos respecto a ti misma suelen surgir, como al conocer a nuevas personas, ser el centro de atención, recibir elogios o interactuar con extraños, antes de reaccionar, haz una pausa e inhala profundamente. Al respirar, cobras conciencia de que eres parte del equipo Supertú, y que no puedes reaccionar con algo que lo haga tambalear o reduzca sus posibilidades de anotar un gol. Nadie notará que respiras profundamente, pero tú sí te darás cuenta de la diferencia.

TERCER CONSEJO: RECLUTA A ALGUIEN

Si a pesar de los consejos anteriores, sigues teniendo dificultad para lidiar con este rasgo de ti, llama a una amiga, a tu pareja, a uno de tus padres o a un colega del trabajo para que te ayuden. Esta es una práctica excelente, pues al explicarle a alguien más cómo funciona ese menosprecio explícito, podrás ver este mecanismo de otra manera. Además, saber que alguien observa tu conducta siempre resulta en una modificación de la misma. Establece un código a través del cual tu amistad pueda indicarte cuando caigas en el patrón; de esa manera, podrás identificar lo que dices y las circunstancias en las cuales lo dices. Sigue trabajando hacia la autoconciencia.

CUARTO CONSEJO: DECIR «GRACIAS»

Este consejo es muy sencillo, y radica en que cuando alguien te diga algo bonito, simplemente des las gracias. Se siente como algo pequeño, pero no lo es. Las mujeres en mi familia nunca han sido capaces de aceptar un elogio, y yo lo atribuyo a nuestra encantadora y discreta mentalidad sureña. Actualmente, tenemos una regla familiar que consiste en que ante cualquier elogio, sólo podemos responder con un «gracias». Nada de tratar de convencer a la gente que la falda que te acaban de elogiar en realidad es espantosa, nada de explicar por qué no mereces ningún crédito por la pieza de arte que has creado. Sólo es necesario dar las gracias. Este consejo ha sido increíblemente útil para mí, y espero que también lo sea para las mujeres de mi familia, que ahora suspiran antes de pronunciar «gracias» cuando les digo que esos aretes se les ven muy bien.

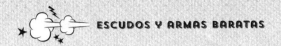

SABOTAJE

En apariencia, el sabotaje se presenta ante ti como la conspiración del universo en tu contra, pero en realidad es tu propia conspiración la que te mete una y otra vez el pie, disfrazada del universo. Se trata de una bestia astuta que ha vencido a muchos superhéroes. ¿Por qué decidí incluirla como un tipo de armadura? ¿Por qué no la catalogo sólo como una pésima manera de interactuar con el mundo? ¿De qué se trata, en realidad? Al igual que una infección bacteriana, el sabotaje puede presentarse de muchas formas distintas que comparten una misma y básica función: arruinar tus oportunidades de manera inadvertida. La considero una armadura porque tu psique saboteadora te protege del fracaso al no dejarte ni siquiera intentar. De lo que tu psique no se percata es que necesitas intentar y fracasar de vez en cuando si quieres crecer. Para ilustrar el punto, déjame que te cuente un par de historias.

Paula, la que posterga

Mi amiga Paula ama tanto la escritura que decidió tener un empleo de medio tiempo para poder dedicar el resto del día a la pluma. Sin embargo, incluso con todo ese tiempo apartado, con frecuencia le cuesta mucho trabajo empezar. Entonces, un día Paula descubre que un *talk show* está contratando escritores, pero para poder competir por el puesto, ella necesita enviar una serie de temas a desarrollar por escrito, a más tardar en 10 días. Paula se siente tan rebasada durante el primer par de días como para echarle un vistazo a los temas. Cuando finalmente lo hace, ella se cree capaz de hacerlo y comienza a leer y a hacer anotaciones en los márgenes. Después ella se da cuenta de que su casa está muy sucia y que podrá escribir mucho mejor si la limpia

un poco. En esto, se le van otros dos días. Paula va encontrando, una a una, razones increíblemente lógicas para no comenzar hasta dos días antes de la entrega. Ella termina la «audición» a todo vapor y llena de pánico y, como es de esperarse, los resultados no son muy buenos. Envía el trabajo con una disculpa, diciendo que le habría gustado tener más tiempo para trabajar y, adivina qué, no la contratan.

Romanov, el romántico

Mi amigo Romanov es un romántico, y realmente desea estar en una relación. Él tiene una idea bastante clara de lo que sería su relación ideal, y no está dispuesto a aceptar menos. Él desea tener una pareja que tenga una carrera, pero también que esté muy interesada en el éxito del otro; él quiere una chica que cocine y se entregue a los videojuegos y también le guste disfrazarse. Para él, es importante que su pareja haya tenido una infancia algo dura, con el fin de que él pueda ayudarle a entender lo que son las relaciones sanas. Su chica ideal tampoco insistiría en quedarse a dormir con él frecuentemente, pero, de ser necesario, podría cancelar cualquier plan sin tener que ir a su casa a alimentar a su gato, a pasear a su perro o a orear a su cacatúa. A toda primera cita, Romanov lleva esta compleja e intensa lista de requisitos en su cabeza y su corazón. No es necesario decir, entonces, que ninguna chica cabe en ese limitado cajón que ha creado para su «novia». Cuando las chicas rompen sus expectativas, como es de suponer, él termina la relación. Cuando le pregunto a Romanov qué salió mal, él mueve la cabeza tristemente y suspende la mirada en algún punto del horizonte. «Las cosas no funcionaron con Angelique Ravensbourne. Qué lástima.»

Tanto Paula como Romanov son personas que se sabotean a sí mismas, pero con métodos distintos. Si bien Paula siente una verdadera pasión por la escritura, está realmente aterrada de no ser buena para ello. Los sueños que permanecen como tal no tienen la capacidad de provocar desilusión. Al colocar sus metas fuera de alcance, Paula evita saber si puede llegar a tener éxito como escritora, porque eso sería lo peor que podría sucederle: si no es buena para la escritura, ¿a qué demonios podría aspirar?

Por otra parte, en realidad Romanov no quiere estar en una relación, sólo que aún no se lo dice a sí mismo. Partes de él lo saben, pero su cerebro, sus padres y la sociedad tratan de convencerlo de lo contrario. Si eso que deseas está tan lleno de requisitos o simplemente las cosas no funcionan, quizá sea momento de que te preguntes cuál es la profundidad de tu deseo (algo que les resultaría benéfico a Paula y a Romanov). Mientras Paula busca razones para no intentar, Romanov hace de su objetivo algo imposible de alcanzar. Ambos se protegen a sí mismos de experimentar aquello que dicen que quieren porque, sea cual sea la razón, aquello que quieren los asusta.

El asunto es que ese miedo es totalmente normal, y puesto que su función es advertirles a nuestros cuerpos y nuestras mentes de un daño potencial, en realidad se trata de una reacción sana, especialmente con respecto a esas metas y sueños profundamente anhelados. Sin embargo, el miedo también puede ser una señal equívoca, advirtiéndonos solamente sobre el peligro potencial en relación con nuestros egos. Tristemente, estas advertencias pueden ser indistinguibles. Tu ego quiere creer que constantemente se encuentra en peligro, pero es sorprendente lo que en realidad puede soportar. Muchas de nosotras le damos un gran peso a lo que nuestros egos nos dicen, y nos protegemos del paso increíblemente normal y sano de la evolución personal; es decir, el rechazo. Para evitarle al universo el esfuerzo de rechazarlas, las saboteadoras se rechazan a sí

mismas y, como bono adicional, nunca dejan de ser víctimas. Se trata de un plan con maña.

Aprender a diagnosticarte como alguien que se sabotea puede ser muy difícil, pues tu ego hará todo por protegerte de tal conocimiento. (Sanar esa parte de ti es todavía más difícil, y por esa razón recomiendo que semejante trabajo se haga en compañía de un terapeuta. Aquí, podemos cubrir algunas de las cuestiones básicas del sabotaje).

Te puedes estar saboteando si, continuamente, dejas pasar las oportunidades de tu vida por extrañas razones, como Paula y su necesidad de limpiar la casa antes de ponerse a escribir. O, quizá, te das cuenta una y otra vez de que una oportunidad que te emocionaba al principio, puede no ser tan maravillosa en realidad.

Si te das cuenta de que sigues echando a perder oportunidades antes de intentarlas siquiera, es tiempo de plantearte un par de preguntas.

PRIMERA PREGUNTA PARA LA QUE SE SABOTEA A SÍ MISMA

«¿Qué quiero en realidad de todo esto?».

Las respuestas pueden incluir: «Estar en una relación honesta y amorosa» o «Conseguir un trabajo en la industria del _____» o «Recibir un aumento» o «Tener un amigo cercano». Sigue ahondando hasta que llegues a la respuesta que realmente tenga sentido para ti.

SEGUNDA PREGUNTA PARA LA QUE SE SABOTEA A SÍ MISMA

«¿Será que _____ me ayuda a conseguir lo que deseo, o su función más bien es otra?»

Algunas de las respuestas pueden incluir: «Esto evita que me abra a la posibilidad de relaciones sanas y reales» o «Esta meta es demasiado baja o alta para mí en esta etapa de mi vida» o «Aunque esto me ayuda a conseguir atención, ciertamente no a lograr mis supuestos objetivos».

Recuerda que es normal sentir miedo del éxito, y está bien no querer tener una relación. Lo que *no* está bien es continuar engañándote con respecto a lo que quieres y lo que no. Ciertamente, darte cuenta de que el éxito te causa pavor no resolverá inmediatamente el problema, pero sí te ayudará a concentrarte en el *porqué* de ese temor. Uno no puede vencer al enemigo si desconoce quién es.

SER «DEMASIADO _____» PARA OTRAS PERSONAS

Este rubro va con dedicatoria. Personalmente, he pasado mucho tiempo intentando desarmar a mis parejas de este escudo particular. Durante años, busqué tipos que pensaban ser demasiado listos, demasiado formidables, demasiado misteriosos o demasiado mágicos (es en serio) para la gente común y corriente. Los encontraba en fiestas, sentados en una esquina, gruñendo ante la mediocridad de la gente, y entonces mi objetivo se convertía en caerles bien, para ser esa única cosa que no odiaran en el mundo. Yo quería convertirme en alguien especial e inmune a su desprecio. Entonces, procedía a ser lista o formidable o misteriosa o mágica, para entonces convertirme en el unicornio, dragón o rayo de esperanza del amigo enojón y solitario de la fiesta. Cada una de estas relaciones duraba hasta que yo me cansaba de ser la única persona con la cual el hombre pudiera estar.

La verdad es que creer que eres demasiado especial como para interactuar con personas regulares generalmente es una manera de esconder tu vulnerabilidad en situaciones sociales.

Se trata de una armadura impresionante, pues te escondes detrás de una cualidad noble, sintiéndote superior y sin interactuar con los demás. ¡Es un trato genial! Sin embargo, este escudo evita que forjes vínculos con la gente que se encuentra afuera de tu pequeño rango «aceptable», y los vínculos con la gente que *no es* como nosotras son muy importante.

Este ha sido tu talón de Aquiles, tranquilízate, pues eres sensible, inteligente, graciosa o excéntrica y eso te hace increíblemente especial. Sin embargo, no eres tan sensible, lista, graciosa o excéntrica como para no poder establecer vínculos con otras personas. La conexión que estableces con otros, a pesar de no tener mucho en común, es igual de importante que el vínculo con aquellos con quienes puedes hablar de teoría feminista durante horas sin parar. Ten a la mano algo de conversación casual que puedas soltar en casi cualquier interacción (últimas noticias, fenómenos misteriosos, la extrañeza de los nombres). No tienes que llevarte con todos, pero, por tu propio bien, sería bueno que lo intentaras. Eres maravillosa, pero no mejor que los demás. Una Supertú no necesita escudarse de esa manera.

PROBLEMAS DE CONFIANZA

El «como me han lastimado, no confío en los demás» es el escudo más común que he visto, tanto en amigas como en pacientes por igual. Generalmente se adopta cuando alguien en quien confiábamos traiciona esa confianza, y puede ser un escudo increíblemente protector y bien intencionado. El problema es que suele durar más de lo necesario, aislándote de todas las relaciones en lugar de sólo ayudarte a huir del peligro.

Soy la primera en admitir que las relaciones pueden ser aterradoras. En una relación real, pones todas tus cartas sobre la mesa, te vuelves vulnerable y le pides a la otra persona que acepte todo aquello que hace de ti un ser singular, y lo acoja —cuidadosa y dulcemente— en su corazón. Esa es una petición enorme. ¿Qué tal si cuando te vea como eres, toda vulnerable y sentimental, te rechaza? Y a pesar de ver y apreciar quién eres, esa persona puede hacerte daño, pedirte perdón y volver a lastimarte. No obstante, también puede suceder que realmente mantenga seguro tu corazón dentro del suyo para siempre. De eso se trata una relación; es decir, de experimentar, en otra persona, todas las tonalidades del arco iris de la conducta humana.

Sin embargo, el problema es que nos da por interpretar el escenario de una relación como la manera en que *todas* las relaciones funcionan. Por ejemplo, podemos pensar que los altibajos completamente normales de una relación significan que *todas* las relaciones son dolorosas. A lo mejor nos lastimó alguien que fue descuidado con nuestro corazón, por lo que concluimos que *todos* serán descuidados con nuestro corazón. Y si nos instauramos en esa mentalidad, buscaremos protección ante dolores futuros, pero un escudo que impide la construcción de la confianza sólo garantiza el final de toda relación, debido a que no puedes establecer un vínculo profundo con la otra persona. No importa cuándo haya ocurrido la herida, y de esto puedo decir que tengo conocidas capaces de alejar a cualquier pretendiente debido al dolor que les causó el rompimiento de sus noviazgos de la prepa. Lo que importa es que cuando juzgamos a las personas, necesitamos asegurarnos de juzgar su comportamiento, y no la conducta de aquellas que las precedieron.

¡REVISIÓN DE LAS MISIONES DE LA SUPERTÚ!

Es momento de revisar la lista de misiones que creaste con anterioridad para la Supertú. ¿Cómo vas con eso? ¿Algunos de los capítulos posteriores te han invitado a redefinir lo que quieres lograr? ¿Has podido hacer pequeños cambios de manera cotidiana?

Pues bien, ahora continuemos leyendo.

Déjame decirte que no estoy pregonando que confiemos ciegamente en todos aquellos con los que establecemos una relación. Lo que propongo es que juzguemos a la gente de manera individual, y le demos la oportunidad de ganarse nuestra confianza y nuestros corazones, al tiempo de que mantenemos los ojos abiertos ante cualquier señal de alarma. Es la diferencia entre concluir que alguien es de determinada manera por la expresión de su rostro e investigar realmente lo que hay detrás de esa expresión. Hablaremos un poco más sobre la construcción de las emociones en el capítulo 10, porque es importante aprender nuevamente a confiar sin utilizar escudos protectores.

Para cualquier armadura que hayas estado utilizando, es importante que la conozcas y agradezcas su servicio. Hazle saber que aprecias su protección durante tanto tiempo, pero que estás lista para valerte por ti misma ahora, pues ha llegado el momento de que ponga pies en polvorosa.

LAS ARMAS MÁS COMUNES

SARCASMO

¿Cómo que sarcasmo? ¿Consideramos el sarcasmo un arma que repele a la gente? Claro que sí. El sarcasmo, ciertamente, tiene un lugar, y puede ser un verdadero vehículo para interacciones hilarantes con otras personas, transmitiendo con ingenio, encanto y acidez tu manera de ver el mundo. Puede ser, además, devastadoramente sensual. Sin embargo, si el sarcasmo es tu única vía de comunicación, también puede aislarte en extremo. Me gusta pensar en el sarcasmo como si fuera gas lacrimógeno; si es excesivo, provoca una sensación de quemadura en los ojos. Y si bien el sarcasmo te presenta ante el mundo como intocable e imperturbable, para mí es evidente que la mayoría de la gente sarcástica es, en realidad, extremadamente sensible, y ha aprendido a utilizar el sarcasmo para mantenerse a prudente distancia de los demás.

Pero, claro, hablo por mí, que suelo llorar cuando veo comerciales de alimento para perros o cuando la gente a la que quiero tiene problemas, y antes de darle ánimo me pongo a sollozar. Si alguien me insulta, las palabras se me quedan en el corazón durante semanas, y tiendo a examinarlas al derecho y al revés, en un intento por exprimir el verdadero motivo de semejante agresión. Sin embargo, he de decirte que el gas lacrimógeno del sarcasmo fue mi arma preferida durante muchos años. Al lanzar unos cuantos golpes de ingenio, creía proyectar una imagen ruda y capaz de evitar que otros trataran de aprovecharse de mí, y descubrieran que, en realidad, soy una verdadera plañidera. El comportamiento humano es hilarante cuando lo vemos desde lejos, ¿cierto? Me rehusaba a mostrarme vulnerable en modo alguno, y después me preguntaba por qué no podía tener amistades verdaderas. Probablemente, durante ese periodo de mi vida no podía manejar amistades verdaderas, pero en aquel entonces simplemente no podía admitir nada de esto. De lo único que me daba cuenta era de que, a pesar de tener miles de conocidos, había muy pocas personas ante las cuales podía mostrarme vulnerable.

El sarcasmo, como el perfume (olvidemos la analogía del gas lacrimógeno), es de mayor utilidad si se utiliza con discreción. Si andas rociando sarcasmo a diestra y siniestra, quizás ha llegado el momento de hacer una pausa y preguntarte por qué te esfuerzas tanto por alejar a la gente.

AGRESIÓN PASIVA

La agresión pasiva puede incluirse tanto en la categoría de los escudos, como en la de las armas. Ser pasivo-agresivo —es decir, demostrar hostilidad de manera indirecta— te protege de la terrible incomodidad de ser directo con otra persona o, en otras palabras, de ser honesta con respecto a tus sentimientos. De alguna manera, es una forma indolora de atravesar una situación desagradable o inquietante, sin mostrar preocupación. Sin embargo, la agresión pasiva también es un arma, porque en realidad inflige daño, en lugar de utilizar medios más eficaces de comunicación. Esencialmente, la agresión pasiva es el rifle del francotirador en el mundo de las armas emocionales.

Existen cuatro estilos de comunicación universalmente aceptados, y estos son: pasivo, asertivo, agresivo y pasivo-agresivo. (Es importante observar que, si bien los cuatro tienen puntos fuertes, en Estados Unidos la comunicación asertiva se considera la más eficaz). Para poder ver las diferencias entre los cuatro estilos, imaginemos varios intentos de comunicación con alguien que se metió a la fila en el banco.

Pete, el pasivo: [un suspiro profundo]
Abigail, la asertiva: Oye, amigo, hay mucha gente haciendo fila. ¿Puedes formarte atrás?
Aaron, el agresivo: ¿Qué chingados? ¡Te metiste a la fila?

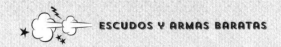

Penny, la pasiva-agresiva: [finge llamar por teléfono] ¡Hola! Voy a llegar un poco tarde, porque un tipo acaba de meterse a la fila.

Las cuatro personas intentan transmitir su desagrado al hombre que se coló. Puesto que para la mayoría de nosotras puede resultar algo incómodo confrontar a un extraño, es normal que prefiramos no lidiar con esa situación; lo curioso es que lo mismo sucede a la hora de confrontar a un ser amado. La belleza de la agresión pasiva es que evita la incomodidad de iniciar un conflicto (al no iniciarlo). De esta manera, no expresas tu desagrado cuando alguien no llega puntualmente, pues eso sería incómodo. En lugar de eso, comentas un poco en broma que la cena se enfrió porque *alguien* llegó tarde. Todo está bien, ¿verdad? Y cuando tu pareja te pregunta si tienes algo y *ciertamente* tienes algo, en lugar de internarte en las arenas movedizas del «Sí, tengo algo», puedes evitar toda la situación diciendo: «No, todo está bien», comentario al que le siguen 30 minutos de miradas llenas de furia y silencio. ¡Perfecto!

El conflicto es una parte sana de cualquier relación, y vadear con éxito los pequeños conflictos es una forma fantástica tanto de profundizar en una relación como de desarrollar habilidades para la resolución de conflictos. La agresión pasiva evita, tramposamente, todo eso. Además, es un hábito desagradable que no hay por qué adoptar. Algunos de mis amigos pasivo-agresivos han defendido sus acciones diciendo: «Pero claro que comunico mi enojo, ¡sólo lo hago en forma distinta!», ante lo cual no puedo sino decirles: «¡No inventen!». Ninguna Supertú necesita apuntarle a alguien —conocido o no— de manera tan sigilosa. La otra persona no tiene por qué escanear y evaluar los comentarios hostiles para desenterrar el mensaje oculto. Como una Supertú, nuestro deber es comunicar serena

y claramente nuestro desagrado con respecto a algo. Depende de nosotras solicitar una conducta distinta (de ser necesaria) en forma razonable, especialmente puesto que ser razonable es lo que incrementa la probabilidad de mejorar una situación.

En el capítulo 10, hablaremos un poco más sobre la resolución de conflictos, pero por ahora te doy una probadita. Si tiendes a disparar el rifle del francotirador pasivo-agresivo, la próxima vez que te enojes con alguien respira profundamente y plantéate unas cuantas preguntas. ¿Qué te enoja? ¿Qué hizo esta persona como para molestarte? ¿Tu expectativa de comportamiento es razonable, o es un «deber» que estás imponiendo sobre alguien más? (Observa que si tu expectativa de comportamiento no es razonable, y me doy cuenta de que no es nada fácil determinar lo que no es razonable, probablemente tengas que lidiar con tu enojo tú solita). ¿Cómo puedes comunicar tu desacuerdo de manera asertiva y sana a otra persona? Si no vale la pena hablar de la ofensa de manera abierta y honesta, entonces quizá la ofensa no es tan ofensiva como pensabas.

HONESTIDAD BRUTAL

Ay, la honestidad brutal es una de las armas comunes que menos me gustan. Decir las cosas «como son» es un arma increíblemente eficaz para alejar a la gente en tu vida. Está bien, lo que intentas hacer es prevenir a los tuyos de un daño inminente, ¿cierto? Pronuncias la cruda verdad para evitar que otros salgan lastimados. Como tal, la honestidad brutal es un arma fantástica, pues te permite lastimar a la gente a tu alrededor, al tiempo que conservas la posición intocable de la mártir que debe decir la verdad. Para mí, la honestidad brutal es el «ataque de los drones» del arsenal emocional, detonado desde una distancia segura.

Ahora te diré la cruda verdad sobre la cruda verdad: su intención rara vez tiene que ver con ayudar a la gente. La mayoría de las veces, la honestidad brutal es lanzada para hacer sentir mal y pequeño al otro, mientras quien dice la verdad se engrandece por estar en lo correcto y, en otras palabras, se siente superior. La gente que es brutalmente honesta no posee mejores maneras de evaluar la conducta humana —y navegar por ella— que el resto de nosotros, sólo cree tener poderes mágicos y desea que los demás se sientan inferiores. Decir las cosas «como son» no es ni sano ni útil, y sí un arma más que algunas personas blanden para evitar concentrarse en sí mismas. ¿Por qué? Podría deberse a la necesidad de sentir algo de control con respecto a su entorno, pero, como las Supertú sabemos, no podemos controlar a nadie más que a nosotras mismas.

Por supuesto, la honestidad puede ser algo bueno de vez en cuando, sobre todo si es amorosa. Si te preocupas por alguien, y tienes piezas de información con las que esa persona no cuenta —como, por ejemplo, un patrón autodestructivo—, puede ser apropiado ofrecer alguna observación amable. Sin embargo, ten en mente que esas ocasiones aparecen rara vez en la vida. Y, mira, te puedo hablar desde mi experiencia, pues al ser una persona con muchas amigas a las que les encanta el drama y a partir de mi trabajo como terapeuta, sólo me he topado con un caso en el que sentí la necesidad de transmitir algo de esa nada linda honestidad. Se trataba de una amiga que estaba metida en una relación terriblemente disfuncional. Después de años de reservarme, tristemente, algún comentario, sentí que quizás era tiempo de plantearle la posibilidad de que, tal vez, no se trataba de una relación ideal. Fue una conversación que me estrujó el corazón y la panza. Dije lo que tenía que decir y después guardé silencio, determinada a no volver a sermonearla. Fue espantoso, y lo peor de todo es que sigue con su pare-

ja. Así que incluso cuando mi intención era ayudarla y pensé cuidadosamente cómo blandir mi brutal honestidad, pues nada cambió: el haber dicho la verdad se convirtió en una nube incómoda que sigue flotando entre nosotras. Me siento en paz con mi decisión de hablar con la verdad, aunque haya sido difícil y una que no dio los resultados deseados.

Aquí te dejo una tabla práctica para determinar si las verdades que lanzas son amorosas o brutales.

HONESTIDAD BRUTAL	HONESTIDAD AMOROSA
Sólo hace sentir bien a quien dice la verdad.	Es difícil tanto para quien la dice como para quien la escucha.
Considera que el receptor de esa verdad es un poco tonto.	Entiende que el receptor es inteligente y puede tomar muy buenas decisiones con respecto a su vida.
No es necesariamente vital que el receptor conozca esta verdad.	Es vital que el receptor conozca la verdad.
Generalmente, se expresa de manera espontánea.	Usualmente, se expresa después de haberlo pensado mucho.
Nace de un enojo hacia la otra persona.	Nace de una preocupación por el bienestar de la otra persona.

Si la honestidad es uno de los rasgos que te caracteriza, asegúrate de no blandirla en un esfuerzo por lastimar a otros y distraerte de ti. A lo mejor eres uno de esos seres singulares que pueden decir la verdad sin lastimar a otros, pero lo más probable es que sólo necesites concentrarte en tus verdades un poco más.

Como no somos productos acabados, si te das cuenta de que utilizas cualquiera de las armas o escudos antes mencionados, por favor no te avergüences. Te puedo asegurar que, a raíz de la necesidad de protegernos a nosotras mismas, todas hemos jugueteado con poderes desagradables. El punto es que la

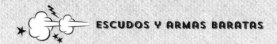

Supertú pierde poder con estos trucos mediocres, por lo que es mejor aprender a reconocerlos y después deshacerte de ellos cuando puedas hacerlo. Mantén tu mente y tu corazón abiertos a las intenciones de tu comportamiento, así como a las intenciones detrás de esas intenciones. Sigue caminando, y sigue descamando esa cobertura barata.

Capítulo

9

DE LOS ANALES DEL TIEMPO: CONSTRUIR LA HISTORIA DE TU ORIGEN

A mí me gusta narrar historias; el antes, el durante y el después del acontecimiento es algo importante para mí, e importante para la forma en que presento a los demás las cosas que suceden en mi vida. Siento verdadero placer al hilvanar una serie de hechos, conducir a un punto climático en el relato y darle un giro absurdo o agridulce al desenlace. Soy incapaz de explicarte algo extraño que pudo suceder durante la cena en menos de tres minutos, pues el contexto es esencial para la comprensión que tengo de mí y de la manera en la que me comunico con otros.

Por ejemplo, puedo contarte que en una ocasión le disparé a una ardilla en mi departamento, pero si no tienes idea de que sollozaba al hacerlo, pues la ardillita estaba fatalmente herida y atorada en mi baño, sin que nadie pudiera rescatarla, y si desconoces el hecho de que este recuerdo me ha perseguido desde entonces, quizá pienses que me da por maltratar a los

animales. Yo no existo en una burbuja —inmune a lo que he vivido, lo que sucede a mi alrededor, los lugares en los que he estado y en dónde me encuentro ahora—. Todos esos factores se combinan para crear a la persona que soy actualmente y forjar mi identidad. (Hay que recordar este punto importante del primer capítulo). Sin embargo, la identidad va más allá de los acontecimientos que construyen la vida de una persona, pues también se define por la manera en la que pensamos y hablamos de esos acontecimientos. La identidad es parte de la historia que les contamos a los demás sobre lo que somos.

A mí me fascinan los *reality shows*, y soy particularmente parcial con los de competencias, en donde tipos raros e intrépidos de todos los rincones del mundo convergen para llorar frente a las cámaras e intentar ganar algún premio de «el mejor en _____» (ganador que será completamente irrelevante en la siguiente temporada). Como dije, me encantan los *reality shows*, y, sin embargo, estoy consciente de que contribuyen a la distorsión de la manera en la cual nos presentamos ante los demás. Y, sí, he pronunciado la oración: «No creo que ella esté aquí por las razones correctas» —el veredicto de *The Bachelor*— varias veces en mi vida, y una vez en relación con una gatita (pero ese ya es otro tema). Los concursantes de este tipo de programas traen consigo una historia que mueve a la compasión —«¡Perdí a mis padres!» «¡Soy verdaderamente pobre, y esta es mi única oportunidad!» «¡Tengo déficit de atención!»—, la cual repiten como merolicos frente a la cámara, frente a los demás concursantes, frente a los jueces. Se convierte en una especie de mantra, aquello que deben superar para poder ganar, o aquello que parece arremeter contra ellos cuando no les va tan bien. Saber que un participante en un concurso de canto tiene muchas deudas y estuvo en una relación agresiva no significa que conozcas a esa persona y, ciertamente, no la convierte en una buena cantante. Sin embargo, en el programa, esa es su «historia» y, por tanto, la clave para entenderla.

Toda esta fascinación por los *reality shows* me ha puesto a pensar en cuántas de nosotras no nos identificamos con nuestra «historia». Como Kriptoman, ¿cuántas de nosotras no presentamos nuestras personalidades como la suma de nuestros fracasos y pasados difíciles, como barcos estropeados y a punto de naufragar en el océano de lo absurdo? ¿Qué pasa si asimilamos esas historias negativas (si bien conmovedoras) sobre nosotras mismas? ¿Será que todas creamos historias sobre nuestro origen? Y, si lo hacemos, ¿cuál es su función?

Cuando comencé a trabajar con pacientes hace años, no estaba tan interesada en los hechos reales que los llevaban a mi consultorio, sino en cómo contaban esos hechos. Saber que alguien fue maltratado por un adulto no me cuenta toda la historia. Mira las diferencias en la manera en que el maltrato por parte de un adulto que está a cargo puede experimentarse: «Mi papá me maltrataba, y eso me tortura todos los días», o bien, «Mi papá nos pegaba a todos los hermanos si desobedecíamos, ¡pero era otra época!». Saber cómo afecta el maltrato a la persona es, para mí, mucho más importante que el hecho en sí mismo. Si bien hay ciertos rasgos comunes en experiencias similares, esas experiencias tienen un significado único para cada persona, y es justo ese significado singular de nuestra experiencia lo que moldea nuestra concepción sobre nosotras mismas. Recuerda que construimos nuestras identidades activamente en todo momento, sea que nos guste o no. En otras palabras, *somos* nuestras historias de origen; es decir, las historias de quienes fuimos nos condujeron a lo que somos y a donde estamos.

¿QUIÉN ESCRIBE TU HISTORIA DE ORIGEN?

Hay dos preguntas importantes que debemos hacernos. ¿Tenemos el control de la historia que construimos para nosotros? ¿Qué propósito tiene esa historia? En mi consultorio, he tenido pacientes que explican que no son buenas para eso de la maternidad porque sus propios padres las maltrataron. He tenido niños que me dicen que son malos porque sus madres se los han dicho. He escuchado a hombres adultos decir que son muy malos para las relaciones porque alguna chica los dejó en la prepa. ¡Cuán triste y asfixiante es cederle el control de tu futuro a otras personas o a ciertos acontecimientos que sucedieron hace años! ¡Qué triste el hecho de dejar que tu historia la cuenten otras personas! ¡Qué triste es permitir que otros escriban nuestras historias de origen para nosotras; es decir, asimilar como propia la visión que los demás tienen de mí, en lugar de construir la mía! La verdad es que somos mucho más que niñas buenas, empleadas mediocres, alumnas extrañas, supermamás, chicas solitarias o princesas perfectas y maravillosas. No somos lo que se nos ha dicho que somos, bueno o malo, a través de nuestras vidas, pero algunas de nosotras nos entregamos a desempeñar el papel que alguien más nos impuso. Jefes, padres, exparejas, amigos: todos pueden contar tu historia, ¿pero su versión es fiel a lo que eres?

Vivir con intención, esa parte vital de ser una Supertú, incluye apropiarte de la historia de tu origen. Significa explorar cómo te presentas ante los demás, e identificar tanto la manera en la cual te ayuda como en la que te frena. Y lo que esto requiere es analizar toda la historia y empezar de cero, para que puedas honrar tus experiencias sin quedar atrapada en estas.

¿Recuerdas el ejercicio que hicimos al comenzar el libro, aquel en el que tenías que describirte de tres maneras distintas, dependiendo de la persona ante la que te presentabas? Cada descripción era exacta, y sin embargo distinta. Debido a que tenemos muchas facetas, cada una de ellas distinta y genuina, tenemos igual número de opciones en cuanto a cómo nos concebimos (así como con respecto a la manera en la cual nos presentamos ante el mundo).

Cuando me di cuenta de que yo tenía que hacerme cargo de mi propia historia de origen, me sentí aterrada y abrumada. ¡Es verdaderamente difícil armar el rompecabezas de tus partes individuales! Y el proceso me dio más poder sobre mi historia del que habría imaginado merecer, pero de lo que me di cuenta, al irme apropiando lentamente de mi historia de origen, es que si bien somos la suma de las cosas buenas y las cosas malas que nos han sucedido, podemos *elegir* el significado de esos acontecimientos.

Tener una historia de origen digna de ser contada es una de las piezas finales a la hora de crear a tu propia Supertú. Hulka, cuyo nombre verdadero es Jennifer Walters, ciertamente entendía esto. Ella era la hija del *sheriff* William Morris Walters. Un día, el jefe de una banda le disparó a Jennifer, como venganza por algo que el alguacil había hecho. Jennifer necesitaba una transfusión de sangre, y la única persona que era compatible con su tipo de sangre era Bruce Banner; es decir, Hulk. La transfusión le salvó la vida, y también la convirtió en Hulka. Así que, como su primo, al enojarse ella se ponía verde y combatía a los malhechores. Ahora bien, quizás a algunas mujeres no les emocionaría que les dispararan y, como consecuencia indirecta, convertirse en un monstruo, pero Jennifer, en lugar de sentirse triste por su nueva vida, decidió acoger su singularidad y eligió ser Hulka las 24 horas del día, algo con lo que ni siquiera Bruce Banner podía lidiar.

¿Necesitas otro ejemplo de un origen que podría haber resultado de manera distinta? Piensa en el siguiente caso. De

acuerdo con todos los cómics y películas, Bruce Wayne —Batman, para aquellas que no hayan estado poniendo atención— vio cómo eran asesinados sus padres frente a él, cuando era un niño pequeño. Esto sería suficiente para causar tal herida emocional que explicaría la miseria, la indigencia y el alcoholismo de un hombre adulto que te la contara, y probablemente dirías al escucharla: «¡Qué terrible! Entiendo perfectamente por qué terminaste así». Sin embargo, eso no le sucedió a Bruce Wayne, para nada. En su lugar, él decidió concentrarse en garantizar que nadie más tuviera que experimentar lo que sufrió de niño. Y, sí, también se concentró en los murciélagos (quizá demasiado). Él invirtió cada gramo de su dolor y su enojo y su tristeza en el entrenamiento para convertirse en el mejor combatiente del crimen a la redonda. Observa nuevamente las dos opciones que pudieron haber resultado de la historia de origen del pequeño Wayne: miserable, indigente, alcohólico o ¡Batman! Los acontecimientos de nuestras vidas pueden servirnos como la perfecta justificación de por qué no nos sentimos plenas, o pueden servirnos de inspiración para seguir luchando por una vida mejor.

Y claro que me doy cuenta de que Bruce Wayne y Jennifer Walters son personajes de ficción, y que incluso como superhéroes tienen sus problemas, como el hecho de crear un bloqueo psicológico que le impedía volverse humana, en el caso de Jennifer, y la adicción al trabajo y el aislamiento en el caso de Wayne. Nadie sugiere que alguno de ellos sea un modelo de buena salud mental, y tampoco que nos pongamos a teñir de rosa nuestro pasado. De ningún modo aconsejo trivializar los traumas personales ni descartarlos por completo; de hecho, lo que sugiero es lo contrario. Mi propuesta es hacer un cambio en la manera en la que concebimos nuestras historias de vida, procesando y honrando los traumas, sin dejar que estos sean lo que nos definen por completo. Imagina que, si nuestros pasados fueran fotografías, la intención es cambiar el filtro de Instagram a través del cual los miramos.

Déjame que te dé un ejemplo muy personal. Mi esposo, cuando me conoció, dijo que, en teoría, yo era un desastre. Esto me parecía graciosísimo, pues en teoría sí puedo parecer un verdadero desastre, pero la verdad es que para nada creo ser un desastre. Para demostrar mi punto, voy a hacer una lista de los acontecimientos en mi vida que considero importantes para la persona que soy actualmente, y después te ofreceré dos versiones de mi historia de origen. Pon atención, porque también harás harás lo mismo más adelante.

LA LISTA DE ACONTECIMIENTOS IMPORTANTES QUE HAN HECHO DE EMILY LO QUE ES ACTUALMENTE

Emily...

▲ Fue criada en el ambiente rural de Carolina del Norte por sus padres (¡todavía casados!).
▲ Vio *E.T.* muchas veces cuando era niña y esto le generó un miedo a los extraterrestres.
▲ Tuvo muchos familiares con enfermedades mentales.
▲ Pisó un gusano cuando era niña.
▲ Pensó demasiado en el demonio durante unas vacaciones de verano.
▲ A la edad de nueve años, recibió clases para «dotados».
▲ Creció de un momento a otro cuando era niña y sobresalió en estatura con respecto a sus compañeros.
▲ Sintió despreció por sí misma debido a su tamaño.
▲ Subió mucho de peso.
▲ Experimentó con drogas y se hizo miles de *piercings*.

▲ Empezó a tener citas a los 15 años, y fue popular entre los chicos.

▲ Tuvo una hermana mayor que era preciosa a los ojos de los demás, así que decidió ser activamente fea.

▲ Descubrió la música industrial en la preparatoria y se convirtió en una chica gótica.

▲ Fue buena estudiante.

▲ Fue expulsada varias veces por cuestiones de comportamiento.

▲ Se juntaba con «chicos malos» y pasaba mucho tiempo deambulando por barrios sórdidos.

▲ Estudió psicología.

▲ Tuvo su primera relación seria durante los últimos años de la licenciatura.

▲ Eligió un posgrado en terapia familiar y de pareja. Se casó con su primera pareja seria.

▲ Terminó su maestría y comenzó a trabajar como terapeuta de adolescentes.

▲ Se mudó a Chicago con su esposo.

▲ Comenzó a ver a un terapeuta.

▲ Comenzó a hacer ejercicio y perdió algo de peso.

▲ Pidió el divorcio.

▲ Comenzó a tomar clases de baile de vodevil e hizo amigas.

▲ Encontró casa en un anuncio del periódico y la compartió con una desconocida; repobló su vida con cosas nuevas.

▲ Tuvo un novio serio después del divorcio.

▲ Tuvo una enfermedad grave con síntomas parecidos a la neumonía.

▲ Fue hospitalizada durante un mes y le diagnosticaron una enfermedad inflamatoria crónica.

▲ Aprendió cómo cuidar de su cuerpo después del diagnóstico.

▲ Se casó en secreto con su novio.

▲ Se mudó a Nueva York con su esposo para que él pudiera crecer profesionalmente.

▲ Dejó de ser terapeuta y comenzó a escribir de manera independiente.

▲ Se mudó a Los Ángeles con su esposo para que ambos pudieran crecer profesionalmente.

▲ Comenzó a hacer un monólogo cómico en Los Ángeles y a escribir de tiempo completo.

▲ Apareció en televisión por primera vez.

▲ Escribió un libro (¡hola!).

Primera versión de la historia de origen de Emily

Crecí rodeada de parientes con enfermedades mentales. Fui una niña gorda y mucho más alta que los otros niños de mi clase, y eso me hizo sentir increíblemente aislada y sola. Lidié con este dolor entregándome a la música industrial y al estilo gótico, y convirtiéndome en una adolescente rebelde a la que le encantaba la música punk, y todo esto me condujo a algunos comportamientos autodestructivos. Fui promiscua porque no me preocupaba mucho por mi bienestar. Terminé la licenciatura y me casé joven, demasiado joven. Obtuve una maestría en terapia familiar, y mi esposo entró a un doctorado en otro estado; cuando nos mudamos por sus estudios, nuestro matrimonio se vino abajo. Después de divorciarnos, adelgacé y conocí a una nueva pareja. Seguía con algunos comportamientos autodestructivos; me enfermé, pero seguía rehusándome a

dedicar el esfuerzo y el tiempo para mejorar mi salud. Finalmente, me enfermé tanto que tuvieron que hospitalizarme. Mis signos vitales eran tan inestables que los médicos no podían confiar en que respirara por mi cuenta, por lo que me indujeron un estado de coma y pasé un mes en el hospital, para ser diagnosticada con un extraño trastorno inflamatorio. La experiencia me cimbró de tal manera que sentí que ya no podía ser una buena terapeuta, así que dejé ese trabajo y comencé nuevamente como escritora y productora de comedias. Me casé con mi nueva pareja y nos mudamos a Nueva York para que él pudiera concentrarse en su carrera. (Generalmente me siento tan agradecida de que un hombre quiera estar conmigo que me voy a donde él quiera). Después de unos cuantos años de no tener éxito en Nueva York, me mudé a Los Ángeles con mi esposo, porque él obtuvo un trabajo ahí. Después de cinco años de dejar el campo de la salud mental, finalmente pude volverme económicamente independiente con mi nueva carrera.

Segunda versión de la historia de origen de Emily

Crecí en un hogar estable en el sur, con una familia unida llena de enfermedades mentales. Debido a eso, pude desarrollar una profunda empatía con respecto a los estados emocionales de las personas. Era más alta que la mayoría de los niños de mi clase y, por ello, me costó trabajo encajar, y esto me llevó a interesarme en amistades y pasatiempos rebeldes. Encontré un grupo de amigos que me apoyó y me entendió, y al cual sentí que pertenecía. Tuve una vida social y sentimental activa.

Como había un gran enojo en mí, aprendí a canalizarlo a través de la música que amaba y la escritura (mi pasatiempo favorito). Estudié la carrera de psicología, que pagaron mis padres, y me comprometí con un hombre maravilloso. Nos casamos en la modalidad barata, y el dinero que mis padres me habían dado para la boda lo utilicé para pagar un posgrado en terapia familiar y de pareja. Después de trabajar durante varios años en el área de la salud mental, mi esposo entró a un doctorado en Chicago, y nos mudamos. Poco después, me di cuenta de que la relación no me llenaba, y tenía que trabajar en mi crecimiento personal. Me metí a terapia, y mi esposo y yo nos divorciamos amistosamente. Continué trabajando como terapeuta y me enamoré de otro hombre. Utilicé las lecciones aprendidas en mi primer matrimonio y en mi terapia para abordar la relación de una manera sana. Me enfermé grave y misteriosamente, y después de varias visitas al médico, me hospitalizaron durante un mes, y tuvieron que intubarme durante 10 días. El diagnóstico fue una extraña condición genética que había estado afectándome durante años, y que requeriría exámenes de rutina y hacer todo por mantenerme sana para no experimentar nuevos episodios. Esto, combinado con el miedo de haber podido morir en el hospital, me ayudó a cambiar mi perspectiva de la vida. Comencé a concentrarme en mi cuidado personal y a escucharme realmente a mí misma. Continué escribiendo como una forma de expresarme, y empecé a cuestionar mi camino profesional como terapeuta. Me casé con mi novio y nos mudamos a Nueva York, para afrontar juntos nuestros sueños. Si bien fue una época difícil en el aspecto económico, amamos nuestra

estancia en esa ciudad salvaje y llena de oportunidades. Comencé a escribir y a producir comedia, y descubrí que ser terapeuta no definía mi identidad y sí ser yo misma sin importar el trabajo que estuviera realizando. Mi esposo obtuvo un empleo en Los Ángeles y, cuando nos mudamos, comencé a trabajar de tiempo completo como escritora y productora.

Por cierto, ambas versiones serían historias de origen bastante chafas para algún superhéroe. No hay poderes radioactivos ni extraterrestres extraños involucrados (a excepción de E.T)., pero haciendo a un lado eso, ¿puedes ver la diferencia entre ambas versiones? Al igual que tú, yo contengo multitudes en mi interior. Soy un desastre en teoría, pero también una chica a la que le fue muy bien en la escuela, una chica que encontró un grupo de amigos y aprendió a expresar su enojo y su frustración a través de la música gótica y la ropa negra, y una chica que empezó a escribir para no sentirse tan sola y aislada, y terminó haciendo de esto una forma de vida. Y quizá cuestiones todo lo que te estoy diciendo con un: «Pues claro, puedes hablar de tu vida en términos idealistas o realistas», pero creo que estas palabras lo que demuestran es que no se está entendiendo bien el punto. No se trata del vaso medio lleno y medio vacío, sino de darte cuenta de que la historia que construyes sobre cómo llegaste a ser lo que eres realmente importa. Y además, la historia que te cuentas a ti misma sobre cómo llegaste a ser lo que eres no es sólo el refrito de acontecimientos que te sucedieron, sino otra manera de crear tu identidad; y, por ello, otra manera de presentarte ante ti misma y ante el mundo, ya sea como superhéroe o como víctima. Yo luché, y sigo luchando, por redefinirme a mí misma y mi pasado. Y si bien dotar de nuevos significados a nuestro pasado es una batalla que vale la pena luchar, es algo que muchas de nosotras no consideramos posible (y mucho menos, importante).

Nuestros pasados son la razón de lo que somos ahora. Sería maravilloso si pudiéramos definirnos únicamente con base en todas las cosas buenas que nos han sucedido, pero esas cosas encantadoras son sólo la mitad de la historia, y no constituyen las arenas movedizas en las que tantas de nosotras nos atoramos. Somos el producto de todo lo que nos ha sucedido, así que comencemos a hablar de lo malo.

PRIMER PASO EN LA ESCRITURA DE LA HISTORIA DE ORIGEN DE UNA SUPERTÚ: ENTENDER TU RELACIÓN CON LAS COSAS MALAS QUE TE HAN SUCEDIDO

He conocido gente, profesional y personalmente, que ha superado cosas verdaderamente espeluznantes. Su valentía y resistencia ante tal horror tienen la capacidad de inspirarme y asombrarme. También he conocido gente que ha superado cosas no tan espeluznantes, y su resistencia también me inspira. Todo dolor es relativo, y no me corresponde ni a mí ni a nadie más decidir lo que ha sido traumático para ti. Como mencioné con anterioridad, el terror que me provocan los extraterrestres, debido a que vi *E.T.* cuando era muy chica, sigue aún presente en mi vida. Nuestros padres nos llevaron a verla varias veces durante el verano que la estrenaron y, en la noche, E.T. se acercaba a la ventana de mi cuarto y me croaba con esa voz tan perturbadora. Honestamente, ¿a poco no era una criaturita desagradable? El punto es que, aunque no parezca algo importante para las otras personas, mi miedo a E.T. era muy real para mí.

¿Qué traumas, grandes o pequeños, han tenido la capacidad de permanecer a lo largo de los años? ¿Qué cosas negativas

han moldeado lo que eres, así como tus acciones y reacciones en el mundo?

«ESPÉRAME TANTITO, ¿ACASO INSINÚAS QUE SÓLO NECESITO SUPERAR MIS TRAUMAS?»

Déjame reiterar que no se trata de «ya supéralo», cuando hablamos de las cosas dolorosas que te han sucedido. Ese sería simplemente otra forma de culpar a la víctima, algo que me disgusta realmente. Sea cual sea la relación con tus traumas, es perfecta, pues es ahí en donde debes estar en este momento (por el hecho de que es ahí en donde te encuentras). No se espera de ti que te relaciones con tus traumas de una manera específica. Todos reaccionamos ante las malas experiencias de modo distinto y nos afectan en formas diferentes, y todas las versiones son válidas. Lo que interesa es cómo te sientes tú respecto a la relación con tus traumas. ¿Se trata de una relación tormentosa? ¿Tiñe cada interacción en tu vida? ¿Es el silencioso pero enorme elefante en tu habitación? ¿Es una pequeña ave en tu hombro, tranquila pero siempre presente? ¿Es una vergüenza tan grande que prefieres ni siquiera mirarla?

Básicamente, todo se reduce a lo siguiente: ¿te sientes cómoda con la relación que tienes con los acontecimientos dolorosos de tu pasado, o te gustaría que cambiara? Todo lo que yo quiero hacer es ayudarte a transformar la relación que tienes con tus traumas, si te sientes lista para ello. Aprender a evaluar y recalibrar cómo te relacionas con los traumas del pasado, y qué papel tienen en la historia de tu origen, es una parte esencial de la transformación en Supertú.

Ahora digamos que vamos a hacer el intento. ¿Cómo descubres cuál es realmente la relación con las experiencias negativas de tu pasado? ¿Cómo determinas cuántos acontecimientos de tu pasado deben incluirse en la construcción actual de tu identidad (tu historia de origen)? Si bien no hay una ciencia exacta para esto, abajo enumero algunas preguntas que pueden ayudarte a descifrar la forma en la que te relacionas con un trauma del pasado. (Ten en mente que hay una enorme diferencia entre un trauma de tu pasado distante y un trauma de tu pasado inmediato. Cualquier acontecimiento traumático reciente merece un cuidado especializado para poder procesarse, y recomiendo profundamente que se busque un tratamiento para ello).

Lo que consideramos en este momento es aquello a lo que te has aferrado durante años. Así que con tu confiable libreta en mano, elige un trauma de tu pasado distante —quizá sería bueno que eligieras uno pequeño— al que quieras revisar. El paso crucial aquí es pensar en los hechos objetivos del trauma y en tu *relación* con el trauma como dos entidades completamente distintas.

★ ¿Alguna vez piensas: «Si _____ no hubiera pasado, sería capaz de…»?

★ ¿Cuántos de tus miedos cotidianos se desprendieron de ese acontecimiento?

★ ¿Para ti es importante que tus nuevos amigos sepan lo que te pasó?

★ ¿Con cuánta frecuencia piensas en este acontecimiento que te sucedió?

★ ¿Tus pensamientos y tus sentimientos con respecto a este acontecimiento han cambiado con el tiempo?

★ ¿Tienes una amplia gama de sentimientos contradictorios cuando piensas en el suceso?

★ ¿Este acontecimiento influye en tu forma de relacionarte con el sexo opuesto?

★ ¿Este acontecimiento influye en tu nivel de confianza en el trabajo, cuando estás frente al público o con tus amigos?

★ ¿Te has dado permiso de hacer algo debido a que este suceso particular te aconteció?

★ ¿Te has negado el permiso de hacer algo debido a que este suceso particular te aconteció?

★ ¿Sientes que cualquiera puede darse cuenta de lo que te sucedió por el simple hecho de mirarte?

Ahora bien, consideremos cómo nos relacionamos con nuestros traumas mediante otro ejercicio, utilizando la analogía de que nuestra relación con nuestros traumas es similar a nuestra relación con cierto tipo de personas. De hecho, piensa en ellos como personajes. Por ejemplo, digamos que cachaste a tu mamá siéndole infiel a tu papá cuando eras niña, y que tu relación con este acontecimiento consiste en sentir que siempre estás ahí, y que no puedes hacer nada al respecto, pero esperas que, al ignorarlo, se desvanecerá. En la siguiente tabla, encontrarás un personaje que encaje en tu pasado: Wendy, tu compañera de dormitorio a la que odias y siempre está en casa. Nuevamente, esto no tiene la intención de volver triviales los acontecimientos serios de nuestras vidas al compararse con compañeros fastidiosos. El punto de este ejercicio consiste en ayudarnos a entender, en primer lugar, que hay distintas maneras de sentir los acontecimientos de nuestras vidas; en segundo, que esos sentimientos existen de manera independiente del acontecimiento en sí mismo y, en tercer lugar, que esos sentimientos pueden cambiar con el tiempo. Yo simplemente te presento este marco de referencia como un medio posible para concebirnos separadas de nuestros traumas.

La siguiente tabla incluye sólo unos cuantos de los muchos distintos tipos de relaciones que los acontecimientos traumáticos pueden representar. Si esta analogía es ridícula para ti, siéntete en libertad de ignorarla, pues mi intención es presentar algunos ejemplos de las múltiples maneras en las que los seres humanos pueden relacionarse con las cosas que les han sucedido. Así que si te parece difícil entender cuánto del trauma del pasado afecta tu vida cotidiana, observa si algunas de las manifestaciones de esos traumas, a través de personajes, te resultan familiares. (Más adelante, explicaré la utilidad de este ejercicio).

RELACIONES CON LOS TRAUMAS		
TIPO DE RELACIÓN QUE IMITA TU TRAUMA	**CÓMO PUEDE MANIFESTARSE DENTRO DE TI**	**CÓMO PUEDE MANIFESTARSE FUERA DE TI**
DAMON: El invitado demandante y medio siniestro de tu fiesta.	Te sientes abrumada, espantada e incapaz de escapar.	Te cierras e interactúas cada vez menos con las personas.
RICKY: El extraño que te acosa por unas monedas en el metro.	Te sientes insegura, y te preguntas por qué las demás personas no hacen nada para remediar la situación.	No te sientes cómoda interactuando con extraños en el metro. Incluso evitas trasladarte de esta manera.
FIDO: El perro que te muerde.	Creías que los perros eran maravillosos. ¿Es que ahora tienes que cuestionar también eso? Todo te duele.	Comienzas a tener un miedo generalizado hacia los perros. Harás todo lo que sea posible por mantenerlos alejados.
EL SEÑOR SMITH: El jefe que no confía en ti y te cuestiona constantemente.	Todo el tiempo te preguntas si realmente eres tan mala o si el señor Smith se equivoca con respecto a ti.	Tu actitud es vacilante, menos confiada. Cuestionas todos tus pensamientos y acciones.
TERRY: La nueva pareja con la que sales y con quien estás cultivando una relación enferma de fusión de opiniones y enconchamiento.	Comienzas a preguntarte en dónde terminas tú y en dónde comienza Terry. Se te olvida lo que es tener una opinión propia. Además, lo que Terry siente por ti se ha convertido en lo que tú sientes por ti.	Tú ya no te presentas como un ser completo, sino como parte de la pareja. Sientes que sin Terry no existes.

ANGELINA: la persona famosa a la que conociste una vez.	Realmente quieres que la gente sepa que conociste a Angelina, pues este encuentro valida tu existencia.	Cuando conoces a alguien, no pasan ni cinco minutos antes de que le cuentes cómo conociste a Angelina.
GINA: La colega que te avergüenza y con la que sólo te juntas cuando estás sola.	Te sientes profundamente avergonzada y preferirías que la gente no supiera que la conoces, pero ella siempre está presente.	Pasas la mayor parte de tu tiempo intentando fingir que no conoces a Gina, a tal punto que llegas a mentir sobre tu relación con ella.
MARCUS: El amigo que constantemente te está ninguneando.	Te sientes insegura debido a las cosas negativas que Marcus dice de ti y debido a que no dejas de juntarte con él.	Te preguntas si Marcus tiene razón, a veces al punto de evitar el contacto con otras personas. Esto te hace sentir sola.
WENDY: La compañera de cuarto a la que odias y *siempre* está en casa; sientes que lo único que puedes hacer al respecto es tratar desesperadamente de ignorarla.	Sabes que Wendy está ahí, pero piensas que si la ignoras llegará a desaparecer.	El esfuerzo requerido para mantenerte alejada de Wendy te drena por completo y te hace sentir dividida. Has dejado de invitar a tus amigos, y ellos no saben por qué.
DANNY: El amigo con el que ya no tienes muchas cosas en común.	Has dejado de sentir que están sintonizados. No obtienes nada de la relación y, sin embargo, te sientes culpable si te alejas.	Con respecto a Danny, te dejas llevar por la inercia sin disfrutar la interacción con él.
MORGAN: El amigo con el que constantemente peleas, pero al que sigues apreciando.	En ocasiones te preguntas si no habría sido mejor no conocerse, pero eso no puede remediarse.	Han llegado al acuerdo de no tener que estar de acuerdo en algunos temas; por lo demás, coexisten de manera pacífica, lado a lado.
EDGAR: El familiar medio repugnante que en ocasiones dice cosas de mal gusto, pero también puede ser sorprendentemente sabio.	Definitivamente te irrita el comentario extraño y fuera de lugar de Edgar, pero ni modo, es parte de la familia.	Concibes a Edgar como parte de la familia, aunque no te guste. Puedes lidiar con la incomodidad y la excentricidad de su compañía.

Pensar en nuestros traumas de esta manera adopta algo del modelo de Cass, que es una teoría sobre el desarrollo de la identidad en los homosexuales y lesbianas. La estructura del modelo tiene una secuencia evidente, y es la siguiente:

1. Confusión (cuestionar la propia identidad sexual).
2. Comparación (observar las implicaciones de la homosexualidad).
3. Tolerancia (saber que no estás solo y buscar a otros homosexuales).
4. Aceptación (admitir tu orientación sexual).
5. Orgullo (convertir este autodescubrimiento en lo más relevante de tu vida).
6. Síntesis (integrar la homosexualidad a tu personalidad para que se convierta en parte de quien eres, sin ser lo único que te define).

Debido a que esta secuencia me parece útil, diseñé la tabla de las «Relaciones con los traumas», para que de alguna manera refleje esta secuencia, si la idea de secuencia funciona para ti. En otras palabras, puedes concebir al primer personaje «Damon» como la manera más inquietante y abrumadora de sentirte con respecto a un acontecimiento, y a «Edgar», como la relación menos inquietante con tu trauma. Por ejemplo, si alguien te ha sido infiel, mi esperanza es que puedas pasar de sentirte cerrada, abrumada y miserable, y creer que todos te van a ser infieles, o evitar relaciones a pensar en lo que te aconteció como una experiencia lamentable que, sin embargo, te sirvió de aprendizaje sin definir quién eres. Idealmente, los traumas que hemos experimentado en el pasado, aunque pueden empezar como Damon, llegarán a convertirse en Edgar, nuestro familiar algo repugnante e incómodo que, ocasionalmente, suelta algu-

na perla de sabiduría, a pesar de ser impresentable. Idealmente, aprendemos a empequeñecer a Edgar en nuestras mentes para evitar que arruine nuestra cena de Navidad, pero sin olvidar que es parte de nosotras. En otras palabras, aunque nunca nos olvidamos de él, tampoco dejamos que nos abrume.

Espero que todo esto tenga sentido para ti, pero si no, intentemos con un ejemplo. Si eligiéramos una experiencia bastante común, como la infidelidad, y le pidiéramos a la gente que eligiera qué personaje de la tabla define de mejor manera cómo se sienten, o se han sentido, respecto a esa experiencia, obtendríamos distintas respuestas. ¡Caray!, obtendrías varias respuestas distintas de mí, sólo en lo que respecta a mi propia experiencia, pues he sido engañada en distintas ocasiones. Una vez el hecho de que mi novio me fuera infiel se convirtió en una Angelina para mí; es decir, un momento definitorio en mi vida del que le hablaba a toda la gente a los pocos minutos de conocerla. De manera extraña, presumía sobre el descaro de su engaño y la devastación que me había provocado. Lucía su traición como una medalla de honor. Había construido historias, llenas de risas y muchos «pobre de mí» sobre el momento en el que el hombre en cuestión me preguntó en una cafetería, a las dos de la mañana: «¿A poco creías que éramos novios?». Sacaba a relucir esta anécdota para provocar risas y, de alguna manera, sentirme menos estúpida por haber confiado en él, y probablemente porque en aquella época me funcionaba hacerme la víctima. Esta infidelidad, por parte de un hombre con el que había salido durante cuatro meses, se convirtió en una parte importante de lo que yo era y ciertamente en la razón para desconfiar de los hombres.

Más tarde, en otra relación, cuando pensé que mi pareja me engañaba, no quise aceptar que pudiera ser verdad. Esta vez, la relación que establecí con la experiencia la puedo ejemplificar con Wendy, esa espantosa compañera de dormitorio a la que desesperadamente quería ignorar, aunque mis intentos por alejarme sólo provocaran en mi ser una especie de contorsión, como si estuviera jugando Twister cada segundo del día. Básicamente, había sospechado que la infidelidad llevaba ya un tiempo, y contaba con toda la evidencia necesaria, pero mi cerebro no me dejaba aceptar el hecho por completo. Supongo que algo me llevaba a creer que si seguía ignorando la situación, el problema de algún modo se desvanecería. Pero, ¿sabes qué?, el problema no se desvaneció. De cualquier manera, el punto importante es el siguiente. Ambas reacciones, y ambas maneras de relacionarme con la infidelidad —Angelina y Wendy—, fueron totalmente válidas, pero no muy sanas para mí.

Si regreso al asunto de la secuencia, podemos notar que la posición de Wendy en la tabla es inferior a la de Angelina, y por supuesto que es posible notar que una molesta compañera de dormitorio ya es un avance con respecto a esa necesidad de contarle a todo el mundo lo que mi novio me había hecho (plática que adoptaba el perfil de un escándalo entre celebridades). Personalmente, me gusta pensar en la posibilidad de procesar un acontecimiento traumático como una secuencia a través de etapas de aceptación, pero el lugar en el que te encuentras, sin pensar en secuencias ni nada, también es perfecto.

La clave consiste en identificar si la manera en la que te estás relacionando con los traumas de tu pasado es *aceptable* para ti, y esto significa encontrar tu lugar en la tabla anterior y determinar si estás bien en ese lugar. ¿Te reconoces en la tabla? ¿Cómo te sientes con respecto a lo que lees? ¿Tus traumas invaden tu corazón, tu mente y tu espíritu? ¿Utilizas tu pasado como el rostro que le presentas al mundo? ¿Afecta cada una

de las interacciones que tienes? ¿Tus traumas evitan que establezcas relaciones nuevas y sanas o que te sientas plenamente satisfecha con tu vida? Y si tu relación con tus traumas no es aceptable para ti, ¿hay alguna manera en la que podamos cambiar esa relación? Espero que explores estas preguntas y más, y que este modelo progresivo te sea de utilidad, como lo es para mí.

SEGUNDO PASO EN LA ESCRITURA DE LA HISTORIA DE ORIGEN DE UNA SUPERTÚ: MODIFICAR NUESTRA RELACIÓN CON LAS COSAS MALAS

Si somos honestas, es una batalla durísima. Incluso la mejor versión de ti misma, la más súper de las Supertú, jamás llegará a la posición de Edgar con todos sus traumas del pasado. (Revisa la tabla de «Relaciones con los traumas» de arriba, si no entiendes eso de la «posición de Edgar»). Algunos traumas requieren toda una vida para poder aceptarse y sintetizarse, mientras otros sólo necesitan un empujoncito. Me encantaría pensar que unos cuantos empujoncitos cumplirán la función, pero eso sería poco realista. Si este capítulo te cimbra, y los empujoncitos no son suficientes, te recomiendo ampliamente que continúes haciendo este trabajo con un terapeuta. Aunque me encantaría trabajar contigo de manera individual, no soy un ser omnipresente. Y si bien este libro es como mi más cercana aproximación a la omnipresencia, sólo consiste en palabras en una página que no están hechas a tu medida exacta. Si has experimentado muchos acontecimientos traumáticos, o has vivido cosas muy difíciles recientemente, y realmente te cuesta trabajo analizar tu relación con esos traumas, un terapeuta que pueda sentarse junto a ti y escucharte de manera individual es la mejor apuesta para procesar cosas difíciles. También te sugiero que continúes leyendo este libro y escribiendo lo que deseas sacar de la lectura, pues quizá te ayude a determinar lo que necesitas compartir con un terapeuta. Y sólo quiero agregar que decidir buscar la ayuda de un terapeuta no debe reservarse solamente a las situaciones en las que te sientes tan mal que si no hablas con alguien, explotas. Buscar un terapeuta puede ser benéfico en muchas etapas de la vida, y te ayuda a evolucionar y crecer y mejorar bajo tus propios términos.

¿Y QUÉ PASA SI NO QUIERES CAMBIAR?

Explorar terrenos emocionales agrestes puede ser muy difícil. Y tampoco es todo blanco o negro, pues hay cientos de matices comprensibles y naturales en cuanto a la relación con nuestros traumas, y muchos de ellos pueden ser realmente complejos. Cuando trabajaba con pacientes, con frecuencia me topaba con una verdadera resistencia al cambio con respecto a la relación con los traumas (ya fuera una infidelidad, un abuso o el divorcio de los padres). No querer cambiar lo que piensas y sientes sobre algo doloroso es completamente normal, incluso si ese cambio ofrece la posibilidad de aminorar el dolor. Los cambios, aunque sean positivos, pueden ser abrumadores e inquietantes, por lo que para alguien que experimentó algo abrumador e inquietante es mucho más fácil no mover las cosas. Y aunque no se sienta bien, conservar el dolor en primer plano es, al menos, algo conocido. Una miseria conocida puede, en ocasiones, ser preferible a una desconocida, especialmente si te sientes frágil. También puede ser confuso si aquello que ha estado ocupando un espacio en tu corazón y en tu mente cambia de forma o tamaño, pues el resultado probable es un sentimiento de vacío. Así que, por favor, es importante que sepas que no necesitas cambiar.

Quiero agregar que cambiar lo que sientes con respecto a un trauma del pasado no tiene nada que ver con el perdón. En otras palabras, lo que quiero decir es que si aprendes a perdonar, no necesariamente olvidarás. Y aunque no tengo trucos para el olvido, sí es posible sentir menos dolor en cuanto a las cosas malas que nos han ocurrido, sin importar cuáles sean.

Supongamos que pensar en un cambio con respecto a lo que sientes sobre un acontecimiento traumático no te parece tan divertido. Déjame decirte que eso es completamente entendible y aceptable. Sin embargo, si no estás satisfecha con la cantidad de espacio que ese acontecimiento está ocupando en tu corazón y en tu mente, yo te retaría a explorar *por qué* no estás lista para ese cambio. Si regresamos a mi vida para ejemplificar este punto, ¿por qué, después de haber sido engañada, no estaba lista para pasar de «tener miedo a comprometerme en otra relación porque no confiaba en nadie» a «dejar que las nuevas relaciones fueran ganando mi confianza poquito a poquito, con precaución, pero también con esperanza»? Las respuestas a la pregunta del porqué no estamos listas para cambiar pueden incluir:

- ⊙ Estoy enojada, y quiero seguir enojada.
- ⊙ Este acontecimiento se ha convertido en parte de mi identidad, y no sé en lo que me convertiría si modifico mi relación con el trauma.
- ⊙ Sentiré culpa si modifico la relación con mi trauma.
- ⊙ Esto se ha convertido en mi razón para mantenerme aislada.
- ⊙ El hecho de haber experimentado esto llama la atención. No sé si merezco otro tipo de atención.
- ⊙ El cambio es horrible y espanta.

Explorar por qué nos aferramos a cuestiones que son perjudiciales para nosotros requiere otro término terapéutico: ganancias secundarias. *Las ganancias secundarias* son los beneficios de *no* resolver un problema. Por ejemplo, si se te poncha una llanta (¡chin!), pero no quieres ir al trabajo (ajá…), en lugar de cambiar la llanta, llamas a la oficina para decir que no irás a trabajar porque tuviste un problema con tu auto (¡eureka!). Sé que es reduccionista pensar en cambiar la relación con tu pasado como un problema a resolver, pero es importante saber que, en ocasiones, ese afán por no resolver algo tiene que ver con las ganancias que nos ofrece dejar las cosas como están.

Cuando nos suceden cosas traumáticas, podemos sentirnos impotentes, y muchas veces se desprende una extraña comodidad de esa impotencia (puede ser todo un alivio no tener que estar a cargo). Y para nada sugiero que la gente está contenta con los traumas que ha experimentado, y sí recomiendo que —como los superhéroes en los que nos estamos convirtiendo— consideremos excavar más profundo para poder, al menos, entender nuestras motivaciones. Parte de vivir con inten-

Atención: Concepto terapéutico

ción, gracias a Dios, es tener el derecho a no hacer ningún cambio, incluso si contemplas el beneficio de la transformación. Aprender por qué no quieres hacer un cambio no significa que ese cambio sea, forzosamente, tu siguiente paso (nada más alejado de eso). Mi único deseo es que entiendas las motivaciones y los miedos que yacen bajo el deseo de no querer cambiar. Más adelante, si alguna vez te cansas de la relación actual con tu trauma, si en algún punto ya no te ofrece más, yo seguiré estando aquí (en forma de libro), y una relación frente a frente con un terapeuta seguirá siendo una posibilidad para ti. Todo a tu tiempo.

EL DUELO

Para aquellas de ustedes con un trauma o dos que quisieran cambiar de lugar en su psique, es hora de sentir un duelo. Esta es una actividad que he llevado a cabo con adolescentes, adultos, familias, grupos, amigos y todo lo que esté en medio. La he hecho con risitas contenidas y con sollozos, y ambas situaciones han sido conmovedoras. El punto del duelo es, por un lado, entender cuál es la enseñanza de un acontecimiento particular; por el otro, reconocer esas lecciones y, finalmente, dejarlo descansar (en paz).

De hecho, un duelo consiste en hacer un esfuerzo consciente por descartar los aspectos de un acontecimiento traumático que te dañan: el miedo, el sufrimiento, la aflicción. Y, perdón por mi insistencia, pero esto no quiere decir que finjamos que el suceso no ocurrió, ni que aminoremos el significado del acontecimiento en tu vida. Lo que quiero decir es que recuperes tu poder sobre ese hecho del pasado, y que si algo o alguien te hizo sentir miserable, impotente, perturbada o asustada, y todo esto lo sigues sintiendo meses o años después, ese trauma está invadiendo terrenos importantes de tu psique. Así que cuando estés lista para soltar ese montón de mierda que alguien te aventó, será momento de ponerlo bajo tierra. Ese trauma no merece tanto de tu tiempo ni de tu corazón ni de tu mente.

El primer paso real para vivir el duelo es enojarte por todo aquello que has perdido al permanecer como rehén de este acontecimiento traumático; es importante que sientas una verdadera furia por el hecho de que una persona o un evento pudieran controlar tus sentimientos. Y esto es en serio, incluso en situaciones en donde no había una intención de hacer daño, incluso si tu trauma es la muerte de un ser querido, es importante que mandes al demonio a la muerte por arrebatarte a tu ser amado y provocarte el dolor de la añoranza. A lo mejor, alguien te engañó. Pues bien, mándalo al demonio por ser tan patán y por provocar que desconfiaras de otras personas. ¿Tus padres no te demostraron su amor? Al demonio con ellos, por dejar esa huella terrible en todas las relaciones que puedas tener en la vida. ¿Estuviste gravemente enferma? Al demonio la enfermedad, por haberte hecho sentir aterrada ante la necesidad de abrirte paso nuevamente. Sin importar cuál sea tu acontecimiento traumático, escribe cada uno de los «vete al demonio por _____» que puedas concebir. Dedica una buena cantidad de tiempo a esto, permitiéndote sentir todo el enojo que el acontecimiento o la persona despiertan en ti.

Después de sentir el enojo, es importante observar lo rescatable; es decir, aprender lo que se pueda a partir de lo que nos sucedió. Ahora bien, muchas personas palidecen ante la idea de sacar lecciones de un acontecimiento terrible. Y, sí, puedo entenderlas, pues hasta parecería que el aprendizaje significa que, de algún modo, uno propició el suceso. Yo estoy aquí para decirte que no se trata de eso, y sí del hecho de poder aprender —sobre nosotras mismas, sobre el mundo— a partir de cada experiencia, buena o mala (lo que sucede es que, con frecuencia, lo malo nos enseña más cosas). Claro que habría sido increíble no haber tenido que pasar por ese acontecimiento traumático, pero si no averiguamos cómo desplazarnos de esa experiencia, transformadas y mejoradas, nos estamos deteniendo, haciéndonos las víctimas, cuando en realidad podríamos ser sobrevivientes. ¿Te gustaría que lo intentáramos?

Elige la experiencia a partir de la cual quieras aprender algo, siéntate y plantéate lo siguiente: ¿Qué me enseñó? ¿Qué aspecto positivo se ha desprendido de soportar tal dolor? En ocasiones, la respuesta puede ser: «Aprendí que tengo una red de apoyo sólida» o «Aprendí que mi confianza debe ganarse y

no ofrecerse inmediatamente» o «Aprendí a no saltar del balcón para hacerme la graciosa» o «Aprendí que soy lo suficientemente fuerte como para sobrevivir cosas muy dolorosas». Te repito que *no* se trata de concentrarte en lo que pudiste haber hecho de manera distinta para evitar el trauma. Me encantan los superhéroes, pero no las máquinas del tiempo. Dado que el trauma sucedió, lo cual no podemos cambiar, el punto importante es preguntar: ¿qué aprendiste de ti misma y del mundo como resultado?

A continuación, hay algunos ejemplos de la vida (mía y de otros), para que te des una idea de cómo funciona todo esto.

Lucy

Lucy terminó muy mal con su pareja. El hombre con el que había salido durante dos años, y con el que supuestamente pasaría la vida, le fue infiel (muchas veces y con distintas mujeres). Cuando finalmente se dio cuenta de lo que estaba pasando, ella lo confrontó y la relación acabó. Lucy se sintió devastada, pues creía que todo iba viento en popa. Durante meses, ella sintió que tenía un pésimo ojo para juzgar a las personas, o al menos al género masculino. Se sentía incómoda con los hombres que querían salir con ella, pues en el fondo desconfiaba de todos. Finalmente, Lucy entró a terapia y, a partir de ello y de hablarlo con sus amigas, se dio cuenta de que la relación no había sido tan ideal como creía. Ella, de hecho, había ignorado sentimientos de frustración e incompatibilidad en su relación, pues quería creer que él era «el elegido».

Ahora bien, ¿qué podría aprender Lucy de esta experiencia?

Primera lección: Entrar en cada relación con la mente y el corazón abiertos, y si escuchas pequeñas advertencias en el fondo de tu mente, ponles atención. Si conservar la versión de la relación que has creado en tu cabeza requiere que ignores esas advertencias, entonces tu subconsciente está intentando decirte algo, y asegúrate de escucharlo.

Segunda lección: Este hombre no era bueno para ti, pero no todos los hombres son como él.

Tercera lección: La confianza se gana, y no se ofrece de manera inmediata. Reserva tu confianza hasta que la gente te demuestre ser digna de ella.

Emily

Me enfermé gravemente a los 27 años, y tuvieron que hospitalizarme durante un mes. Estuve en estado de coma por 10 días, tiempo en el que no se sabía si iba a sobrevivir. El diagnóstico fue un trastorno extraño, y me sentía tan débil cuando me dieron de alta que me tenía que sentar en la regadera. No podía caminar por más de una cuadra, y no podía levantar un litro de leche. Como una chica que se enorgullecía de ser independiente y fuerte, me horroricé al descubrir que ahora era una «chica enferma» a la que debían proteger. También me aterró haber estado a punto de morir, y darme cuenta de que había ignorado a mi cuerpo hasta que una falla sistémica llamó mi atención. Durante al menos dos años, no podía pensar en todo esto sin llorar, y cada consulta con el doctor me llenaba de espanto ante la idea de tener que ingresar nuevamente al hospital.

¿Qué lecciones pude aprender a partir de esta experiencia?

Primera lección: Las personas que se preocupan por mí estuvieron a mi lado durante el coma, así que quizá no importe si me muestro vulnerable frente a ellas.

Segunda lección: Realmente necesito ponerle atención a mi cuerpo y cuidarlo bien (¡casi lo pierdo!).

Tercera lección: Nada asusta más que estar a punto de morir, por lo que recuérdalo cuando estés en una entrevista de trabajo. Comparado con la muerte, el rechazo es insignificante.

Dan

De chico, Dan era gordito y, por ello, fue depositario de las burlas de sus compañeros durante la secundaria y casi toda la preparatoria. Ahora es adulto, y se mantiene sano haciendo ejercicio y comiendo bien, pero sigue con el fantasma de su cuerpo.

¿Qué podría aprender Dan de esta experiencia?

Primera lección: Los niños pueden ser unos tontos aterrados que necesitan desesperadamente encontrar a alguien que, de acuerdo con sus parámetros, sea inferior. Ellos no merecen nuestro temor y sí nuestra lástima.

Segunda lección: Tu cuerpo es más que eso que te convierte en blanco de los bravucones y acosadores. También es una pieza de maquinaria que sigue tus órdenes.

Tu cuerpo es mucho más que a lo que pueden reducirlo los chicos de la escuela.

Tercera lección: Ser objeto de burlas nos obliga a desarrollar nuestra fortaleza interna, y a confiar en ella. Además, va puliendo las habilidades para evaluar de adulto a los amigos.

Marianne

A Marianne la violaron en una fiesta a la que había ido con unas amigas. Ella quería conocer a un chico esa noche, y lo hizo. Pasó la mayor parte del tiempo coqueteando con él y platicaron padrísimo. Más tarde, esa misma noche, cuando ella entró al baño, él se metió detrás de ella. Al principio, Marianne se sintió un poco cautivada, pero después el chico abusó sexualmente de ella tapándole la boca con la mano. Al salir del baño, se fue a casa, como zombi, y después llamó a algunas amigas, que cuidaron de ella durante los siguientes días. Marianne se sintió muy mal por haber coqueteado con el tipo toda la noche, y llegó a preguntarse si no había propiciado el abuso. De esto, han pasado dos años y, con terapia y apoyo, ella finalmente ha recuperado la confianza para interactuar con los demás.

¿Qué aprendió Marianne de esta experiencia?

Primera lección: Ninguna acción posible es una invitación a ser violada. No fue tu culpa, pues no estás buscando hombres malos.

UNA ACLARACIÓN PARA COMPRENDER LA DIFERENCIA ENTRE ENTENDER ALGÚN TRAUMA Y CULPARSE POR ELLO

Antes de continuar, quiero hacer una importante distinción entre entender algo terrible que te ha sucedido y culparte por este acontecimiento. Como mencionamos en capítulos anteriores, actuar con intención y tener un *locus* de control interno significa que crees que tu destino es tuyo para ser moldeado, y que tomas las riendas de tu vida. Cuando nos suceden cosas terribles, lo que sentimos es una pérdida de control y que nuestro destino está en manos de alguien más, así que una parte esencial de trascender estas experiencias es comprender qué papel desempeñamos en ellas, incluso si ese rol es simplemente «la persona que aprendió que era lo suficientemente fuerte para sobrevivir esto». Si fue necesario algo terrible para aprender que somos capaces de sobrevivir a ello, pues qué desagradable, ¿pero cómo podemos volver útil la experiencia? ¿Cómo podemos mantenernos a salvo y seguras, como humanamente sea posible, sabiendo que sólo podemos controlarnos a nosotras mismas? Entender las lecciones que se desprenden de un trauma no tiene nada que ver con culparnos por ese trauma. El aprendizaje consiste en volver útil la experiencia mientras continúas con tu vida, después del trauma. Esto es *especialmente* importante en casos de maltrato físico o abuso sexual, situaciones en donde la tendencia a culparse prevalece. Así que mientras te aliento a entender tu parte, por favor comprende que, en muchas situaciones, «tu parte» sólo radica en cómo puedes crecer a partir de semejante horror.

Segunda lección: Tienes amigas fantásticas que te brindan todo su apoyo en momentos de necesidad.

Tercera lección: Eres más fuerte de lo que crees (mucho más). Has superado algo verdaderamente espantoso, así que realmente tienes un verdadero poder dentro de ti.

Como puedes ver a partir de estos ejemplos, en ocasiones las lecciones que aprendes de estos acontecimientos traumáticos tienen que ver con el mundo que te rodea y, en otras ocasiones, contigo misma.

Pues bien, hagamos una pausa y revisemos lo anterior durante un momento. Hemos hablado de los beneficios de vivir un duelo, y también nos acercamos a algunos traumas experimentados por algunas personas (incluyéndome a mí). Y hemos hecho énfasis (especialmente en el cuadro de la distinción entre «entender» y «culparse») en que la intención aquí es aprender a contemplar los acontecimientos de tu vida de tal forma que te empoderen. Por lo que continuemos en el mismo tenor.

Es importante para mí, y ha sido un paso enorme de mi viaje para convertirme en una Supertú, sentir que mis acciones y reacciones ante lo que me ocurre en la vida están imbuidas de tanta voluntad como sea posible en cada situación. Yo ya no quiero sentir que soy como una cubeta capaz de contener todo aquello que el universo me aviente. Mi enfermedad es una condición genética con la que nací. No puedo hacer nada respecto al hecho de que la enfermedad de Still (ese es su nombre *sexy*) esté escrita en mi ADN. Pero ¿eso significa que esté destinada a sufrir? Claro que no, y pensar en mi trastorno de esa manera me deja sintiéndome impotente y frustrada. También es cierto que mi condición se exacerba cuando estoy bajo estrés físico y emocional durante periodos largos. No puedo cambiar mi ADN, pero lo que puedo hacer, de ahora en adelante, es alejarme del estrés para que mi condición no se exacerbe. Para mí, esa es la distinción que me permite conservar las riendas de mi vida en las manos. Para describir esta postura en términos de superhéroe, si yo fuera Batman sería la diferencia entre lamentarme constantemente por haber presenciado la muerte de mis padres

y concentrar mi energía en vestirme como un murciélago y asegurarme de que eso no le suceda a nadie más. Si fuera Hulka, sería la diferencia entre lamentarme por haber recibido sangre de un mutante, y elegir hacer algo productivo con mi poder todos los días.

Así que si piensas en estos términos, contempla algún trauma de tu pasado y hazte la siguiente pregunta: «¿Qué puedo tomar de aquí que me ayudará a desplazarme hacia un futuro más brillante y con mayor intención, un futuro en donde pueda ser la mejor versión —una Supertú— de mí misma?».

Ahora bien, puesto que estamos viviendo un duelo, el siguiente paso lógico es escribir una elegía. Esta elegía te servirá para conducir al trauma a su nueva etapa de vida, en donde esté menos presente en tu corazón y en tu mente (lo que sea que esto signifique para ti). Esta elegía detallará todo el dolor que el trauma te ha causado, cada emoción que ha detonado y la manera en la cual te ha afectado integralmente. La elegía puede, o no, incluir «¡al demonio!», como lo discutimos anteriormente. Después de que sientas que has sacado todo lo que tienes que decir sobre el trauma, dale las gracias por las lecciones que te enseñó y explica cuáles son esas lecciones. Porque, sí, aunque cursi, es cierto: aquello que no nos mata, nos fortalece. No serías quien eres si no fuera por tus traumas, y el hecho de que sigas aquí significa que ganaste. Eres victoriosa.

Ahora déjame que comparta contigo la elegía de mi enfermedad.

La elegía de Emily para la enfermedad de Still

Estamos reunidos el día de hoy para dejar descansar en paz al trastorno, diagnosticado en 2007, que puso mi mundo de cabeza durante un buen rato. Yo no sabía

que sería hospitalizada ese día. Me había sentido mal durante un tiempo, y esa era mi tercera visita al doctor en una semana. Incluso había dejado una malteada en mi auto, convencida de que estaría rica y un poquito derretida cuando saliera. En vez de eso, me llevaron a toda velocidad al hospital en una ambulancia, y todo cambió. Jamás había sentido tanto dolor físico en mi vida. No podía respirar, nada me hacía sentir cómoda y constantemente me picoteaban y me hacían preguntas para las cuales no tenía la respuesta. Sin esas respuestas, los médicos decidieron inducir un estado de coma para que un equipo de doctores pudiera trabajar en la estabilización de mis signos vitales y descubrir qué tenía. Y, después, únicamente oscuridad, interrumpida tan sólo por los sonidos de mi familia y mis amigos en la habitación. Deambulé en mi interior durante 10 días, asustada, confusa y doliente.

Al despertar, me sentía tan abrumada y aterrada que no podía procesar nada. Lo único que sabía era que, de un momento a otro, había caído gravemente enferma. Me sentía débil en extremo y horrorizada ante la idea de haber podido morir. Me avergonzaba de que mi novio me viera en tan mal estado, y me mortificaba no poder valerme por mí misma. Sentía enojo hacia la gente que no dejaba de verme con ojos de cachorrito triste. Estaba tan conmocionada que lloraba durante horas casi todos los días, y después sentía vergüenza y furia cuando la gente trataba de consolarme. Me sentía tan enojada con mi cuerpo por haberse rendido.

Tuvo que pasar algún tiempo para comprender que podía sentir gratitud: gratitud hacia los empleados del

hospital por salvarme la vida, gratitud hacia mi familia por tomar un avión para estar cerca de mí, gratitud hacia mi novio y amigos por permanecer a mi lado, incluso cuando habría sido más fácil dejar que mi familia lidiara con todo.

Gracias, enfermedad de Still, por ser tan huidiza y difícil de atrapar. Gracias por enseñarme a confiar en otras personas algunas veces. Gracias por enseñarme que puedo mostrarme vulnerable y el mundo no se acaba. Gracias por empujarme a aceptar mi cuerpo en una forma que jamás se me hubiera ocurrido antes (como una pieza de maquinaria diseñada para manifestarme). Gracias por forzarme a reconciliarme con mi cuerpo, después de años de odiarlo, y gracias por forzarme a escucharlo. Gracias por enseñarme a ser valiente, porque después de estar a punto de morir, hay muy pocas cosas que me asustan en la vida. Desearía no haber necesitado ser hospitalizada para aprender estas lecciones, pero me siento feliz de haberlas aprendido.

Estoy cansada de vivir con el temor de tener que ser hospitalizada nuevamente. Ahora entiendo que puedo lidiar con esta enfermedad si me mantengo sana, y me siento empoderada para hacerlo. Ya no voy a ser hospitalizada otra vez, y te voy a hacer permanecer en el lugar al cual perteneces, como la lección que he aprendido y el recordatorio de la necesidad de mantenerme sana.

Pues bien, esa fue mi elegía. Ahora te invito a que escribas la tuya cuando estés lista. Después de escribirla, el siguiente paso será encontrar un objeto tangible, y de preferencia pequeño, para representar ese trauma, y también algo que pueda simbolizar el ataúd de ese trauma. De manera un poco extraña, me parece que las cajitas para detalles de boda son muy adecuadas como ataúdes del dolor (aunque recomiendo que no menciones este detalle cuando vayas a comprar una). Cuando tengas tu elegía, el objeto que representa tu trauma y el ataúd, busca un lugar apropiado para el funeral. A lo mejor quieres invitar a tus amigos u otros seres queridos, o quizá quieras hacerlo sola (es tu decisión). Cuando estés en el lugar, cava un hoyo, entierra el objeto en su ataúd y después lee la elegía.

Es importante repetir que no estás enterrando el pasado, sino todas las cosas negativas sobre ese trauma del pasado. Vas a desechar la idea de que el trauma tiene la capacidad de dañarte actualmente, pues lo que ha hecho en realidad es convertirte en una mejor persona. En otras palabras, con el funeral que realicé para mi condición médica, no es que estuviera negando que tengo la enfermedad de Still escrita en mi ADN. Sigo teniendo el trastorno, simplemente decidí cambiar la manera de relacionarme con mi condición. Lo que enterré fue la relación negativa con la enfermedad.

TERCER PASO EN LA ESCRITURA DE LA HISTORIA DE ORIGEN DE UNA SUPERTÚ: HAZ UNA LISTA Y REVÍSALA UN PAR DE VECES

Antes, en este capítulo, hice una lista de las cosas que me han sucedido en la vida y son significativas para mí. Ahora te toca a ti. Como anda por ahí tu libreta multiusos de la Supertú (¿cierto?), comencemos haciendo una lista de cada uno de los acontecimientos de la vida que te han convertido en lo que eres. Estos acontecimientos pueden ser mayores (mudanza, divorcio de los padres, accidente automovilístico, graduación) o menores (descubrir la masturbación, la primera vez que te coquetearon, pasar una materia que te era difícil). Puesto que tu cuaderno es privado, te invito a ser lo más honesta posible contigo misma.

En cuanto a mis ejemplos, no incluí en el libro algunos de los acontecimientos más incómodos de mi vida, que quiero mantener en secreto. De todas maneras, «La lista de los acontecimientos importantes que han hecho de Emily lo que es actualmente» es una lista bastante precisa de las cosas que han quedado en mi mente como momentos significativos, incluso cuando no estoy tan segura de por qué lo son.

Por ejemplo, fue hasta los treinta y cachito cuando pude dotar de significado un recuerdo muy claro y perturbador de cuando pisé a los tres o cuatro años, y descalza, a una lombriz. Sabía que el recuerdo estaba por ahí y decidido a quedarse, pero no entendía por qué. Con un poco de madurez y reflexión, me di cuenta de que quizás había sido la primera vez en la cual entendí verdaderamente que podía afectar a otros seres vivos con mis acciones, y en ocasiones de maneras no intencionales. Me estrujó y dolió no haber visto a la lombriz, y también me repugnó sentir su cuerpo aplastado entre mis dedos. Me aplastó (como una lombricita debajo de los pies de una pequeñita aprendiendo a caminar) la conciencia de que podía lastimar a alguien sin la intención de hacerlo, pero no tenía manera de comprender y ni siquiera de pronunciar estos sentimientos. En retrospectiva, tal vez este acontecimiento me inició en el camino de tener cuidado para no dañar a otros (en la medida de lo posible).

Básicamente, lo que te pido es que pienses en tu pasado de la siguiente manera: ¿Has experimentado algo que a ti te pareció enorme, aunque a otros les haya parecido insignificante? De ser así, ¿puedes descifrar por qué te pareció tan significativo? ¿En qué modo te ha afectado?

Pues allá vamos… En primer lugar, haz una lista de todos los acontecimientos de tu vida —desde tu nacimiento hasta el día de hoy— que consideres que te han moldeado. Escríbelos tan fría y clínicamente como puedas, y con esto quiero decir que si me dejaras ver tu lista, lo que obviamente no harías, me gustaría sentir una neutralidad irradiando de ella. Quiero que esta lista sea la Suiza de las listas. En lugar de escribir: «El cabrón de Aaron me engañó con la puta de Renee», me gustaría ver: «Aaron me fue infiel y tuve que buscar un nuevo lugar para vivir». No va a seguir así de fría y clínica, pero es más fácil empezar de esta manera. Cuando creas que has terminado, revísala para ver si puedes encontrar más acontecimientos que pertenezcan a ella.

A continuación, trata de profundizar un poco más en la elaboración de la lista. Quiero que busques acontecimientos que recuerdes lo suficiente como para escribirlos, pero cuyo significado se te escape. Nuestros recuerdos no siempre son unos genios que guardan lo más importante. Creo que, la mayor parte de las veces, retenemos lo que parece importante, lo dotamos de significado y después reafirmamos ese significado una y otra vez. Si algo te ha parecido importante en tu historia, pero no tienes muy claro por qué, pregúntate si después de este acontecimiento cambiaste, aunque fuera de manera prácticamente imperceptible. Pregúntate si aprendiste alguna lección a partir de ese suceso, y si este marcó un parámetro en tu manera de interactuar con otros o con respecto a tu relación con la autoridad. Sigue cavando, y aunque sólo encuentres un granito de significado en un acontecimiento de vida, escríbelo.

Por supuesto, es perfectamente aceptable que los acontecimientos sigan siendo extraños y azarosos y no tengan un significado profundo. Y aunque ahora crea que mi encuentro con la lombriz abrió la puerta de «cómo se relaciona Emily con el mundo», también podría ser que sólo recordara lo desagradable que fue pisar una lombriz. Espero que, para este momento, sea evidente que construir activamente tu identidad y tu historia de origen no es una ciencia exacta.

Ahora ha llegado el momento de que tú reconstruyas tu historia con un poco más de intencionalidad. En primer lugar, es importante liberarse de la pasividad en nuestras historias. Como lo discutimos antes, tener (o intentar tener) un *locus* de control interno significa que no estamos simplemente flotando en el universo, sino controlando activamente nuestras acciones y reacciones con respecto a nuestro entorno. Así que te voy a pedir que revises tu lista y encierres en un círculo todos los acontecimientos de tu vida en los que fuiste un receptor pasivo de lo que sucedió, bueno o malo. La pasividad puede incluir las siguientes construcciones:

▲ «Me cortaron.»

▲ «Me sacaron de la universidad.»

▲ «Me dieron una beca en una escuela muy lejana.»

▲ «Mi abuela murió.»

▲ «Me dieron un aumento.»

▲ «Engordé.»

▲ «Me violaron.»

▲ «Me atropellaron.»

«¡Espera un momento!», casi puedo escucharte gritar. «No voy a borrar eso de mi historia, ¡es importante!» Y estás en lo correcto, es muy importante, y jamás soñaría con que tuvieras que excluir cosas importantes como estas. (Te pido que observes que no dije «tacha» toda la pasividad, sino «encierra en un círculo»). Sólo quiero que reestructuremos todas las construcciones que tienden a ser pasivas para que, incluso si el acontecimiento es algo que sólo «sucedió», como el hecho de que un familiar muera, identifiquemos tu reacción ante él, ya sea positiva o negativa.

Ahora, reescribe cada uno de los acontecimientos que encerraste en un círculo, como si fueras *tú* quien está llevando a

cabo la acción. Si eso no es posible, reescríbelo para incluir tu reacción ante ese acontecimiento, sea positiva o negativa. En la tabla que está abajo encontrarás la reformulación activa o reactiva de los ejemplos pasivos que mencioné anteriormente.

CONVERTIR ACONTECIMIENTOS IMPORTANTES (DESCRITOS DE MANERA PASIVA) EN ACONTECIMIENTOS ACTIVOS O REACTIVOS	
PASIVO	**ACTIVO O REACTIVO**
Me cortaron.	Me cortaron y reaccioné entregándome a la bebida y al sexo casual por unos meses. O bien, me porté como un patán en una relación porque tenía miedo de externar mi deseo de una ruptura, hasta que, finalmente, mi pareja me terminó.
Me sacaron de la universidad.	No estudiaba y me reventaba a cada rato, así es que, como resultado, reprobé.
Me dieron una beca en una escuela muy lejana.	Me maté en la prepa y gané una beca para poder salir de mi ciudad natal.
Mi abuela murió.	Perdí a mi abuela y pasé por un periodo muy largo de depresión.
Me dieron un aumento.	Trabajé en serio y me gané un aumento.
Engordé	No hacía ejercicio y sólo comía para llenar mi vacío, así que aumenté 15 kilos.
Me violaron.	Abusaron de mí sexualmente y pasé todo un año encerrada en mi departamento con amigas, sintiéndome asustada, avergonzada y triste.
Me atropellaron.	Me atropellaron y mis padres tomaron un avión para cuidarme durante tres semanas.

Espero que después de hacer este ejercicio te des una idea de que el *locus* de control interno es un factor muy importante para convertirte en Supertú.

CUARTO PASO EN LA ESCRITURA DE UNA HISTORIA DE ORIGEN DE LA SUPERTÚ: CREAR CADA VERSIÓN (LA CRONOLOGÍA MÁS OSCURA)

Ahora que tenemos la lista de los acontecimientos importantes que han construido tu vida, descritos sólo en términos activos y reactivos, quiero que la examines para crear la historia de origen que pinta el peor de los escenarios. «Pero ¿qué demonios?», puedo escucharte decir. «¡Si me acabas de forzar a tomar con ambas manos y de manera activa mi *locus* de control interno!» Sí, lo hice, pero escúchame. Quiero que escribas el equivalente a la «Historia de origen de Emily, primera versión» que describí en este mismo capítulo. Es la versión de ti misma que te hace ver como un «desastre en teoría». Sería la biografía que enviarías de estar compitiendo en un concurso de canto. En no más de un párrafo, descríbete en el peor de los escenarios, prácticamente como un participante pasivo de tu vida a quien le va pésimo cuando decide actuar.

Una vez que la hayas escrito, léela en voz alta. Y, entonces, pregúntate cómo te afectaría pensar así cada uno de los días de tu vida. Y no te sorprendas, pero puede tratarse de una versión muy cercana que te cuentas a ti misma y a los demás. En cualquier caso, alberga un poco la sensación de ser la suma patética de un montón de fragmentos sin sentido.

No te quedes demasiado tiempo así, porque tu siguiente objetivo consiste en escribir la mejor versión de ti misma, la más falsa, la más aséptica, la más «caramba, la vida es maravillosa». Como tu primera biografía, debe incluir sólo acontecimientos reales, pero la intención es que te haga ver prácticamente perfecta. Y si eso significa dejar afuera algunas cosas, está bien. Esta debe de ser tu biografía para Miss Universo. Una vez que la hayas terminado, lee la semblanza en voz alta. Y, nuevamente, reposa un rato con esa sensación.

Al terminar ambos ejercicios, y al tener en tus manos dos versiones extremas de ti misma, ha llegado la hora de escribir la historia de origen *real* de la Supertú. Como es de suponer, sacará un poco de la peor versión de ti y también de la mejor versión de ti. Te perfilará como un participante activo de tu propia vida, responsable de tus propias decisiones, sean cuales sean. Te hará ver imperfecta y humana y encantadora, porque eso es lo que eres. Y si descubres que esta versión te minimiza, escarba un poco más y date cuenta de que fuiste capaz de convertir una experiencia ácida en, aunque sea, una gota de limonada. Tienes que saber que estar viva y lo suficientemente bien como para leer este libro significa que, definitivamente, debemos celebrar que en tu vida hay limonada. Crea una historia de ti misma que puedas acoger, en su mayor parte, e incluso si piensas que alguna sección de ella te hace ver mejor de lo que eres, inténtalo de todas maneras. Las Supertú son lo suficientemente listas como para saber que todo el mundo necesita buenas relaciones públicas, y eso incluye la manera en la que hablamos con nosotras mismas. Construir una historia de origen que celebre tu éxito, tu triunfo a pesar de los errores y la adversidad, el hecho de pisar lombrices y todo lo que esté en medio, es un paso importante para convertirte en la mejor versión de ti misma; es una parte esencial de pertenecer al equipo Supertú. Además, es una herramienta esencial. Cuando las cosas no salen tan bien, siempre puedes recordar tu historia de origen, la cual significa celebrar lo que has logrado para llegar a donde estás. Integra a tu mente que eres una superheroína entre las mujeres, una criatura con un pasado fascinante que ha tomado la decisión, una y otra vez, de tener éxito y vivir y prosperar.

Capítulo 10

UNA SUPERTÚ ENTRE MORTALES: SALIR AL MUNDO

¡Hora de inventario! ¡Mira nada más cuánto has avanzado! Has invertido todo este tiempo en desplazarte hacia un buen lugar, descubriendo lo que necesitas hacer, creando hábitos saludables y explorándote desde dentro. Todo eso es súper, ¿pero qué pasa con lo que falta? ¿Cómo es que ser una Supertú incluye otras áreas de tu vida? ¿Esta lucha por convertirte en la mejor versión de ti misma es algo que puedes hacer entre amigas, cuando sales con alguien y mientras trabajas de tiempo completo? Yo realmente lo espero, porque no siempre es factible apartar unos cuantos meses de tu vida para «arreglar las cosas». En realidad, todo tu trabajo interno tiene que hacerse dentro del contexto de la vida que llevas a cabo ahora y la gente que se encuentra en ella. En este capítulo, hablaremos de algunos trucos para sanar esas interacciones. Y como lo mencioné antes, no puedo abarcar todo —libros enteros se han escrito sobre las relaciones hu-

manas, sean laborales, románticas o de algún otro tipo—, por lo que me apegaré a las cuestiones básicas que son relevantes para la Supertú.

TRABAJO

ENCONTRAR LA MOTIVACIÓN

En mi Tumblr respondo preguntas anónimas de algunos lectores. La pregunta que prevalece tiene que ver con la manera de encontrar motivación para lograr objetivos en la vida, como pagar las cuentas, llevar a cabo algunos quehaceres domésticos, emprender un proyecto creativo o terminar tareas del trabajo o la escuela. Dadas las contribuciones, parece que mis lectores son mucho más eficaces en el Tumblr que en sus propios proyectos y deberes. Estoy aquí para decirte que no hay una fórmula mágica para encontrar tu motivación. Como la serie de factores implicados para la transformación en Supertú, la solución consiste en una combinación de cosas. En este caso, es esencial comenzar aquello que te cuesta trabajo y no soltarlo, aunque no te sientas motivada, aunque parezca que sudas sangre (cambios de comportamiento) e ir ajustando tu opinión con respecto a lo que estás haciendo (exploración interna). Mi mejor truco es dividir cualquier proyecto en las partes más pequeñas posibles, hacer una lista de esas distintas partes y después establecer una serie de recompensas por completar cada una de esas acciones diminutas. Si mi proyecto es meter la ropa a la lavadora (algo que verdaderamente odio), secciono la actividad en: recoger la ropa sucia, meter la ropa a la lavadora, pasarla a la secadora y guardarla. Y, entonces, cuando completo el primer paso; es decir, recoger la ropa sucia, me recompenso leyendo el blog de chismes de alguna celebridad. Después de prender la lavadora, mi premio es almorzar. Finalmente, doblo la ropa mientras veo algún programa de televisión que me entusiasme.

Y hago lo mismo con proyectos más grandes, como la escritura de este libro, sólo que necesito agregar muchos más pasos. Al final, me motivo a mí misma estableciendo rituales que, con el tiempo, llego a asociar con ponerme las pilas para terminar el trabajo.

Esto es a lo que llamamos *condicionamiento clásico* (o *condicionamiento pavloviano*), y es una de las primeras cosas que uno aprende en la carrera de psicología. En el experimento original, Ivan Pavlov sonaba una campana antes de dar de comer a unos perros, y tan pronto como los animales percibían la comida, comenzaban a salivar. Después de unas cuantas repeticiones, los perros comenzaron a salivar cuando escuchaban la campana, incluso si no les acercaban ningún plato de comida.

Este tipo de entrenamiento también funciona con humanos, por lo que yo comencé a hacer lo mismo con la escritura. Cuando me sentía motivada y tenía una idea sobre la cual escribir, me sentaba en mi escritorio con una taza de café y ponía música instrumental de buena vibra, para derramar mi inspiración en el teclado. Después de una cuantas veces de hacer esto sólo cuando me sentía motivada, intenté sentarme en mi escritorio, con café en mano y música de fondo, esperando que mi motivación surgiera de la nada… y así fue. Ahora, casi todos los días, mi cerebro espera que me ponga a escribir cuando llevo a cabo las otras partes del ritual. Por supuesto que incluso los superhéroes tie-

Atención: Concepto terapéutico

nen días en los que sus poderes fallan un poco, y eso también está bien.

¿Cuál es el resultado? Si puedes, crea un entorno en el que, en última instancia, el trabajo arduo sea la única recompensa. Si eso no es posible, engaña a tu cerebro con recompensas menores y rituales, y no te olvides de disfrutar el premio.

¿QUÉ OBTIENES DE TU TRABAJO?

Con frecuencia y lamentablemente, hay un abismo entre la tríada creatividad-realización-motivación y la manera en la que te ganas la vida, así que hablemos de lo que haces para ganar dinero. ¿Cómo te sientes con respecto a tu trabajo?, ¿te llena? ¿Sientes pasión por lo que haces, o sólo trabajas para ganar el dinero que te permite disfrutar el resto de tu vida?

Incluso algunos superhéroes necesitan trabajar para ganarse la vida. Clark Kent trabajaba en un periódico porque necesitaba un empleo, pero también lo ayudaba a mantenerse alerta sobre las últimas noticias. Bruce Banner, mejor conocido como Hulk, era un científico (aunque ese era el pretexto para explicar cómo se convirtió en el hombre verde). El trabajo de un superhéroe consiste en ser un superhéroe, pero ese no es el caso con la Supertú, pues nosotras tenemos que ganarnos la vida. Recientemente, hablaba con mi papá sobre la idea del trabajo. Él trabajó para la misma compañía durante más de 25 años antes de jubilarse. Cuando le pregunté si le había gustado trabajar ahí, respondió: «Sentía satisfacción con el trabajo realizado, pero ese no era el propósito de mi vida, la cual comenzaba cuando, cada día, dejaba la oficina». Ese comentario me parece encantador, y también evidencia una forma de pensar diametralmente distinta de la que tienen tantas personas que no han llegado a los cuarenta. Todos, incluida yo, esperamos que el trabajo sea aquello que nos hace despertar en la mañana. Esperamos que cada actividad sea mágica y creativamente gratificante, la respuesta al llamado de nuestra alma. Y si bien algunos trabajos pueden, en general, ofrecerte esa realización, no existe ningún trabajo en el que cada actividad provoque constante alegría. Cada empleo —sin importar si eres artista de cine, escritor, representante de atención al cliente o productor de comedias— implica, al menos, algunas tareas insignificantes.

La satisfacción que mi padre obtuvo de su trabajo encarna, para mí, la diferencia entre la actitud de tu viejo ser y la actitud de la Supertú, o la comprensión de la diferencia entre la satisfacción y la realización. Cuando buscas estas dos palabras en un diccionario, ambas usan a la otra para su definición, lo que me parece muy gracioso, pero pon mucha atención: si bien la «satisfacción» se describe como la realización de los deseos, expectativas o necesidades personales, la «realización» se describe como la satisfacción por haber desarrollado *plenamente* la personalidad o las habilidades. Puedes obtener satisfacción por armar un rompecabezas, pero esta actividad no te completará como persona, y está bien. Los empleos nos pueden ofrecer varios tipos distintos de satisfacción.

A continuación, te cuento, a partir de mi experiencia, sobre la satisfacción que te puede dar el trabajo:

★ Desarrollar maestría (volverte realmente bueno en lo que a tu trabajo se refiere).
★ Ganar experiencia en el área de tu interés.
★ Ganar dinero.
★ Sentir satisfacción al completar cometidos.
★ Pertenecer a un grupo social.
★ Obtener prestigio con un trabajo que se ve interesante.

★ Sentirse muy bien al creer que tu trabajo «es la neta».

★ Ganar dinero para tu pasatiempo favorito.

★ Hacer una diferencia/ayudar a una buena causa.

★ Hacer a otros felices.

Para mí, el trabajo debe, al menos, coincidir con uno o dos de estos tipos de satisfacción, pero muy rara vez abarcará todos. Este es un hecho de la vida que debemos aprender a aceptar, así como debemos aceptar, con bastante frecuencia, empleos muy poco gratificantes para pagar la renta. En la universidad, yo dedicaba parte del tiempo al *telemarketing* y, déjame decirte, era espantoso (mi trabajo consistía en hablarles a los alumnos de la universidad y, en esencia, suplicar por dinero). Ese trabajo me permitió ganar dinero y tener una pequeña red social de compañeros excéntricos a los que no les importaba trabajar en horarios poco convencionales (pero no mucho más). Más tarde, fui representante telefónica de servicio al cliente para una compañía que reparaba artículos electrodomésticos. Y te apuesto a que piensas que fui muy infeliz ahí, pero descubrí una extraña alegría al servir de eslabón para que la gente pudiera reparar su refrigerador; además, puesto que trabajé ahí el tiempo suficiente como para convertirme en entrenadora, ese trabajo me permitió desarrollar cierta maestría. Fui también una empleada en cierta medida insignificante en un centro de ayuda para mujeres, lo que me encantó porque trabajaba para una buena causa. Tuve mi propio consultorio, lo cual era cómodo, pero ese trabajo no me gustó, pues sentí que no estaba haciendo una diferencia. Obtuve un empleo en un hotel porque siempre creí que sería divertido trabajar en un hotel, pero me di cuenta de que era espantoso. La gente puede ser muy grosera en los hoteles, y los uniformes casi siempre pican y dan calor. Actualmente, produzco un monólogo humorístico que se presenta una vez a la semana, y quizá pienses que es el trabajo más divertido en el mundo; sin embargo, la mayor parte paso contestando correos, colocando sillas y lidiando con clientes.

Sin importar si estás contenta con el trabajo que tienes ahora, date cuenta de que si bien tu trabajo tiene que cumplir un propósito en tu vida, ese propósito quizá no sea la realización total y absoluta. Está bien si lo único que te ofrece tu trabajo es ganar dinero, eso sólo significa que ciertos aspectos importantes de una vida sana —como tus pasatiempos, tu compromiso social o tus relaciones— necesitan desprenderse de otras áreas de tu existencia. Actualmente, el trabajo se ha convertido en algo tan abarcador que muchos de nosotros suponemos que sería más sencillo si todos los aspectos de la vida pudieran atenderse de un tirón, pero esa mentalidad, la de la perfección de un empleo, sólo conduce a niveles de estrés y ansiedad que no valen la pena. Está bien tener pasatiempos que no proporcionen dinero, pues en sí mismos son gratificantes. Tengo un amigo que adora tocar la guitarra, y se volvió tan bueno que comenzó a dar clases de guitarra. ¿Puedes adivinar lo que ahora odia hacer en su tiempo libre? Si pensaste «tocar la guitarra», ¡estás en lo correcto!

Así que haz un pequeño sondeo sobre tu trabajo. Con la lista de tipos de satisfacción a la mano, ve de qué maneras te satisface tu trabajo. (Si tu trabajo es satisfactorio de alguna otra manera que las enumeradas, déjame saberlo, porque me emocionaría escucharlo). Si la única satisfacción es ganar dinero, quizá sea tiempo de buscar otro trabajo, uno que abarque aunque sea otro tipo de satisfacción. Si obtener otro trabajo es algo imposible en este momento, deja que tu trabajo sea sólo la manera de ganar dinero y encuentra vías alternas para estimular otras partes de tu vida. Es muy probable que tengas muchos otros trabajos a lo largo de tu vida, y esos

trabajos te darán satisfacción en varias formas distintas. Una Supertú permite que su trabajo sea lo que es, y busca añadir satisfacción de ser posible; si no, encuentra la realización en otro lado. Los trabajos van y vienen, pero tu vida es tuya para vivirla por siempre.

Relaciones románticas

La segunda pregunta más común que me dejan los lectores del Tumblr tiene que ver con las relaciones románticas (y, de este tema, jamás podríamos parar de hablar). Hay formas infinitas de estar en una relación, formas infinitas de perderse en una relación y como cinco maneras de salir de una relación. Hay una razón por la cual los superhéroes no pueden manejar el asunto del noviazgo (o salen con alguien sólo durante la película). Puede ser difícil combatir el crimen y mantener una identidad secreta al tiempo que intenta intimar con alguien. Por suerte, para la Supertú puede ser mucho más fácil salir con alguien si es capaz de concentrarse en ella de manera sana, mientras también se concentra en otra persona. Antes de convertirme en Supertú, cuando tenía pareja solía olvidar la parte de «concentrarme en mí de manera sana». Yo en serio creía, fuera por la forma en que fui educada o por una cuestión cultural en general, que una relación romántica debía ser el centro absoluto de mi vida. Así que me sentí desilusionada cuando descubrí que convertir a la otra persona en la razón de mi existencia no garantizaba que me sintiera feliz, fuera amada o dejara de sufrir. Tanto mi experiencia romántica como el entrenamiento en dinámicas de pareja permean esta lista de consejos para las Supertú que crean ser aptas para una relación. Ahora, adentrémonos…

PRIMER CONSEJO DE PAREJA PARA LA SUPERTÚ: ASEGÚRATE DE QUE PUEDES ESTAR CONTIGO MISMA ANTES DE TENER UNA PAREJA

El cuidado personal es un factor absolutamente esencial para conservar el estatus de Supertú, y sin embargo muchas de nosotras lo olvidamos al comenzar una relación. Piensa en las cosas que haces por otra persona cuando comienzas a salir con ella: ahondas en los deseos y necesidades de tu pareja; escuchas —subyugada y fascinada— cada gramo de los pensamiento que expresa tu pareja; puedes ofrecer ricos masajes de espalda y servicios genitales; básicamente, haces cosas lindas por el otro. Sin embargo, es importante observar que todo aquello que te convierte en una buena pareja también se aplica al amor que te tengas a ti misma, y conservar esas habilidades de cuidado personal (capítulo cinco) es esencial para mantenerte en forma mientras estás en una relación. No dejes de amarte cuando ames a alguien más, pues una Supertú tiene que volver compatibles ambas relaciones.

Parte de mi problema en relaciones previas era rendirme completamente ante la otra persona y, por tanto, esperar que él hiciera todas las cosas lindas que yo hacía por mí: prepararme baños de burbujas, entender mis pensamientos más profundos, leerme en voz alta. Lentamente, puedes irle enseñando a tu pareja cómo cuidarte, pero de todas maneras no descuides el cuidado personal. A pesar de enseñarle cómo cuidarte, lo más probable es que te sientas decepcionada si no cumple las expectativas (lo que me lleva al siguiente consejo).

SEGUNDO CONSEJO DE PAREJA PARA LA SUPERTÚ: NO SUPONGAS QUE UNA RELACIÓN ROMÁNTICA LLENARÁ TODOS TUS HUECOS [JUSTO AQUÍ PUEDES INSERTAR ALGÚN CHISTE DE CONTENIDO SEXUAL]

Las relaciones pueden ser tan ricas y asombrosas y satisfactorias; pueden echar luz sobre aspectos de ti antes desconocidos y ayudarte a construir una intimidad que no creías posible con otra persona. Las relaciones son divertidas y desafiantes y hermosas y extrañas, y pueden cambiarte la vida. Puesto que muchas de nosotras sabemos, con toda claridad, lo que las relaciones buenas pueden ser, quiero recordarte algunas de las cosas que tu pareja romántica no puede ser y, por lo mismo, lo que tú no puedes ser para tu pareja:

- ⊙ Asistente
- ⊙ Cuidador
- ⊙ Encargado de tomar decisiones
- ⊙ Esclavo
- ⊙ Encargado de la economía
- ⊙ Pasatiempo
- ⊙ Brújula moral
- ⊙ Padre
- ⊙ Vida social
- ⊙ Terapeuta

Hace tiempo, las relaciones parecían más un acuerdo de negocios, además de ser el medio para crear más humanos que trabajaran en los negocios familiares. Nadie esperaba que el esposo fuera pareja sexual, mejor amigo, socio en los negocios, confidente, cocinero, ama de llaves y todo lo demás (eso les parecía ridículo). Y no sugiero que el viejo modelo sea un acuerdo ideal, sólo quiero evidenciar la locura actual de asumir que la persona con la que elegimos pasar nuestra vida llene todas nuestras necesidades para siempre. Es una tarea monumental y explica, en parte, por qué tantas personas tienen serias dudas con respecto al matrimonio.

Ahora puedo ver que cometí el error de considerar mi primer matrimonio como mi todo. La verdad es que, en este momento, hasta escalofríos me da sólo de pensarlo, pero en aquel entonces sentí un verdadero alivio cuando me casé —alivio de no tener que seguirle el ritmo a todos mis amigos, alivio de no tener que preocuparme por pagar los recibos yo sola, alivio de que todo el trabajo que había estado haciendo (emocional, social y demás) parara—, pues ahora tenía un hombre. Quería un esposo que fuera literalmente todo para mí, y si bien estaba dispuesta a ser todo para él, ninguno de los dos teníamos las herramientas necesarias (y la razón es que esas herramientas no existen). Ninguna persona puede llenar todos los huecos que tú tienes, y no se debería esperar eso de nadie. No es responsabilidad de tu pareja ser el padre o el asistente o el esclavo que nunca tuviste, y entrar en una relación con esa expectativa es injusto para ambas partes. Tus amigos son necesarios, tu terapeuta es necesario, tu cuidado personal es necesario, tu capacidad para administrar una casa es necesaria.

Antes de salir con alguien, debes descubrir cuál es tu hueco de «pareja romántica». Puedes descubrirlo mediante ensayo y error o hablando con amigos. Digamos que decides buscar a alguien que te trate con respeto, tenga sexo contigo, escuche cuáles son tus sueños, tenga sus propios sueños y juegue con tu cabello. Una vez que hayas determinado eso, asegúrate de sólo buscar parejas que llenen ese hueco específico. Por supuesto, es bueno estar abierta a alguien con cualidades adicionales de las

que no tenías idea, pero no salgas con alguien que para nada llene ese hueco.

Y esta idea es bilateral, pues definitivamente no es tu responsabilidad llenar cada necesidad que tenga tu pareja (y tampoco es buena idea hacerlo). Y ese puede ser un terreno bastante resbaloso, pues se siente increíble que tu pareja te necesite y que la relación se vuelva esencial, y no sólo un interludio romántico. Y aunque a la mayoría le guste sentirse necesaria, en última instancia este acuerdo te agobiará y lo más probable es que acabes resintiéndote con tu pareja. La comediante Sarah Silverman sintetizó este concepto en forma hermosa durante una entrevista para *Glamour*: «No quiero completar a un hombre. Quiero que llegue a mí completo». El amor es lo suficientemente complicado en sí mismo como para agregarle una serie de expectativas innecesarias.

TERCER CONSEJO DE PAREJA PARA LA SUPERTÚ: UNA MIRADA EN RETROSPECTIVA

Cuando estoy en una relación, a veces es imposible entender lo que obtengo de ella, pero cuando termina de pronto la neblina se disipa y puedo concluir cosas como: «¡Carajo, si sólo estaba saliendo con ese tipo para verme interesante!». Para salvaguardar el ego de los hombres con los que he salido, no voy a hacer un repaso de cada uno, pero quiero contarte que llegué a salir con un miembro de una secta que también era salvavidas, y que se mudó de casa de sus padres sólo después de haber liberado accidentalmente a un demonio (del cual tenía que escapar). Yo solía visitarlo en la alberca, mientras trabajaba (debajo de una sombrilla y muchas capas de ropa), y hablábamos de religión y música y todo lo demás. En ocasiones, él intentaba practicar sus habilidades psíquicas, adivinando lo que yo pensaba. Y si crees que, en ocasiones, yo le mentía para hacerlo sentir poderoso, ¡adivinaste! Salí con este tipo porque era atractivo, y porque me di cuenta de que, en algún momento, tendría una anécdota hilarante que contar. (Si no te has dado cuenta de ello, esto sucedió durante mi fase de racionalizar mis sentimientos). Y, por cierto, ahora le va muy bien. Se casó y tiene hijos (algo que jamás predije).

Así que intentemos hacer este ejercicio tan revelador como sea posible. Échale una mirada a las relaciones de tu pasado, yéndote lo más lejos que puedas, y comienza a examinarlas desde cierta distancia emocional sana para descubrir qué era lo que querías de cada una. Y no te preocupes si tus respuestas son tan superficiales como «quería tener sexo» o tan profundas como «quería pasar el resto de mi vida con esta persona». A continuación, hay una lista de preguntas que pueden ayudarte a descubrir qué te motivó a salir con estas personas. Espero que respondas estas preguntas, sin juicio alguno, en tu confiable libretita:

- ▲ ¿Cuál era tu situación emocional cuando comenzó esta relación?
- ▲ ¿Qué efecto creíste que provocaría esta relación en tus padres?
- ▲ ¿Qué efecto creíste que provocaría esta relación en tus amigos?
- ▲ ¿Qué efecto creíste que provocaría esta relación en ti?
- ▲ ¿Creíste que esta persona era «la elegida»?
- ▲ ¿Habías tenido algún cambio importante antes de que esta relación comenzara?
- ▲ Cuando comenzó esta relación, ¿estabas evitando o buscando tener pareja?

▲ Cuando esta relación comenzó, ¿estabas satisfecha con otras áreas de tu vida (amistades, trabajo/escuela, etcétera)?

▲ ¿Hubo algún elemento excitante en esta persona que la volvió particularmente atractiva? (Acento, trabajo, historia, pasatiempos extravagantes).

Al utilizar estas preguntas en mis propias relaciones, aprendí que, con frecuencia, lo que quería era «no estar sola», y si bien ese deseo fue técnicamente satisfecho, no necesariamente era la mejor manera de enamorarse. A menudo, también iniciaba alguna relación porque, como mi salvavidas de la secta, mi sentido de aventura imperaba sobre mi sentido de romance. ¿Realmente llegué a pensar que salir con un miembro de un culto dizque psíquico iba a resultar en una relación satisfactoria? No, realmente no. Y quiero enfatizar que no hay juicio alguno, y está perfectamente bien salir con alguien por la aventura; lo importante aquí es buscar patrones. Los patrones pueden incluir: esperar constantemente que el hombre sea «el elegido», salir con alguien cuando te encuentras emocionalmente frágil, salir con alguien cuando tienes un par de semanas libres y quieres que la experiencia esté acotada a ese tiempo de tu vida, salir con alguien más por un sentido de aventura que por tu afecto e interés en el hombre. No tienes que hacer nada con esta información, pero habrá de servirte cuando consideres establecer una relación en el futuro.

CUARTO CONSEJO DE PAREJA PARA LA SUPERTÚ: ESTAR PRESENTE EN LA RELACIÓN

Si sólo una cosa pudieras sacar de esta sección del libro, me gustaría que fuera esta: asegúrate de salir con la persona que está frente a ti. Cuando interactúas con la persona con la que has iniciado una relación, asegúrate de reaccionar sólo ante las acciones de esa persona. Aunque esto suene extremadamente obvio, el panorama se vuelve difuso a la mera hora, debido a la cantidad de expectativas que tenemos en torno a las relaciones. Concentrarse en esas expectativas, en lugar de hacerlo en la realidad, ha arruinado muchas relaciones buenas, y ha hecho que perduren por semanas, meses o años muchas relaciones malas.

Para explicarte qué quiero decir con esto, abajo he reunido unos cuantos tipos de «villanos» de la relación, a los que en ocasiones conjuramos y, como resultado, no vemos a la persona real que está frente a nosotras. Evidentemente, estas no son las únicas posibilidades, pero son unas cuantas de las maneras más comunes de evadirnos de una relación. Cuando se trata del amor, el corazón y los ojos abiertos constituyen la única manera de proceder.

LA FANTASÍA

La fantasía se ha vuelto predominante ahora que las citas en línea son la norma, pero en realidad siempre ha existido. La fantasía se crea cuando engendras una serie de ideas sobre quién es un amor potencial, al tiempo de que ignoras aquello que evidencia que las ideas y la realidad no concuerdan. Yo he salido con chicos que me dicen que son feministas, y he tomado esta información y construido alrededor de ella toda una imagen de un hombre igualitario, brillante y guapísimo, ignorando completamente que el hombre en cuestión realmente piensa que las mujeres son pequeños y tiernos objetos que puede embolsarse. Si conoces a un hombre que te dice que está «dañado» y «le es difícil abrirse emocionalmente», escucha esa información y evalúa su comportamiento hacia ti, en lugar de tratar desesperadamente

de ganarte la confianza y el amor de una persona increíble pero emocionalmente lisiada. La gente que te dice que no puede abrirse ante el otro, no te está proponiendo un desafío, sino que te está ofreciendo una información esencial sobre sí misma. Es necesario poner mucha atención en cuanto al comportamiento de la persona, pues si alguien te está tratando mal, ese trato pesa mucho más que cualquier palabra.

Si alguien a quien conoces tiene algunas de las características de cierto estereotipo fascinante, como algún personaje interesantísimo de alguna película, trata de darte cuenta de que la persona *no* es el personaje. Si llegas a amar a esta persona, asegúrate de que tu amor lo despierte realmente la persona, y no el personaje que ha vivido en tu corazón y en tu mente por tanto tiempo. A esto lo llamo el efecto Lloyd Dobler (y te puedo asegurar que he salido varias veces con hombres sensibles en gabardina, específicamente por el personaje de *Digan lo que quieran*, interpretado por John Cusack). En una ocasión, salí con un hombre y pasé meses esperando a que volviera a ser la persona suave, dulce y encantadora de nuestra primera cita. El ser real era el hombre al que veía todos los días, pero yo me había quedado atrapada en la fantasía. He tenido amigas que se enamoran del perfil que alguien sube a una página de citas, sin darse cuenta de que la persona real detrás del perfil puede ser bastante diferente. Y sé que hemos hablado de que todos tenemos distintas máscaras que nos ponemos en situaciones sociales distintas, y no hay nada de malo en ello. Como adulto, parte de nuestro trabajo consiste en volvernos más diestros para evaluar esas máscaras, así como a los humanos imperfectos, maravillosos y extraños detrás de ellas. La responsabilidad no consiste en evidenciar que te das cuenta de quién es la persona en realidad, sino en tratar de entender a la gente y decidir si quieres estar cerca de ella con base en esa comprensión.

La *fantasía*

El *pedestal*

El *fantasma*

El *cazador*

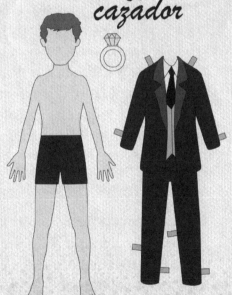

El «sesgo de confirmación» es un término divertido que se aplica a muchas cosas, incluyendo parejas románticas. Se trata de la tendencia a buscar y procesar sólo la información que confirme las creencias que ya has adoptado. Esta es la razón por la cual la gente racista siempre fundamentará su ideología al leer las noticias, porque la probabilidad de que una persona de color haya cometido un crimen son altas. Así que si entramos en una relación creyendo que la otra persona es alguien que aspira a ser actor y se esfuerza mucho para lograrlo, y a quien también le gusta divertirse, tenemos que estar dispuestas a ajustar nuestra imagen mental de la persona, al tiempo que conservamos nuestro respeto y cariño. De esta manera, si la persona resulta ser un borracho pesimista, seremos capaces de ajustar nuestra evaluación sin aferrarnos a la idea de que es un tipo al que le gusta divertirse y sólo ha tenido una mala racha. Todos cambiamos y evolucionamos a lo largo de nuestras vidas, tanto de maneras positivas como negativas. No estoy diciendo que tienes que terminar la relación si el cambio es negativo; todo lo que digo es que es importante darnos cuenta de que estamos saliendo con la persona real, y no con el producto artificial que hemos creado.

EL PEDESTAL

El pedestal es algo muy similar a la fantasía, con la diferencia de que llegas a creer que tu pareja es absolutamente perfecta. Tan perfecta, de hecho, que él o ella se vuelven intocables. Y lo intocable jamás es bueno en una relación, porque las relaciones necesitan tocarse. Tú necesitas modificar, examinar y palpar una relación. En otras palabras, las relaciones necesitan ser maleables. Colocar a alguien en un pedestal es algo que surge de la necesidad de honrar y respetar a la persona con la que estás, pero ciertamente no conduce a una relación real. Cuando consideras que una persona es perfecta de todas las maneras posibles, la relación no se establece en condiciones de igualdad. No sólo no eres lo suficientemente buena para la persona que está en un pedestal, sino que tampoco se da una interacción real entre dos humanos que se aprecian mutuamente. Colocar a tu pareja en un pedestal lo que te garantiza es un par de cosas: que no podrás construir ninguna intimidad real y que la persona, tarde o temprano, te decepcionará. Nadie puede durar mucho tiempo en un pedestal. Todos tenemos errores que finalmente saldrán a la luz, y después te quedarás pensando cuál ha sido el objeto de tu idolatría todo ese tiempo. No trates a tu pareja como si fuera oro, sino como una persona que te gusta y a quien respetas, pero que no es intocable. Puedes halagar a tu pareja y tratarlo bien, pero lo realmente importante es mantener una relación con alguien que está al mismo nivel.

EL FANTASMA

Mi primer esposo y yo vivíamos nuestro tiempo libre sin el otro, lo que significaba que, en casa, nos relajábamos en soledad. No hay nada de malo con esto, sólo que también teníamos vidas sociales, metas y necesidades de intimidad muy distintas, y eso sí era un problema. Después del divorcio, solía preguntarme qué había pasado con mi matrimonio y qué papel había desempeñado yo en ese fracaso (para no repetirlo). Años más tarde, pocos meses después de que mi esposo actual y yo nos casáramos, tras un día agotador, yo me senté frente a la computadora, probablemente a ver fotos de gatos, y él se puso a jugar

un videojuego de básquetbol. Durante una hora, o algo así, nos sentamos en habitaciones separadas de nuestro departamento, y el silencio me ensordeció. «Está volviendo a pasar», pensé, llena de pánico. Y comencé a hacer pequeños tratos conmigo, algo así como «si me habla en menos de dos minutos, significa que todavía me quiere y todo va a estar bien», y después de negociar con mis temores durante mucho rato, decidí que lo mejor era hablarlo con él como adultos. «Tengo miedo de que comencemos a separarnos», le dije seriamente. Él detuvo su juego y me volteó a ver como si yo estuviera loca, y de la plática que siguió saqué una muy buena lección. Mi segundo esposo es completamente distinto de mi primer esposo, y no puedo tratarlos de igual manera. No puedo aislar un aspecto de la relación pasada, compararlo y contrastarlo con mi relación actual y, como resultado, concluir cómo funciona el universo. Cada pareja es un ser singular con un comportamiento singular, y no tiene por qué saber lo que has vivido con parejas anteriores ni cuidarse de no repetirlo. Es algo bueno estar consciente de los patrones que uno tiene en las relaciones, lo cual te ayudará a no proyectarlos en cada nueva pareja. Convertir a tu pareja en un fantasma no sólo evita que te conectes con esa persona, sino también te llevará a la decepción una y otra vez.

EL MOLDE

Creamos moldes cuando establecemos expectativas para una relación incluso antes de conocer a la persona. Esto suele suceder cuando nos hacemos a la idea, consciente o inconscientemente, de que el siguiente hombre va a ser «el elegido». Esta será la persona con la que establezcamos algo serio, por lo que es momento de darnos la oportunidad, ¿cierto? ¡Nos estamos haciendo mayores! Si alguien te ha colocado en un molde, sabes lo extraño que puede sentirse. ¿No es hasta siniestro que alguien decida previamente que quiere casarse contigo antes de conocerte? ¡La vida no es una adorable comedia romántica! Pero necesitamos tener cuidado de no estar haciendo lo mismo y entrar en una relación con una noción preconcebida de lo que esta relación significará. Cada relación es una página en blanco, y establecer un molde para alguien sobre su papel como «futuro cónyuge» o «persona que me salvará de mí misma» no creará mágicamente a esa persona. Nuevamente, lo único que resulta de todo esto es fracaso y decepción.

QUINTO CONSEJO DE PAREJA PARA LA SUPERTÚ: PLANTÉATE LO QUE QUIERES

Esta es una pregunta fantástica que podemos plantearnos ya sea que tengamos una relación o seamos solteras. Si no tienes pareja: ¿qué es lo que realmente quieres de tu siguiente relación? Si tienes pareja: ¿qué es lo que quieres realmente de esta relación en particular? ¿qué falta en tu vida y esperas que esta —o la siguiente— relación te ofrezca? ¿En qué forma te gustaría que la relación fuera distinta de la última que tuviste? ¿Qué huecos llenará la relación? Estas no son preguntas fáciles de responder. En ocasiones, sólo hasta que termina la relación nos damos cuenta de lo que queríamos. Y, en ocasiones, no necesariamente nos gustará la respuesta. Sin embargo, vivir con intención significa plantear y responder incluso las preguntas más difíciles.

    ¿Por qué? Pues porque nos entregamos a las relaciones por todo tipo de motivaciones egoístas, algunas de las cuales no tienen nada que ver con querer intimar profundamente con otra persona. Creo que, con mucha frecuencia, quizá ni siquiera queremos estar en una relación, pero debido a que todo en nuestra sociedad nos orilla a buscar el amor, atemperamos

esa expectativa social buscando relaciones de las que sabemos, en lo profundo, que no se sostienen. Es como si le gritáramos al universo: «¿Ves? ¡Estoy haciendo lo que se espera de mí!». Pero, en realidad, sólo nos dejamos llevar por la inercia, y salimos con gente que no merece nuestro tiempo para satisfacer las expectativas que, suponemos, han sido impuestas sobre nosotros.

¿Cuáles son algunas de las razones por las que queremos estar en una relación? Veamos...

- ★ No quiero sentirme sola.
- ★ Quiero salir con *alguien*.
- ★ Quiero que alguien me adore.
- ★ Quiero sentir y demostrar afecto por alguien.
- ★ Quiero tener una vida sexual activa.
- ★ Quiero estar a la par con mis amigas.
- ★ Quiero amar a alguien.
- ★ No quiero tener que pensar en lo que voy a hacer el fin de semana.
- ★ Quiero compartir mi maravillosa vida con alguien.
- ★ Te quiero en mi vida todos los días, como se pueda.
- ★ La otra persona quiere salir conmigo, y yo quiero darle esa felicidad.
- ★ Se acerca el invierno y quiero acurrucarme en mi sillón favorito.

Como puedes ver, algunas de estas motivaciones son más nobles que otras, algunas son más sanas que otras, algunas evocan más a *Juego de tronos* que otras y algunas son más egoístas que otras. Yo solía basar mi decisión de salir con un hombre en este factor: que él quisiera salir conmigo. Yo suponía que no era lo suficientemente valiosa como para desairar el cortejo de alguien, por lo que si un hombre me quería, yo me obligaba a corresponderle. Sin embargo, casi cualquier otra razón para salir con alguien es perfectamente legítima, lo importante es no hacer planes de boda con la persona que sales solamente para evitar la soledad. Sigue profundizando, y gentil y dulcemente cuestiona tus intenciones, y date cuenta de que mereces que *todos* tus anhelos se cumplan.

OTRAS RELACIONES

Muy bien, suficiente sobre el amor. Aunque las relaciones románticas constituyen sólo alrededor de 1% de la amplia variedad de relaciones existentes, tienden, no obstante, a ocupar mucho más espacio en nuestro corazón. Sin embargo, hay otras que merecen un espacio en este libro.

Generalmente, los superhéroes no son muy buenos para relacionarse, lo cual se justifica porque toda su atención está puesta en lograr un bien mayor para la humanidad, a través de su lucha contra el crimen. Sin embargo, nosotros no podemos darnos ese lujo. Tú estás rodeada de amigos, conocidos, colegas de trabajo, cajeras, conductores de taxi, padres, doctores, niños y esa señora del gimnasio que siempre trata de conversar contigo, cuando es evidente que no tienes aliento para pronunciar una palabra y, además, traes tus audífonos puestos. Puesto que hay maneras infinitas de interactuar con la gente y reaccionar ante ella, lo que sigue es una serie de pensamientos sobre cómo existir de manera exitosa entre la gente en general. Cuando trabajas duro por ser la mejor versión de ti misma, es necesario velar por tus necesidades y crecimiento, al tiempo de ser respetuosa con los demás. Hasta aquí, hemos pensado en la Supertú como la estrella de su propia franquicia de películas, al estilo Thor o Capitán América. Ahora es tiempo de darnos

cuenta de que, para el resto del mundo, no somos las estrellas de la película, sino parte de los Avengers, y debemos cooperar apropiadamente.

Como los Avengers, grupo conformado por superhéroes como Hulk, la Viuda Negra así como Iron Man, nuestras vidas son realmente una constelación de gente que tiene sus propias fortalezas y se encuentran en su propio camino de crecimiento. Algunas veces colaboramos, otras peleamos, algunas más trabajamos para estelarizar nuestra propia película (y no nos podemos permitir compartir el protagonismo). Puesto que sería inapropiado (y costoso) tomar prestado el título de Avengers, llamemos a tus círculos sociales la Unidad de las Fantásticas. Y a poco no suena como un programa que ABC lanzaría al aire en septiembre: «Unidad de las Fantásticas: Divididas mueren, unidas derrotan». Divago nuevamente. ¿Tu película de la Unidad de las Fantásticas está llena de gente que entiende las fortalezas del otro y se comunica claramente para lograr cosas buenas o está llena de motivaciones turbias, falta de comunicación y una pésima resolución de conflictos? Sería esta segunda descripción, llena de peleas e intrigas, la que preferiría ver en la tele, pero preferiría existir en el programa en donde la gente aprende a trabajar con el otro eficazmente para resolver problemas y avanzar en la vida. Así que hablemos sobre lo que puede salir mal cuando nos comunicamos, y lo que podemos hacer al respecto (con sólo unas cuantas herramientas de bolsillo).

CONSEJO PARA LA UNIDAD DE LAS FANTÁSTICAS: EL OTRO NO TIENE PODERES PSÍQUICOS

Hablamos un poco de esto en el capítulo siete, es decir, sobre el hecho de tener expectativas sin comunicarlas. Volvamos a hablar de ello ahora, pues es un tema así de importante. ¿Cuáles son las reglas no dichas que guían tu vida cotidiana, tus interacciones sociales y la manera de reaccionar ante los demás? Todos, aunque no estemos conscientes de ello, tenemos nuestras propias expectativas sobre cómo queremos ser tratados. ¿Qué límites estableces con extraños, y cómo se diferencian de los que estableces con colegas y amigos íntimos? Preguntas como: «¿Qué manifestaciones de cariño *debe* mostrar una persona?» o «¿Cómo *debe* reaccionar alguien cuando le das un regalo?» son un buen lugar para empezar a descifrar estas reglas tácitas. Algo que es importante notar sobre los debe es que no son muy eficaces; de hecho, con frecuencia surgen problemas cuando esperamos que otra persona conozca nuestras expectativas. Stuart Smalley —un personaje de los noventa en *Saturday Night Live*— solía decir que la humanidad parece cagar expectativas. Sentarte y preguntarte cuáles son las expectativas en tu vida es una manera excelente de descubrir cuáles son razonables y cuáles provienen de patrones añejos y creencias negativas. Inténtalo.

Si te resulta difícil pensar en cuáles son tus expectativas, tengo dos consejos para ti. En primer lugar, con frecuencia uno descubre cuáles son en el momento en el que no se cumplen (imagínate cuán poco se habla de ellas). En segundo lugar, yo he descubierto que al comparar mis expectativas con las de mis padres, he podido observar con claridad cómo nos diferenciamos. Por ejemplo, mi madre dice: «Cuando le doy comida a los vecinos, ellos *deben* devolverme el recipiente». A este respecto, ella es inflexible, tanto así que ve la devolución, o falta de ella, como una indicación más profunda de tu personalidad y tu valía. Y no estoy proponiendo si está o no en lo correcto, sino que para ella quedarse con el recipiente es una señal de una persona que es codiciosa y, posiblemente, hasta terrible (¿mencioné que soy sureña?). Si yo hubiese heredado esa expectativa, mis amigos serían seres humanos terribles, porque casi nunca me

devuelven mis *bolsas Ziploc* (aunque bien podría deberse a que es muy raro que les lleve comida a sus casas).

Mis padres también creen que «uno no debería hacer públicos sus logros, pues eso te hace ver como un fanfarrón». Lamentablemente, eso no funciona en mi campo laboral, en donde parte del trabajo consiste en hacerme propaganda ante la gente. Mi visión en esta área es una actualización de la de mis padres: «Debes, de manera discreta y firme, dejar que tu trabajo hable por sí mismo. Tu trabajo debe hablar más fuerte que tú».

Básicamente, definir tus expectativas en áreas como el romance, la amistad, el trabajo y la interacción con tus padres, puede ayudarte a calibrar tu posición en la vida y a contemplar los cambios que puedes hacer para abogar por ti misma un poco más. Esperar que otras personas sepan cuáles son tus expectativas es una trampa en la que las integrantes de la Unidad de las Fantásticas, y en realidad cualquier Supertú, caen con frecuencia. Déjame que te ponga un ejemplo.

Tienes un nuevo compañero de trabajo en el cubículo contiguo. Durante el almuerzo, él habla de cosas personales y en voz muy alta por su celular (todos los días). Tú quieres destruirlo, pero, en su lugar, te enfureces en silencio y decides odiarlo para siempre. Él *debería* saber que está siendo un maleducado.

O bien:

Tu compañera de cuarto deja los trastes sucios en el fregadero, para lavarlos días después. Eso te pone frenética. Ella *debería* saber que uno tiene que lavar sus trastes justo después de comer, ¿cierto? Una tarde llegas después de un día muy pesado y encuentras a tu compañera de cuarto sentada en el sofá, comiendo, y piensas: «Si sus platos están en el fregadero, voy a explotar». Y, ¿adivina qué? Lo están. En ese momento, comienzas a gritarle y ella se sobresalta, se pone como loca y también comienza a gritarte.

O, ¿qué tal esto?

¡Es tu cumpleaños! Acabas de entrar a la universidad y es tu primer cumpleaños lejos de casa. Tus amigos no dejan de preguntarte a dónde van a ir a celebrar en la noche. Los cumpleaños siempre son todo un evento en tu familia, con celebraciones que empiezan desde un desayuno especial y terminan con una cena planeada por tus padres. Conforme el día va transcurriendo, pasas de sentir algo de molestia a un verdadero enojo, pues la gente no deja de preguntar en dónde va a ser la fiesta. Finalmente, les dices a tus amigos que no te sientes bien y pasas tu cumpleaños en casa, navegando rabiosamente por internet.

En todos estos ejemplos, tú tenías claramente en tu cabeza una serie de expectativas o una serie de «debería» que diera como resultado una conducta esperada. Al no comunicarle a nadie cuáles eran esas expectativas, lo que has hecho es preparar el terreno de tu propia decepción. Tu compañero de trabajo probablemente no se dé cuenta de cuán fuerte está hablando, así que si de manera gentil le haces saber que las paredes de los cubículos son delgadas y que quizá quiera hacer sus llamadas en

un lugar más privado, eso probablemente resolverá el problema (esa medida también puede evitar un asesinato). La mayoría de nosotros asume que las expectativas de las otras personas son las mismas que las nuestras, pero esto es muy poco común, y también lo que hace de la interacción humana algo tan interesante. Nuestra tarea, al ir transitando por la vida, es asegurarnos de que en lugar de esperar que otras personas sean psíquicas, les pases el memorando de cómo quieres que te traten. Y para nada estoy diciendo que apabulles a otras personas con tu lista de expectativas, al estilo demandante de una diva o princesa, sino que tengas en mente que no es el trabajo del otro hacer una labor detectivesca para descubrir cómo quieres que te traten. Es *nuestro* trabajo comunicar cómo queremos ser tratados. ¿Significa esto que siempre seremos tratadas como queremos? Por supuesto que no, porque como todas sabemos —y repítelo conmigo— ¡sólo podemos controlarnos a nosotras mismas! Pero al comunicarle nuestras expectativas a otra persona, nos damos la oportunidad más justa posible de ser escuchadas y comprendidas. Ahora bien, al comunicarnos con claridad desde el principio, ¿anulamos la oportunidad de enojarnos con alguien y sentir decepción? Claro que sí. ¿También nos damos la oportunidad de que los demás satisfagan nuestras expectativas? Claro que sí. ¿Cuál prefieres?

Algunas de ustedes siguen retorciéndose ante la idea de confrontar a un compañero de trabajo para que se vaya a otro lado con sus conversaciones telefónicas, y créanme que las entiendo. Evitar confrontar a una persona en vivo y a todo color es la tendencia actual, y les prometo no hablar de lo fantásticas que pueden ser las personas para confrontar a otros en línea, pero no en persona. Así es que pasemos al siguiente consejo para la Unidad de las Fantásticas.

CONSEJOS PARA LA UNIDAD DE LAS FANTÁSTICAS: LA CONFRONTACIÓN

La palabra «confrontación» suscita imágenes como del programa *Real Housewives*, en donde las cámaras capturan a dos mujeres gritándose la una a la otra para convertirse en grandes estrellas, pero no tiene que ser así. Una confrontación, al menos para mí, tiene que ver con la manera de pedirle a alguien que se comporte de manera distinta en una situación específica. Lo puedes hacer en un duelo a gritos, de manera pasiva-agresiva en Twitter, a través de una carta o de manera tranquila y racional en persona. Sin embargo, incluso cuando se hace de manera tranquila, no es nada cómodo. Confrontar a la gente nunca es fácil ni divertido, pero es un músculo que se va fortaleciendo con el ejercicio. Entre más veces hagas de tripas corazón y hables con alguien de manera abierta y honesta sobre la necesidad de recibir un trato distinto, irás descubriendo que confrontar a alguien no tiene por qué matarte. En ocasiones, un poco de incomodidad es necesaria en la vida, y sólo puedes llegar a saberlo si lo intentas.

Cuando trabajé en un programa residencial de tratamiento para adolescentes con problemas de ira, adicción, conducta e incompetencia social, hice un gran énfasis en lo referente a confrontaciones y resolución de conflictos. Los jóvenes con frecuencia aprenden que no sólo está bien estallar frente al otro como un medio de expresión, sino que es la conducta esperada. Sin embargo, el personal no iba a tolerar semejante desastre. Fue sorprendente atestiguar cómo estos chicos pasaban de una furia incoherente si alguien marcaba sus zapatos a solicitar un tiempo fuera para pedir «que el apodo "cagalón" ya no fuera usado porque es hiriente y ni siquiera cagué mis pantalones, era lodo». Y si bien mi trabajo consistía en enseñarles cómo

confrontarse entre sí, terminé aprendiendo muchísimo de la manera en que lidiaban, ciertamente forzados como parte de su tratamiento, con estas habilidades. De ellos aprendí cómo la profunda complejidad de las interacciones humanas, el enojo, el resentimiento, el respeto y los límites pueden convertirse en peticiones tranquilas, simples y directas. De ellos aprendí la diferencia entre confrontar a alguien para mejorar una relación y confrontar a alguien para infligir dolor. De ellos aprendí que algunas veces es necesario hacer algo un poco incómodo para mejorar las cosas. De ellos aprendí que practicar las habilidades de confrontación es como utilizar un músculo, uno que los vi usar ante sus atónitos padres. Fue muy hermoso.

RÁPIDO CONSEJO DE VIDA E INTERNET PARA LA SUPERTÚ

No digas nada a través de internet que no estarías dispuesta a decir a la cara (eso podría incluir un «por favor, vete» amable pero firme).

Ahora es tu turno. Esta es la manera en la cual una Supertú, con toda la intención de seguir siendo importante y un miembro fuerte de la Unidad de las Fantásticas, además de mantenerse a salvo, confronta a otro ser humano.

Digamos que tienes un compañero de trabajo, Bob, quien constantemente te interrumpe y te platica en las juntas de trabajo. Esto te hace sentir molesta y un tanto herida, y lo que quieres es que deje de hacerlo. Pues bien, lo primero que necesitas hacer es decidir si esta confrontación es *necesaria* o no. En ocasiones, las partes más oscuras y escurridizas de nosotras mismas quieren confrontar a alguien por algo que tiene que ver más con nosotras que con la otra persona, pero no podemos ver con claridad que se trata en realidad de un problema personal o bien queremos dispersar nuestra miseria un poco, bajo el disfraz de la capacidad de alzarnos en defensa propia. ¿Cómo te das cuenta de la diferencia? Bueno, pues imagina que tu oficina es parte de un *reality show*. Si confrontaras a Bob, ¿cuál sería la reacción de los espectadores en casa? ¿Estarían de acuerdo con que es un problema que debe aclararse o se sentirían confundidos por tu confrontación? Cuando se trata de conflictos entre compañeros de trabajo, el problema puede radicar en que Bob trabaja mejor que tú o el jefe lo prefiera a él. Si es así, no es necesario confrontar a Bob, y sí algo que tú tienes que aceptar. Es importante escoger tus batallas y darte cuenta de que, en ocasiones, la mierda es más tuya que del otro. En el caso de un colega que interrumpe cuando tú aportas algo y constantemente te habla en medio de las juntas, estoy de acuerdo en que una confrontación es la mejor de las ideas.

El siguiente paso al confrontar a alguien tiene que ver con lo *oportuno* del momento. Saber elegir el momento adecuado es esencial para una confrontación sana y tranquila. ¿Estás serena y en dominio de tus emociones, o sientes que puedes darle una cachetada a Bob o ponerte a llorar? ¿Bob se encuentra disponible? ¿Qué tan tranquilo está el ambiente, en general? Lo importante es que, al confrontar a Bob, ambos estén tranquilos. Siempre, cual vampiro, es necesario pedir permiso para hablar, y no sólo desbordarte emocionalmente frente al otro sin previo aviso.

Ahora, el siguiente paso consiste en saber qué quieres lograr con la confrontación. En tu cabeza, ¿cuál es el resultado más favorable de este encuentro? Y contestar esta pregunta te da la oportunidad de verificar si realmente quieres un cambio de comportamiento en el otro o sólo castigarlo. El castigo no tiene razón de ser como confrontación. Pensar en lo que quieres lograr con la confrontación te ayudará a estructurar lo que quieres decir, y querrás verbalizar tu deseo de que la otra persona

manifieste conductas concretas y observables, pues si le pides a Bob que «muestre más respeto», él y tú pueden tener distintas interpretaciones sobre lo que eso significa. Bob quizá no te interrumpe por falta de respeto, pero si tú le dices a Bob que te gustaría que te dejara terminar de hablar durante las juntas, ese es un comportamiento específico que puede medirse.

Ahora hemos llegado al momento de la verdad. Es un martes tranquilo en el trabajo y te acercas a Bob para decirle que si puedes hablar con él un momento. A lo mejor te tiemblan las manos, pues todo el asunto es incómodo. ¿Cuáles son tus palabras?

> «[Conversación casual sobre el día de trabajo.] Bob, he notado que [insertar la descripción concreta de un comportamiento, asentada sin suposiciones de la razón por la cual sucede]. Me gustaría que tú [una petición de un comportamiento distinto]. ¿Lo que pido tiene sentido para ti?»

Y eso es todo. Por favor observa que es increíblemente importante no hacer ninguna suposición en cuanto a las razones del comportamiento de Bob. Por favor no le digas: «He notado que tú me interrumpes durante nuestras juntas semanales, probablemente porque soy una mujer y eres sexista». Sea esto cierto o no, lo único que logrará un comentario así es insultar a Bob y ponerlo a la defensiva, incluso si tu suposición es bastante inofensiva. Además, quizás estés equivocada.

Si tú confrontas a alguien con quien tienes un vínculo más cercano, a lo mejor puedes agregar el paso opcional de decirle al otro cómo te hace sentir su conducta. Digamos que estás confrontando a tu amiga Lucy debido a que siempre entorna los ojos y dice «problemas de alcohol» cuando te quejas sobre alguna pelea con tu esposo. Tus palabras podrían ser las siguientes:

> «Lucy, he notado que [insertar una descripción concreta del comportamiento, asentada sin suposiciones sobre la razón por la cual sucede]. Cuando tú [haz el gesto fastidioso, sin decir "fastidioso"], me siento [describe cómo te sientes, concentrándote en tu reacción a la conducta, y no al porqué de la ofensa, y tampoco le digas: "Siento que eres una cabrona"]. Me gustaría que [petición de un comportamiento distinto]. ¿Lo que te digo tiene sentido para ti?»

Estas palabras están reservadas para aquellos con los que tenemos mayor intimidad, porque no siempre es necesario dejar que un extraño sepa cómo te sientes por colarse frente a ti en la fila del banco. De hecho, te aconsejo que no lo hagas.

Y, entonces, ¿qué sucede? Una vez que hayas pasado por este trago amargo, dependerá de la otra persona decidir cómo reaccionar. Bob, Lucy o el extraño en el banco pueden disculparse y corregir su comportamiento inmediatamente. Quizás hasta terminen dándose un abrazo y entendiéndose a un nivel mucho más profundo. También podría suceder que la persona se resista a escuchar y te diga que te vayas al demonio. Cuando una persona a la que has confrontado rechaza tu petición, te aconsejo hacer lo siguiente.

GRUPOS DE SUPERHÉROES: LO BÁSICO

Cuando se trata de agrupaciones azarosas de superhéroes, los Avengers no son los únicos.

* El Doom Patrol era un grupo de superhéroes que se sentía aislado y enojado por sus superpoderes.

* La Liga de Caballeros Extraordinarios, como los Avengers pero en la Inglaterra victoriana, agrupa personajes de obras de ficción, como el capitán Nemo, el profesor Moriarty y Dr. Jekyll.

* Los Thunderbolts son una flotilla constituida por supervillanos reformados.

(Como que la Unidad de las Fantásticas ya no suena tan absurda, ¿o sí?)

CONSEJO PARA LA UNIDAD DE LAS FANTÁSTICAS: CÓMO LIDIAR CON GENTE TERRIBLE

Hay gente que se porta muy mal. A lo mejor, se siente infeliz y quiere que las otras personas se sientan tan mal como ella. A lo mejor, es su manera de probarse a sí misma que es importante. No lo sé, y realmente no me importa: simplemente son terribles. La gente que realmente se esfuerza por hacerle la vida de cuadritos a otras personas entra y sale de nuestras vidas todo el tiempo. ¿Qué podemos hacer al respecto? ¿Cómo es que una Supertú lidia con semejantes patanes cuando se da cuenta de que realmente no puede controlar a nadie salvo a sí misma?

Nota: Hablo de la naturaleza terrible de bajo impacto y enorme variedad en amigos, colegas, conocidos y extraños. No estoy hablando de ninguna forma de abuso, ya sea físico o de otro tipo, en las relaciones personales. Las amenazas o el abuso real es un tema extremadamente importante que supera el alcance de este libro. Si tú estás en una relación abusiva de cualquier tipo, por favor contacta a un profesional, ya sea a través del 911, la Línea Nacional de Violencia Doméstica (1-800-799-7233) o un terapeuta.

Existen dos tipos de patanes: los que puedes evitar y los que no.

Patanes que puedes evitar

Si has hecho una petición de manera serena y concreta para un cambio de comportamiento y la persona se ha negado, considera si tienes la opción de retirarte de la situación que te está fastidiando. Si es así, entonces lidias con un patán que puedes evitar. Así que si alguien trata de colarse en el banco y se rehúsa a moverse cuando le pido que se forme en donde va, mis opciones son las siguientes: encontrar otra manera de hacerme escuchar —en este caso, hacerle saber a la cajera que yo soy la siguiente en la fila— o retirarme. Y no tienes por qué sentir vergüenza ni culpa por dejar la fila, pues retirarse de una situación en la que no estás recibiendo respeto no es rendirte ni dejar que el otro gane, sino ejercer la poca libertad que tienes; es decir, tu presencia y participación. Yo no puedo, y no quiero, forzar a la otra persona a que haga algo, incluso si es lo correcto, así que mejor me retiro de esa situación, y no me vuelvo cómplice y finjo que no pasa nada.

Alejarse de una situación puede dar distintos resultados. Si te encuentras en un contexto social en donde un conocido está siendo un ojete, retirarte significa tener que avisarle al grupo que te vas. Si se trata de un proyecto escolar y alguien quiere tomar el crédito por el trabajo que tú hiciste, podría significar pedirle a la maestra que te cambie de grupo. En situaciones como estas,

lo que yo hago es tratar de visualizar la cantidad de poder —con frecuencia en una barra pequeña que flota sobre la cabeza del cretino— que cada persona tiene en una situación social. (Si alguna vez has jugado el videojuego de los Sims, sabes exactamente a lo que me refiero). ¿A cuánto de mi poder me quiero aferrar y cuánto estoy dispuesto a darle a la otra persona? Para mí, permanecer en una fiesta en donde un conocido está siendo grosero conmigo me arrebata una cantidad de poder que no estoy dispuesta a perder. Pedir un comportamiento distinto y retirarme si la persona se cierra a mi petición es, para mí, la manera de recuperar mi poder. El poder que la otra persona tiene sobre mí se disipa cuando me retiro de una situación; esto es esencial, incluso si significa un inconveniente para mí. Y el planteamiento no es que otra persona tuvo el poder de hacerme abandonar una fiesta o una fila en el banco, sino que yo tuve el poder de no permitir que el mal comportamiento de alguien arruinara mi día.

Patanes a los que no puedes evitar

Si, por algún tipo de responsabilidad importante para ti, no puedes abandonar una situación en la que alguien te está faltando al respeto, te encuentras en un territorio totalmente distinto; es decir, en la tierra de los patanes que no puedes evitar. Es aquí en donde ponerse una armadura extra y añadirla al uniforme de la Supertú puede no ser mala idea. Si tienes un jefe, un compañero de trabajo o un padre que sea medio patán, y sientes que no puedes hacer nada al respecto, entonces tu trabajo consiste en protegerte. Para esto, puedes usar protección contra patanes, la cual es similar a las armas baratas de las cuales hablamos anteriormente, sólo que más útiles. La protección contra patanes tiene varias piezas:

- ⊙ El rostro impasible, el cual se convierte en tu propio recordatorio de respirar profundamente y no dejar que el comportamiento del patán te haga reaccionar de más.

- ⊙ La capa de exención de responsabilidad, para que puedas cubrirte con el conocimiento de que el comportamiento del patán es suyo y sólo suyo, y no tiene nada que ver contigo. La capa también te recuerda que tú no mereces ese trato.

- ⊙ Brazaletes de empatía, para no olvidar que este patán despotrica porque lo más probable es que se sienta triste, asustado o frustrado consigo mismo. Los brazaletes de empatía pueden producir sentimientos de piedad hacia tu patán, y eso está bien. Sentir compasión es mejor que sentirse objeto de un maltrato.

- ⊙ Casco para el manejo de la ira, para ayudarte a recordar que puedes utilizar cualquier técnica para tranquilizarte e impedir la desaparición de tu buen humor.

- ⊙ Botas de escape, te brindan la posibilidad de esfumarte de un momento a otro.

Existe un último artículo para la armadura contra patanes, y sólo aplica a ese comportamiento que, si se inspecciona más de cerca, resulta que está motivado por buenas intenciones. Esencialmente, la conducta lleva por empaque un papel de pésima calidad, pero en eso radica la magia de abrir un regalo.

Digamos que un asesor o un maestro constantemente te grita para que hagas tu mejor esfuerzo, pues básicamente ve potencial en ti, pero no conoce formas más elegantes de estimular tu talento. Quizá tu madre hace comentarios sarcásticos sobre la terrible apariencia del color rosado en tu pelo, pero eso en

realidad es el regalo de: «Te quiero y me gustaría que las cosas fueran fáciles para ti» (envuelto en juicio y desdén). Cuando soy capaz de ver que, en realidad, hay una buena intención dentro de esa envoltura asquerosa, puedo recordar que, así como algunas personas no pueden envolver regalos, los patanes normalmente tienen habilidades de comunicación realmente malas. En ocasiones, he llegado a agradecer a la persona por preocuparse por mí, y no es de sorprender que eso la desconcierte. Esto no justifica en lo más mínimo su comportamiento, pues nadie tendría que portarse como un patán, pero lo importante es descubrir cómo aceptar a una persona cuyo comportamiento no va a cambiar, y tratar de sacar lo mejor de ello.

Yo tenía un jefe que criticó durante años, todo lo que yo hacía, a tal punto que solía llamarme a su oficina para darme de gritos sobre cosas que ni siquiera entraban en el campo de mi responsabilidad. Finalmente, me di cuenta de que había un regalo en el interior de los gritos, pues él pensaba que yo era capaz de lograr la perfección. No lo soy, y nadie lo es, pero su envoltura parecía afirmar, a base de gritos, que debería serlo. Así que cuando él me llamaba para gritarme, yo comenzaba a agradecerle, con algo de exageración, su confianza en mis capacidades. Eso no lo detuvo, pero sí lo desconcertó un poco (lo que fue suficiente para mí). Gracias a que supe cómo desenvolver sus regalos, y a mi armadura extra, pude sobrevivir a ese trabajo. Al final, también me las ingenié para dejarlo.

CONSEJO PARA LA UNIDAD DE LAS FANTÁSTICAS: PEDIR DISCULPAS

Confeccionar una disculpa buena y sólida es fácil y difícil al mismo tiempo. Es difícil porque requiere admitir que estabas mal, lo cual puede parecerle un trago amargo incluso a la mejor versión de ti misma. También es difícil porque requiere vulnerabilidad. En términos de transferencia de poder entre personas, como la que discutimos anteriormente, pedir una disculpa es ceder, de manera voluntaria, tu poder a alguien con el fin de reparar algo. Sin embargo, al compartir tu poder con la persona a la que hemos lastimado —al admitir algo y hacerte responsable por ello— lo que creamos, en realidad, es un poder emocional maduro y bello para nosotras. Y todavía tengo más buenas noticias: nunca es demasiado tarde para disculparte. Si aún tienes una sensación palpitante sobre la necesidad de disculparte por algo que sucedió incluso hace mucho tiempo, entonces disculparte tendrá un beneficio adicional; es decir, liberarte de ese sentimiento. El maravilloso libro de Amy Poehler, *Yes, Please!*, analiza el tema de las disculpas en forma maravillosa (realmente recomiendo su lectura). Por supuesto, uno no siente el ímpetu de pedir perdón, pero crear una buena disculpa también puede ser fácil, porque su eficacia es mayor cuando es simple y directa. Déjame mostrarte cómo.

El primer paso a la hora de pedir perdón es pronunciar las palabras: «Lo siento». El segundo paso implica hacerte responsable de tu parte en lo que haya ocurrido, y debes hacerlo sin culpar a nadie más ni justificar o minimizar tu comportamiento. Esta parte es muy importante, pues jamás debe mencionarse el nombre de algún posible culpable cuando te estés disculpando. Una buena manera de demostrar la importancia de esto es imaginar que alguien te ofrece disculpas de la siguiente manera:

> **«Siento haber dicho algo feo de tu nuevo novio, pero la chica con la que estaba hablando es tan chismosa y como que me lo sacó con tirabuzón, y yo ni siquiera sabía que estabas parada junto a nosotras, y realmente no fue tan grave…»**

Si alguien te dijera algo así, ¿sentirías que la persona se está haciendo responsable de sus acciones? Supongo que no. Ahora, imagina cómo te sentirías si, en lugar de lo anterior, ella dijera esto:

> «Siento haber dicho algo feo de tu nuevo novio. No fue lindo de mi parte.»

¿Puedes ver (y sentir) lo distinta que es la segunda disculpa? Es sencilla y directa, y nada es tan bueno como hacernos cargo de nuestras acciones con un número mínimo de palabras. Sin importar por qué esa mujer dijo algo descortés, nadie la forzó a hacerlo, y sus motivaciones no son importantes para ti, sólo su falta de amabilidad. Si tu comportamiento lastima a otros, asegúrate de decir que lo sientes y hazte responsable de tus acciones. Eso es todo lo que requiere una disculpa sin adornos que, en ciertas situaciones, es la más adecuada.

Pero todavía no terminamos, pues hay un par de pasos opcionales que pueden ser muy importantes si has lastimado a alguien con quien tienes una relación cercana, y el hecho de que estos requieran mostrar incluso más vulnerabilidad los vuelve más importantes todavía. El paso opcional número tres es explicar los sentimientos detrás de tu conducta, pero observa que la intención de ello no es justificar tu comportamiento ni generar compasión; idealmente, la intención tiene que ver más con una oportunidad de profundizar en la comprensión y la empatía entre ustedes. Nuevamente, imagina si alguien te dirigiera las siguientes palabras:

> «Siento haber dicho algo feo sobre tu nuevo novio, pero me va a bajar en estos días, y ya sabes cómo se pone una.»

¿Eso haría que te sintieras mejor? De nuevo, lo más probable es que no. Conocer el estado físico y/o emocional de la persona que te lastimó justo en el momento de lastimarte no reduce el dolor. Ella tiene que profundizar un poco más, volverse vulnerable, pues sólo así puede apropiarse de su parte. Ahora bien, ¿qué sentirías si te dijera esto?

> «Siento haber dicho algo feo de tu nuevo novio. No fue lindo de mi parte. No es una excusa, pero creo que me he estado sintiendo un poco celosa porque encontraste a alguien que te importa. Sin embargo, ese es mi rollo y no debí hacer ese comentario.»

Pues bien, ¿cómo recibes esto? ¿Puedes imaginar una buena plática sobre la amenaza que representa una nueva relación para la amistad y la manera en que los vínculos permanecen fuertes a pesar de las pruebas de la vida? Espero que sí.

Si eliges explicar en una disculpa los sentimientos detrás de tu conducta, pregúntate si lo que reveles te acercará a la otra persona, o si sólo te servirá para provocar lástima. Es importante repetir que saber cuáles son los sentimientos detrás de un comportamiento inaceptable no lo justifica. Sin embargo, sí puede servir como un puente de empatía para generar una plática y trascender el dolor.

Y hay un último paso, y es el número cuatro, también opcional, el cual consiste en ofrecer reparar el daño. Evidentemente, esto no siempre es apropiado, pero si hay un verdadero desastre que tiene que ordenarse o si es necesario aclarar cosas por un malentendido, es un acierto ofrecer ayuda para reparar las cosas. Ofrécelo de manera concreta y clara, y cúmplelo.

UNA ESCENA DE MI EXITOSA PELÍCULA DE SUPERHÉROES

INTERIOR: OFICINA, DE DÍA

Vemos una *laptop*, una impresora y unos expedientes sobre un escritorio. En la pared, hay algunos pósteres de mujeres hermosas, grupos musicales y películas. La escena es tranquila. Repentinamente, la puerta se abre con violencia y dos exaltados demonios grises aparecen. Son repulsivos, con los dientes afilados y las garras puntiagudas, y tienen toda la apariencia de apestar terriblemente. Imagina a los Gremlins, sólo que más grandes y repugnantes. Se trata de inseguridad y fraude.

Fraude: Voy a contaminar la computadora.

Inseguridad: Perfecto. Yo voy por la apariencia física.

Fraude se sienta frente a la *laptop* y es sorprendentemente hábil para teclear, a pesar de sus garras.

325

Inseguridad: [Comienza a arrancar los carteles de las mujeres hermosas lleno de gozo.] ¡Fea! ¡Fea! ¡Fea! ¡Mira lo fea que eres comparada con ellas! ¡Todo el mundo se da cuenta de que tus muslos se tocan por gordos!

CAMBIO ABRUPTO DE ESCENA
INTERIOR: UN VAGÓN ABARROTADO DEL METRO, DE DÍA

El vagón está repleto, pero nos concentramos en una mujer que tiene cerca de 30 años y va bien vestida. Se trata de Emily. Su rostro se va transformando, y lo que era una mirada perdida en el espacio se convierte en ceño fruncido y, finalmente, en expresión de alerta. Se lleva la muñeca a la boca, como si fuera un agente del Servicio Secreto, y comienza a hablarle a su manga.

Emily: Mierda, tenemos un ataque terrorista a punto de estallar.

Voz que sale del aparato: ¿Qué? ¿Ahora? ¿Cómo lo sabes?

Emily: ¡Maldición! ¡Sólo lo sé! Ahora encuéntrame un lugar seguro para que pueda pelear.

INTERIOR: OFICINA, DE DÍA

Inseguridad y **fraude** han destruido la oficina completamente. Hay papeles tirados por todos lados, y las superficies están cubiertas de moco. Inseguridad tiene los pies sobre el escritorio y habla por teléfono.

Inseguridad [con voz aguda]: Pues eso es lo que digo, amigo. ¿Realmente has visto su currículum?

Fraude: Dile que has llegado hasta aquí por pura suerte y que no tienes idea de cómo conseguiste el trabajo. [Los demonios chocan las manos.]

EXTERIOR: UNA CALLE TRANSITADA, DE DÍA

Emily está corriendo y se ha quedado sin aliento. Ella levanta su muñeca para hablarle nuevamente al aparato.

Emily: Ya no hay cabinas telefónicas, punto. ¡Encuéntrame una heladería!

Voz que sale del aparato: ¡En la siguiente cuadra, del lado izquierdo!

Emily se mete a toda velocidad en la tienda, y sale unos segundos después, también a toda velocidad, vestida de superheroína. Ella se ve poderosa. Levanta su muñeca para hablar nuevamente.

Súper Emily: Teletranspórtame. La reunión con el editor es en media hora.

Emily se esfuma.

INTERIOR: OFICINA, DE DÍA

Emily reaparece en la oficina destrozada. Parece desmoralizada, pero rápidamente se yergue. Los demonios no la han notado.

Súper Emily: Bueno, chicos, es hora de hacerlos trizas. He llegado demasiado lejos como para que un par de cabrones me derroten ahora.

Inseguridad: ¿Realmente crees haber llegado demasiado lejos? Vamos, si en algún momento hasta le rogabas a la gente que leyera lo que escribías, sin cobrar nada. ¿Por qué te pagaría alguien por escribir ahora?

Fraude: Y si escribes cualquier cosa sobre cuestiones terapéuticas, ¿no violaría eso tu código de ética?

Inseguridad: Y, ¡guácala!, pensé que cuando dejaras de pintarte el pelo dejaría de verse tan hirsuto y abierto de las puntas.

Emily jala un mechón de pelo para verlo, y después se detiene y se sacude.

Súper Emily: Buen intento.

Emily baja la mochila que tiene en la espalda, la abre y comienza a sacar herramientas. Ella saca algunos mantras positivos, música relajante, un amigo diminuto que le levanta el ánimo y, finalmente, una espada. Ella la sostiene encima de su cabeza, y podemos ver grabada en el metal las palabras «ANIQUILADOR DE DIÁLOGO INTERNO NEGATIVO».

Súper Emily: La mejor versión de mí misma no tiene por qué aguantar esto. [La espada desciende y la sangre salpica por todos lados.]

Voz en *off*: Próximamente en un cine cerca de ti. Sé la persona que siempre quisiste ser. Sé una Supertú.

CONCLUSIÓN: A PARTIR DE AQUÍ, ¿HACIA DÓNDE VAMOS?

Hace algún tiempo, quería ser pequeña. Debido a que pensaba que mi tamaño era monumental, me construí como una disculpa andante, siempre intentado enconcharme, física y emocionalmente, para caber en un espacio cada vez más pequeño. Le rogué al universo que me hiciera pequeña, que me hiciera llevadera, que me hiciera comprensible. Rogaba en la dirección equivocada, pues no trataba de comprenderme a mí misma, sino de ser aceptable para otros. Ese tipo de pensamiento hizo que me siguiera sintiendo diminuta y enorme al mismo tiempo, y que no dejara de gritarle al universo: «¿Quién soy?».

Si has estado buscando la respuesta a esa misma pregunta, espero que este libro te haya ayudado a determinarla por ti misma.

Tú eres tú. Tú eres Supertú.

Eres valiosa y compleja y sustancial, así que necesitas espacio. Y no necesitas que nadie te comprenda, salvo tú. Por

Dios, eres una superheroína. Tienes poderes y tienes debilidades, pero nada de eso te define. Eres aquella que puedes crear, y mi deseo de toda la vida ha sido ayudar a crearnos positiva, honesta e intencionalmente; crearnos a nosotras mismas en formas que demuestren cómo nos valoramos y cómo estamos cambiando y adaptándonos constantemente. Se trata de vivir lo menos posible en piloto automático, para disfrutar y abrazar el mundo y adaptarnos a él.

Tras la escritura de este libro, he tratado de leerlo como la Emily de 16 años lo hubiera hecho, y después como la de 25 años lo hubiera hecho. Me habría gustado que el libro me convenciera de ser valiosa, aunque las palabras «tú eres valiosa» vinieran de una desconocida. Me habría gustado haber puesto en práctica algunas de las técnicas, aunque me hicieran sentir ridícula o, peor aún, evidenciaran mi necesidad de utilizarlas. Me habría gustado haber podido detener mi ruido emocional el tiempo suficiente como para echarle un vistazo a mi interior y darme cuenta de que algo de autoanálisis no me mataría. Lo que quiero decir con esto, si bien no querría cambiar el pasado, y no podría aunque lo intentara, es que me encantaría facilitarle el viaje a alguien más.

Para aquellas de ustedes que siguen leyendo esto, y para aquellas que han creado misiones de superhéroes para sí mismas, espero que estén progresando, y si no lo han hecho, espero que sientan que cuentan con las herramientas para hacer esas misiones a su medida. Espero que recuerden que somos un producto inacabado, y que se traten con la amabilidad y el respeto que merecen. Espero que acepten a la persona que son, con sus fortalezas y sus debilidades, y que aprendan a no angustiarse sobre las cualidades que no poseen. Espero que aprendan a bordar en punto de cruz, aunque sólo sea para bordarse (y quizá también para mí) un recordatorio de que sólo podemos controlarnos a nosotras mismas. Espero que continúes expandiéndote y creciendo y buscando tu batiseñal hasta el día en el que te des cuenta de que la has alcanzado, y espero que, entonces, busques una nueva. Espero que te mantengas ocupada en ti misma, en la más amorosa de las maneras, hasta que envejezcas y tengas canas. Espero que no dejes de patear traseros.

Hay maneras infinitas de vivir una vida, y aunque yo elija vivir mi vida con base en las ideas presentes en este libro, eso no significa que sea el camino correcto para ti. Todo lo que pido de ti, Supertú, es que elijas la mejor manera de vivir tu vida, y después salgas a buscarla. El hoy habrá desaparecido mañana, así que tú decides que hacer ahora.

Actualmente, la única vez en la que me quiero volver pequeña es cuando he tenido un día largo y estresante. En esos momentos, quiero estar junto a la persona a la que amo y en quien confío, para que me abrace, y yo pueda sentirme muy pequeña y cuidada. Sin embargo, para poder sentirme cómoda con ser pequeña, tengo que sentirme cómoda ocupando espacio. Tras el abrazo reconfortante y mi transitoria pequeñez, resurge mi tamaño usual de Supertú. Entonces me pongo mi capa y mi disfraz, y comienzo a volar. Ven a volar conmigo. Hay espacio para todas nosotras.

AGRADECIMIENTOS

El libro está lleno de gratitud. Agradezco a mi agente, Wendy Sherman, por ponerme en contacto con Laura Mazer en Seal Press, con quien fue una verdadera alegría trabajar. Agradezco a mi revisora, Kirsten Janene-Nelson, quien intercambió anécdotas ñoñas conmigo al tiempo que me ayudaba a mejorar este libro. Agradezco a Hannah Nance Partlow, quien hizo las ilustraciones de la versión en inglés y me brindó una tonelada de ánimo. Agradezco a H Coffee en Los Feliz, donde escribí la mayor parte de este libro. Agradezco a todos los que hacen posible el *show* cómico y el programa de televisión; ustedes son mi familia Meltdown. Agradezco a Pete Holmes por crear una portada para la versión en inglés del libro que, tristemente, no pude utilizar. Agradezco a mis padres y a mi hermana, quienes simplemente son la mejor familia que cualquiera pueda pedir, y la razón de ser quien soy. Y, por último, agradezco a mi esposo, Kumail, quien es mi todo.